Markus R. Friederici

Das Sportjahr 2009. Hintergründiges und Bemerkenswertes

Die Hamburger Abendblatt-Kolumnen und mehr

Coverfoto: Jan Fischer
Herstellung und Verlag:
Books on Demand GmbH, Norderstedt
ISBN 978-3-8391-1688-3

Inhalt

Vorwort

Der Sport ist in vielerlei Hinsicht faszinierend – auch und gerade für den Wissenschaftler. Denn während in anderen gesellschaftlichen Teilbereichen - der Wirtschaft, der Politik oder der Technik - wissenschaftliche Erkenntnisse zu massiven Veränderungen führen, halten sich im Handlungsfeld Sport wider besseren Wissens zahlreiche Mythen und „Weisheiten", die die tägliche Arbeit auf dem Spielfeld, die Analysen in den Umkleidekabinen und den Alltag in den Newsräumen der Journalisten bestimmen.

Und so war die Idee geboren, im Rahmen einer monatlichen Kolumne die Welt des Sports und der scheinbaren Gewissheiten kritisch unter die Lupe zu nehmen und mit sportwissenschaftlichen und sportsoziologischen Erkenntnissen abzugleichen.

Im November 2008 begann ich mit der Berichterstattung zur Schach-Olympiade auf www.abendblatt.de kritisch und wissenschaftlich konnontiert über Auffälliges und Sonderliches aus der Welt des Sports zu schreiben.

Die Texte eines Jahres liegen nun, ergänzt mit einem Interview und zwei wissenschaftlichen Artikeln, die ich gemeinsam mit Professor Klaus Heinemann verfasst habe, vor Ihnen.

Viel Spaß beim Lesen!

Über den Autor:
Dr. Markus R. Friederici hat in Hamburg und Leicester Soziologie, Psychologie, Politische Wissenschaft und Sport studiert. Im Wintersemester 2008/9 hat er die Professur für Sportsoziologie und Sportökonomie an der TU Chemnitz vertreten und leitet zur Zeit das Internationale Büro der Fakultät für Erziehungswissenschaft, Psychologie und Bewegungswissenschaft der Universität Hamburg. Zu seinen Publikationen gehören die Monographien „Sportbegeisterung und Zuschauergewalt" (1998) und „Sport, Wirtschaft und Gesellschaft" (2002).

Kolumnen

Der Januar

Fußball wirkte wie alkoholfreies Bier

Die meisten Autofahrer teilen ein leidige Erfahrung: Ein alkoholfreies Bier schmeckt nicht, wenn man vorher ein „richtiges" getrunken hat. Eine überraschende und vergleichbare Erfahrung musste ich nun machen: Ein Fußballspiel verliert deutlich an Würze, wenn man vorher ein Handballspiel gesehen hat. Zumindest, wenn es sich um ein derart dramatisches handelt wie das Spiel der deutschen Nationalmannschaft gegen die Dänen bei der WM in Kroatien. In diesem letzten Gruppenspiel ging es für beide Teams um den Einzug in das Halbfinale. Und das Spiel hielt, was es versprach. Als ich mich danach mit Freunden zum DFB-Pokalspiel der Stuttgarter gegen den FC Bayern traf, wollte keine rechte Spannung aufkommen. Obwohl die ersten Minuten der Partie andeuteten, es könnte am Ende auch ein Handballergebnis zu Buche stehen. Doch der Reihe nach.

Das deutsche Handballteam traf in dem Entscheidungsspiel um den Einzug in das Halbfinale auf Dänemark, und wie der Turnierverlauf gezeigt hatte, stand nicht nur auf dem Papier das Duell Europameister gegen Weltmeister bevor. Die Dänen hatten in den vorangegangenen Spielen mit einer starken ersten und zweiten „Sieben" geglänzt; Deutschland war aufgrund der Verletzungen von Spielmacher „Mimi" Kraus (Bänderrisse im Fuß) und HSV-Toptorjäger Pascal Hens („Oberschenkel hat zugemacht") und den scheinbar einseitigen Spielauslegungen der Schiedsrichter („die wollen uns ´raushaben") lediglich zweiter Favorit.

Und so kam es, wie es kommen musste: Deutschland verlor 25:27, und wieder - da waren sich alle nach dem Spiel einig - waren wir benachteiligt worden. Alles hatte sich gegen uns verschworen, allen voran die Schiris aus Rumänien. Mimi Kraus sprach per Schalte aus seinem Wohnbereich sogar von Betrug und erweist sich als schlechter Verlierer. Deutschland hat das Halbfinale nicht erreicht, weil andere Teams besser waren: Unentschieden gegen Russland und Serbien, Niederlagen gegen Dänemark und Norwegen. Trotz aller Begeisterung und Engagement: Ein Team mit einer solchen Bilanz hat das Halbfinale einer WM nicht verdient. Punkt. Die entscheidende Frage ist doch aber die, ob das eine oder andere Spiel eben nicht hätte Unentschieden ausgehen oder knapp verloren werden müssen. Und ob dies auch mit den Schiedsrichtern möglich gewesen wäre, die auf dem Parkett standen.

Will man sich auf Fehlersuche begeben, sollte man (auch aus Respekt vor der Leistung des Gegners) hier ansetzen. Denn die Schiri-Schelte hat sich im Turnierverlauf zu einer self-fulfilling prophecy entwickelt einer sich selbsterfüllenden Prophezeiung: Wenn in der Tagesschau die Mitteilung über den Sender ginge, dass Milch und Butter knapp werden könnte, käme es zu Hamsterkäufen und infolge dessen in der Tat zu einer Knappheit, die ohne die Hamsterkaufe allerdings nicht aufgetreten wäre. Ein ähnliches Prinzip erkennen wir bei dieser Handball-WM: Die Schiris sind schlecht, haben uns Deutsche auf dem Kieker, und weil die Spieler das auch nach jedem Spiel lautstark verbalisieren, kann es dazu geführt haben, dass die Schiris zwar nicht absichtlich gegen die Deutschen gepfiffen haben, aber doch zumindest nicht den Eindruck erwecken wollten, man sei nun bei den Entscheidungen besonders deutschlandfreundlich.

Die Sache hat aber eine weitere, viel bedeutsamere Komponente. In den Spielern hat sich im Turnierverlauf offenbar in den Köpfen festgesetzt, man werde von den Unparteiischen regelmäßig um den Lohn der Arbeit gebracht, was dazu führte, dass beim jeweils nächsten Spiel bereits die erste strittige Entscheidung gegen die Deutschen als Fortsetzung der bisherigen Ungerechtigkeiten interpretiert wurde: „Schon wieder sind die Schiris gegen uns!" was aus psychologischer Sicht letztlich dazu führen kann, dass die Spieler bewusst oder unbewusst das Gefühl entwickeln, sie müssten nicht nur den Gegner besiegen, sondern auch die Fehlentscheidungen der Schiris kompensieren. Mit anderen Worten: „Wir müssen Übermenschliches leisten, um hier gewinnen zu können."

Eine solche Einstellung kann anspornen, aber auch lähmen oder übermotivieren. Und genau das ist, zumindest bei einigen Akteuren, geschehen. So ist das Ausscheiden der Deutschen nicht nur auf die leichtfertig vergebenen Siebenmeter, die nicht immer sattelfeste Abwehr oder die Fehlerquote der Rückraumschützen zurückzuführen, sondern auch darauf, dass es Heiner Brandt trotz seiner Klasse nicht verstanden hat, die Unschuldsvermutung bezüglich der Schiri-Entscheidungen in die Köpfe der Spieler zu bekommen. „Es gleicht sich alles aus" hätte Brandt gebetsmühlenartig predigen müssen, und eben nicht (direkt oder durch die Blume): „Wir sind betrogen worden." Denn: Worin besteht der Betrug? Warum, so sollten wir nach all den Verschwörungstheorien mal fragen, hatten wir gegen die Norweger noch die Chance auf ein Unentschieden? Weil die Skandinavier am Ende der Partie lediglich mit vier Feldspielern auf dem Parkett standen: Einer hatte kurz vor Schluss eine zweifelhafte Zweiminutenstrafe erhalten, ein anderer musste runter, weil der norwegische Trainer eine rote Karte erhielt. Wer Heiner Brandt die Tage über an der Seitenlinie und auf dem Spielfeld beobachtet hat, der stellt sich die Frage, warum nur der norwegische Trainer in dieser spielentscheidenden Phase den roten Karton sah. Und genau diese Konstellation, - die strittigen Entscheidungen gegen die Norweger -, war es, die die Deutschen wenige Sekunden vor Toresschluss noch in die Nähe eines Unentschiedens brachte. Aber schon in den ersten Minuten im Spiel gegen die Dänen war klar, dass einige deutsche Spieler nicht nach der Olli Kahnschen Philosophie „Mund abputzen und weitermachen" leben bereits die ersten Pfiffe gegen das deutsche Team wurde von den bekannten Gesten der Fassungslosigkeit begleitet. Und dann nahm das Schicksal seinen Lauf.

Einen Lauf hatten auch die Bayern im anschließenden DFB-Viertelfinalspiel gegen die Stuttgarter. Bereits nach einigen Minuten wurde ein Klassenunterschied deutlich, der sich auch im Spielstand widerspiegelte. Ribery leistete sich den Luxus, einen Elfer zu verschießen. Nur cool reicht eben auch nicht. Bei Kartoffelsalat und Bockwurst sinnierten wir in der Trainerrunde, was der Babbel im Wintertrainingslager nur mit seinen Mannen gemacht habe. Zur Halbzeit war die Partie entschieden, und so wurden die wirklich wichtigen Dinge des Lebens besprochen: Ob man, wie Otmar Hitzfeld stets zu sagen pflegte, aus einer „massierten Abwehr" heraus ein Spiel aufziehen konnte und was das letztlich bedeutet, wenn eine Abwehr massiert ist (oder massiert wird), ob Ivica (Olic) auch bei den Bayern treffen und was sich die Hoffenheimer beim Transfer von Sanogo gedacht haben (wenige Tage später, nach dem Treffer Sanogos gegen Cottbus, hatte ich zumindest eine Ahnung). In der Zwischenzeit fiel im Südgipfel noch das eine oder andere Tor. Ansonsten gepflegte Langeweile auf dem Platz Stuttgart konnte nicht mehr, Bayern wollte nicht mehr. Stuttgarts Torhüter Jens Lehmann stellte nach dem Spiel die Art der Vorbereitung auf die zweite Saisonhälfte in Frage, betonte aber nachträglich, dass damit keine Kritik am Trainer verbunden sei. Ah ja.

Alles andere als Langeweile herrschte zu Jahresbeginn bei den deutschen Skispringern. Nach dem Trainerwechsel von Rohwein zu Schuster sollten die deutschen Adler nach jahrelangem flattern wieder fliegen. Und siehe da: Sie flogen, alle voran Milka-Man Martin Schmitt! Er ist zurück! Und springt wieder in die Top-Ten! In einem digitalen Sportforum findet sich ein kurzer Kommentar zur neuentfachten Martimania; ein Österreicher schreibt: „Nach Jahren ist mal wieder ein Deutscher bei einem Bewerb auf dem Podest, und schon tuns so, als san sie wieder Weltspitze. So sans halt, die Deutschen." Ist ja schließlich auch der Stoff, aus dem die Journalistenträume sind: Höchste Höhen, tiefster Fall, Sensations-Comeback, brutaler Absturz, undsoweiterundsoweiter.

Extreme Leistungsausschläge sind auch zum Markenzeichen der Hamburg Freezers geworden. Nach einer mehr als durchwachsenden Saison und der steigenden Option, vor den Play-offs in den Urlaub zu gehen, besiegten die Kufencracks im Monat Januar unter anderem Spitzenreiter Hannover in einem berauschenden Spiel 9:3 und haben sich den (inoffiziellen) Titel des Januar-Meisters erspielt. Barde Hannes Wader singt, dass nichts bleibt, wie es war. Die Freezers sind die Ausnahme von der Waderschen Regel: Es bleibt, wie es war. Mal Weltmeister, mal Hausmeister. Die spielerische Klasse zumindest ist unzweifelhaft und wurde gegen Vorjahresmeister Berlin oder Hannover eindrucksvoll dokumentiert. Woran liegt es also? Muss das Team auf die Couch?

Vom Stuhl aufgesprungen war der ukrainische Schachgroßmeister Wassili Iwantschuk nach seiner Niederlage gegen den amerikanischen Spitzenspieler Gata Kamsky bei der Schach-Olympiade in Dresden. Iwantschuk entfernte sich so schnell vom Ort des Geschehens, dass der Doping-Kontrolleur seine Plastikdose wieder einstecken musste. Offiziell bedeutete das die Verweigerung einer Doping-Probe, zwei Jahre Sperre drohten. Doch nun wurde der Ukrainer vom Weltverband FIDE aufgrund von Verfahrensfehlern freigesprochen. Der „Doping-Skandal", wie der Stern titelte, blieb aus, doch dafür debattiert die Schachwelt nun heiß über Sinn und Zweck von Doping-Kontrollen in der Denksportart. Befeuert hat die Diskussion zudem die Aussage des deutschen Großmeisters Robert Hübner, der sich durch eine Urinabgabe in seiner Menschenwürde verletzt sieht. Menschenwürde. Ein großes Wort. Mit Besorgnis beobachten Sozialwissenschaftler das Anwachsen einer sozialen Gruppe in Deutschland (wie auch in nahezu ganz Europa) des sogenannten Prekariats: Menschen, die die sich insbesondere in prekären finanziellen Lebensumständen befinden. Zum Prekariat zählen bereits viele, die einer Vollzeitbeschäftigung nachgehen, d.h. trotz Job nicht ausreichend verdienen, um sich einen minimalen Lebensstandard zu sichern. Und Robert Hübner sieht die Menschenwürde der Schachspieler durch eine Urinprobe verletzt.

So wie man bei Michael Jackson mittlerweile an Gesichts-OP denkt, so ist der Name des mehrfachen Tour de France Sieger Lance Armstrong mit dem Begriff „Doping" verbunden. Armstrong hat sein Hollandrad noch einmal gegen eine Rennmaschine getauscht und startet nun wieder bei den Klassikern des Radrennsports. Er will, so sagt er, den Krebs ins Bewusstsein der Menschen bringen. Gut, aber: warum? Freud hat den Verdrängungsprozess als etwas überaus Positives dargestellt; gäbe es ihn nicht, würden wir ständig an Dinge denken, die uns traumatisiert haben. An ein halbwegs erträgliches Leben wäre dann nicht mehr zu denken. All denjenigen, die den Krebs überwunden haben, tut er also nicht unbedingt einen Gefallen. Natürlich ist es ein ehrenhaftes Motiv, für finanzielle Unterstützungsleistungen im Kampf gegen den Krebs zu werben. Nur: Ist es das, was Armstrong wieder auf den Drahtesel treibt? Er will gläserner Athlet sein und lässt sich, um alle Vorwürfe zu entkräften, er nehme (verbotene) leistungssteigernde Präparate, permanent testen lassen: Er dopt nicht! Und ich glaube ihm. Warum? Schauen sie sich seine Ergebnisse an.

Ein hervorragendes Ergebnis erspielte sich der Regionalligaklub Altona 93 beim Schweinske-Cup. Die Truppe von Coach Torsten Fröhling sicherte sich in einem äußerst spannenden Duell gegen den österreichischen Erstligisten Altach in der Vorrunde ein 3:3 Unentscheiden, was den Halbfinaleinzug bedeutete. Dort wartete der spätere Turniersieger Greuther Fürth. Doch 22 Sekunden vor Schluss hieß es nicht „Greuther führt", sondern Altona 93: Westphal hatte den Ball zur 1:0 Führung in den Winkel gedroschen; zuvor hatte Ex-HSV-Keeper Kirschstein mit zahlreichen Robinsonaden den Zweitligaklub im Spiel gehalten. Ein zweifelhafter Strafstoß ermöglichte den Franken aber 2 Sekunden vor Spielende den schmeichelhaften Ausgleich, so dass das Siebenmeterschießen entscheiden musste. Hier bot Kirschstein dem Publikum großes Kino. Wie bei den Großen provozierte er die Altonaer Schützen, redete auf sie ein, stupste den bereits ruhenden Ball noch einmal mit der Zehenspitze an. Die Altonaer Schützen ließen sich beeindrucken und verschossen. Kirstein waren die Pfiffe von den gut besuchten Rängen sicher. Aber nicht alle pfiffen. Einige schüttelten auch nur den Kopf.

St. Pauli legte eine überzeugende Vorrunde hin, verlor dann aber Halbfinale und Spiel um Platz 3 (gegen Altona 93), was der Unterstützung durch die zahlreich vertretenen Fans allerdings keinen Abbruch tat. Sie waren es auch, die die Alsterdorfer Sporthalle beschallten; bei Spielen ohne Beteiligung der Kiez-

Kicker konnte man mitunter noch in den hintersten Rängen die Kommentare der Spieler verstehen. Wenige Tage zuvor spielten die Toten Hosen in der Halle, nun war tote Hose auf den Rängen. Vielleicht doch lieber zwei Hamburger Amateurvertreter als die Betonung auf Internationalität? Sport lebt von den Emotionen, auf dem Feld und auf den Rängen. Der Mensch erinnert nicht Tage oder Stunden, sondern Momente. Und davon bitte mehr. Nicht nur in der Alsterdorfer Sporthalle, sondern auch in ganz Hamburg. Denn wir sind nicht nur Papst, sondern auch Sportstadt, oder?

Der Februar

Gute Frage? Nächste Frage…

„Jetzt haben sie auch mal eine gute Frage gestellt", frotzelt Günter Netzer nach entsprechender Vorlage seines Gegenübers Gerhard Delling. Es soll witzig sein, schließlich haben die beiden für ihre illustren Schlagabtausche vor, zwischen und nach Fußballländerspielen den Grimme-Preis (2000) und Medienpreis für Sprachkultur (2008) erhalten. Der Zuschauer ahnt aber: Das war kein Spaß. Das war bitterer Ernst. Rudi Völler forderte einst in seiner Brandrede mit Waldemar „Waldi" Hartmann, Delling solle für Gottschalk Abendunterhaltung machen (www.youtube.com/watch?v=fq7QI_aB-UM), aber nicht Fußball kommentieren, und richtig ist, dass die Fragen so mancher Journalisten einen äußerst geringen Erkenntnisgewinn nach sich ziehen. Auffällig sind dabei insbesondere handwerkliche Schwächen: Fragen werden geschlossen formuliert, so dass der Befragte nur mit „ja" oder „nein" geantwortet werden kann (obwohl eine Erklärung erwartet wird), Fragen werden gestellt, die schon beantwortet wurden, was der Reporter allerdings nicht mitbekommen hat und sich sklavisch an seinen mentalen Spickzettel hält, Fragen werden gestellt, bei denen die Antwort bereits bekannt ist (gerne in Kombination mit einer geschlossenen Frage): „Hat es einen Einfluss auf sie, wenn sie nun nicht vor 360, sondern vor 69.000 Zuschauern spielen?" Oder nach einer 1:5-Niederlage: „Können Sie mit der Leistung ihrer Mannschaft zufrieden sein?"

Richtig gemacht hat es Claus Lufen nach dem Länderspiel der Adlerträger gegen die Norweger; er fragte den Capitano Michael Ballack u.a., ob der sich freue, dass er nun in seiner Wahlheimat England vom Holländer Guus Hiddink trainiert werde. Hiddink hatte kurz zuvor den FC Chelsea vom Portugiesen Luiz Felipe Scolari übernommen. Eine vermeintlich unscheinbare Frage, aber dennoch mit viel Zündstoff: Antwortet Ballack, dass er sich freue, heißt das auch implizit, dass er über den Rausschmiss von Scolari alles andere als unglücklich ist (und legt zudem die Vermutung nahe, er habe als Mitglied des Mannschaftsrates seinen Beitrag zur Demission geleistet). Sagt Ballack, er freue sich nicht, solidarisiert er sich mit Scolari und dokumentiert, dass der Trainerwechsel nicht angemessen oder aber der neue Trainer nicht der richtige sei, was das Arbeitsklima nachhaltig stören könnte. Und was antwortet Ballack? Dass, was ein Mental-Coach ihm raten würde (und vielleicht auch geraten hat): Sagen, was man sagen will, und nicht sagen, was andere wissen wollen. Schade. Und so erfahren wir nicht, was er über den Trainerwechsel denkt, sondern vernehmen eben jene Standardfloskeln, die mittlerweile auf nahezu jede Frage passen. „Ja gut, ich denke wir sind auf einem guten Weg..." Dennoch: Den Versuch war es wert. Zu oft stellt sich doch mittlerweile das Gefühl ein, nicht nur die Fragen eines Reporters, sondern auch bereits die Antworten zu kennen: „Wir waren nicht aggressiv genug", „müssen mehr in die Zweikämpfe gehen", „daran müssen wir arbeiten", „so kann man nicht spielen", „nächstes Mal wollen wir anders auftreten", „müssen jetzt nach vorne schauen" usw.

Interessantes ist da nur noch für den Germanisten dabei, der sich mit höherer Metaphorik beschäftigt: „Wir waren zu Beginn nicht auf dem Platz" (wo waren sie denn dann?), „das Spiel ist uns entglitten" (wer oder was gleitet beim Fußball?) oder „wir haben uns zu sehr versteckt" (wie kann man sich „zu sehr" verstecken, und: wo bzw. wie?).

Fragezeichen auch bei den Bayern, hier aber vermehrt in den Gesichtern des Leitungspersonals. Vor dem Spiel gegen die Kölner Jecken beschrieb Gäste-Trainer Christoph Daum auf einer Pressekonferenz sein Team als selbstbewussten Außenseiter (www.fc-koeln.de/index.php?id=2354). Drei Tage und zwei Auswärtstore später zeigte sich, dass diese Aussage keine Worthülse war. Es sei allerdings zugegebenermaßen ein glücklicher Sieg beim kommenden Meister gewesen (www.fc-koeln.de/index.php?id=2355). Anders klingt es bei Uli Hoeneß: Der attestierte seinem Team gegen Hamburg und Berlin trotz der Niederlagen eine gute Leistung, doch nun habe sich der Gegner den Sieg verdient. Hoeneß und Daum, schwarz und weiß. Wie kann es zu so unterschiedlichen Beurteilungen zweier ausgewiesener Experten kommen? Die Soziologen Berger und Luckmann haben eine Erklärung parat: Es gibt eben nicht die eine Realität, sondern unendlich viele. Oder zumindest so viele, wie es Akteure gibt, die einen Sachverhalt beschreiben. Aber gibt es im Fußball nicht Parameter wie Ballbesitz, Zweikampfwerte, Torschüsse oder Ecken, die die Wirklichkeitsrekonstruktionen in vergleichbare Bahnen lenken sollten? Oder ist letztlich immer die Mannschaft besser, die am Ende mindestens ein Tor mehr auf der Habenseite verbuchen kann als die andere?

Letztere heißt in der Regel Bayern München. Vor der Winterpause hatten die Bajuwaren den holprigen Saisonstart vergessen gemacht und waren in beeindruckender Manier bis fast an die Spitze gestürmt. Und Klinsmann betonte in den Interviews, dass er immer gesagt habe, dass wo man eine Umstellung in der ganzen Philosophie vornimmt, es Zeit, ganz klar Zeit braucht. Und nun war die Zeit eben gekommen um abzuräumen. Doch nach der Winterpause räumte nur der Münchener Schneedienst, denn die Kicker verloren erst in Hamburg, dann in Berlin und schließlich noch zuhause gegen besagte Kölner. Wer oder was war Schuld? Der Schiedsrichter! Vorstandschef Kalle Rummenigge übte sich im Rundumschlag und sah seine Bayern permanent benachteiligt: „Irgendwann muss man auch mal von den Leuten eine Fehlerquote einfordern. Wenn ein Spieler einen Meter nicht abseits ist, das sieht man doch. Auch der Herr Amerell (DFB-Schiedsrichtersprecher, *Anm. d. Red.*) hat mir in der Halbzeit bestätigt, dass es ein Fehler war." Karl-Heinz Rummenigge regt sich über die Schiedsrichterleistungen auf. Der Rummenigge, der zu seiner aktiven Zeit in den letzten fünf Minuten einer Partie gerne mal im Strafraum den Hintern rausgestreckt hat in der Hoffnung, jemand könnte ihn streifen. Wieviele Elfmeter hat der Mann so zugesprochen bekommen? Es sind gefühlte Tausend.

Natürlich verliert (s)eine Kritik dadurch nicht die Berechtigung, aber dass der FC Bayern schlecht spielt, liegt nur marginal an den Schiedsrichtern. Ich würde sogar sagen, der Einfluss der Schiris auf die Leistung der Bayern ist verschwindend gering. Tendiert gegen Null. Ist Null.

Gen Null tendiert auch das Showtalent von Ralf Rangnick, Trainer der TSG Hoffenheim. Muss er auch nicht haben, sagen Sie? Stimmt. Aber den Fußballfan interessieren neben dem Spiel auch und gerade die Geschichten um den Fußball herum. Und da gab sich Rangnick bislang als sachlich-kühler Analytiker. Als die ersten Giftpfeile aus der bayrischen Landeshauptstadt die Hoffenheimer Provinz erreichten, ließ Rangnick im Bayrischen Rundfunk verlauten: "Wenn sich die Bayern so intensiv mit uns beschäftigen, ist das ein Kompliment für uns." Doch nach zuletzt schwachen Spielen seiner Truppe in der Rückrunde bewies Rangnick, dass er auch die Klaviatur der scharfen Worte beherrscht. Die oder das mobil, Mitteilungsblatt der Bahn, titelte in seiner Februarausgabe, Rangnick sei „der kühnste Kopf der Liga". Nach dem 1:4 in Leverkusen schwellte dem ansonst so besonnenen Fußballlehrer aber der Kamm. Als Feindbild hatte er die Medien auserkoren. Sie würden seine Spieler wie Stars behandeln, die dadurch den Blick fürs Wesentliche verlören. Lieber Ralf: 1. Deine Spieler sind Stars, 2. kennst Du die Mechanismen des Geschäfts und hättest dementsprechend planend und vorausschauend Einfluss nehmen können, und 3. definiert sich Erfolg letztlich aus dem adäquaten Verhältnis von Anspannung und Entspannung.

Und dennoch ist Rangnicks Kritik mannschaftsdienlich: Probleme, die sich nur bedingt erklären lassen, lösen Angst aus. Angst wiederum ist kein guter Ratgeber; im Gegenteil, denn nicht erst seit Fassbinder wissen wir: Angst essen Seele auf. Hoffenheim hat nun eine Phase, in der es nicht so läuft, wie es laufen könnte. Um zu verhindern, dass die Spieler nun zu viel nachdenken und beginnen, einiges in Frage zu stellen, präsentiert der Trainer die (vermeintliche) Ursache des Problems. Das nimmt den Druck von den Spielern und kann, wie Vertreter der systemischen Therapie lehren, der Unterschied sein, der den Unterschied ausmacht. Die wahren Ursachen muss Rangnick dennoch schnellstmöglich finden, will er den Kontakt zur Spitze halten.

Für die Bayern gibt es derweil nur ein Ziel: die Meisterschaft. Ex-Volleyballnati-Trainer Olaf Kortmann, mittlerweile Coach der Beachvolleyball-Europameisterinnen Sara Goller und Laura Ludwig, predigt in seinen Seminaren, die er in seiner Funktion als Mentaltrainer hält, keine (unrealistischen) Ziele vor Saisonbeginn zu formulieren. Schon gar nicht Ziele, die sich auf einen Tabellenplatz beziehen. Und in der Tat sind das dann häufig die Trainer, die nach wenigen Spielen wieder Rosenzüchten und ihrer Frau auf den Wecker fallen dürfen. Sicherlich: Klinsmann, der in Interviews gerne das Kollektiv betont und von „wir" spricht, hat es schwer, nicht vom Meistertitel zu sprechen schließlich reden im Umfeld alle vom Titel, und hätte er als Ziel einen Europa-League-Platz ausgeben, wäre er schon wieder im sonnigen Kalifornien. Und so formuliert Klinsmann Teilziele, die zu erreichen wären, und die er bewusst und rhetorisch geschickt vom Titel entkoppelt: Zu Beginn sollte die Mannschaft zusammenwachsen, dann die Laufwege und strategischen Konzepte verinnerlichen, Selbstbewusstsein tanken und in kritischen Situationen die richtige Alternative wählen.

Um die Weihnachtszeit herum, die Tabellenspitze nur noch einige mickrige Törchen entfernt, beging Klinsmann dann den Fehler, den Medien, aber auch der Mannschaft, zu suggerieren, der Bayern-Express rolle in Richtung Meisterschaft und ließe sich nicht mehr aufhalten. Nun ist er in Erklärungsnot, denn drei Niederlagen aus fünf Spielen nach der Winterpause geht allen „auf die Eier" (siehe Michael Rensing). Denn wie sagte einst ein deutscher Philosoph: „Wichtig ist auf´m Platz."

Apropos Philosophen: Was haben Tränen und Statistiken gemeinsam? Sie lügen nicht. Es lügt (gelegentlich) nur der, der Tränen verdrückt oder Statistiken interpretiert. Und da gibt es nun nicht nur in den privaten, sondern auch öffentlich-rechtlichen Anstalten den einen oder anderen Experten, der erkannt hat, dass es zwischen Lügen und Verschweigen einen medienwirksamen Unterschied gibt. Beispiel: Auf der Seite des DFB finden wir die Länderspielstatistik des deutschen Teams gegen Chile, die die Aussage zulässt, dass der letzte deutsche Sieg fast 39 Jahre zurückliegt das 3:1 war allerdings auch das einzige Spiel, das Deutschland jemals gegen Chile bestritt. Noch kurioser wird es, wenn ein Reporter nach der Niederlage einer Bundesligamannschaft nach dem ersten Rückrundenspieltag anmerkt, die Mannschaft sei nun über zwei Monate sieglos (Winterpause!). Faktisch richtig, aber irreführend, wird doch suggeriert, die Mannschaft befinde sich in einem Leistungstief.

Gänzlich falsch interpretieren auch die hohen Herren des DFB die Statistiken der Ligen drei und vier. Wie sonst ließe sich erklären, dass die Zahlen, die die Fußballklubs dieser Ligen vorlegen, nicht die Alarmglocken in der Frankfurter DFB-Zentrale schrillen lassen (vielleicht schrillen sie auch, aber in der deutschen Bankenmetropole schrillt es ja zur Zeit an jeder Ecke).

Bei der geplanten Mittelzuweisung und Fernsehgeldausschüttung wird es insbesondere für die Amateurclubs immer schwieriger, zu überleben. Von Aufstieg reden nur noch die wenigstens, die DFB-Auflagen für die Regalligen sind für Amateurvereine kaum mehr zu erfüllen. Ist das beabsichtigt? Eines zumindest ist nicht-intendiert, aber direkte Folge der Fußballpolitik: Die Stimmung an der Amateurbasis ist vorsichtig formuliert nicht gut. Ohne die Option, aufsteigen zu können, geht Motivation verloren (außer man definiert das "Überleben" als Ziel), viele Fans sind angefressen. Durch Absperrzäune ist der Blick eben nicht besonders attraktiv. Bei den Engländern geht es doch auch ohne Zäune. Und das sogar in der Premier League. Aber der Vergleich hinkt natürlich. Englische Fußballfans sind ja bekanntermaßen friedlich wie die Lämmer.

Wie die Lämmer würde sich die Bremer Schaaf-Truppe zur Schlachtbank führen lassen, so dachten wohl die Milanesen. Doch gegen den großen AC Milan holten die Werderaner im UEFA-Cup ein 1:1 im heimischen Weserstadion, um nach einem 2:2 in der Ferne in die nächste k.o.-Runde einzuziehen. Hut ab, können wir aus berufenen Mündern hören. Ich halte mir derweil die Ohren zu. Warum sind die deutschen Teams eigentlich gegen die Truppen aus England,

Spanien und Italien per se die Underdogs? Warum soll man sich schon freuen, wenn gegen eine Ü-30-Truppe aus der Lombardei ein Pass in die Tiefe ankommt? In der Süddeutschen konnten wir gar lesen, Milan habe sich blamiert. Ein Unentschieden gegen Bremen ist also bereits eine Blamage. Machen wir uns nicht zu klein?

Groß geschrieben wird in den Medien nach wie vor das Thema Doping. Und gerade hierzulande wird das Wort „Doping" ja mittlerweile nahezu zeitgleich mit der außergewöhnlichen Leistung eines Sportlers oder einer Mannschaft gestellt (www.youtube.com/watch?v=5LWEnGOpyN4&feature=related). Ausnahme: deutsche Weltmeister und Olympiasieger.

Das Doping wird auch in den nächsten Jahren ein dominierendes Thema in den Medien bleiben, denn letztlich sind alle bisherigen Bestrebungen, das Doping wirksam zu bekämpfen, zum Scheitern verurteilt. Quer durch die Sportarten ist das zentrale Problem die „Personalisierung": Am Pranger steht der Athlet, der zu unlauteren Mittel gegriffen hat. Er steht im Rampenlicht, wird beschuldigt, muss sich rechtfertigen und wird gesperrt. Es ist ein Kampf gegen die Symptome, an die Ursachen traut sich so recht niemand heran, schließlich stehen manifeste (ökonomische) Interessen dahinter. Sichtbar sind oftmals nur die Motive des Dopingsünder, der seine Leistung verbessern, den Alterungsprozess relativieren oder den Abstand zu anderen Athleten - je nach Perspektive - verringern oder vergrößern möchte. Schaut man auf die Hinterbühne des Geschehens, erkennt man das Netzwerk an Einflussgrößen, die Vielzahl von Akteuren und Instanzen, die das Doping begünstigen (können), angefangen bei den Trainern, die nach Leistung bezahlt werden und mitunter auf langjährige Erfahrungen mit dem Doping (und der Verschleierung) zurückgreifen können, über die Physiotherapeuten und Mediziner, die sich als Unterstützer (welt-)bekannter Athleten einen Ruf erarbeiten können bis hin zu Vereinen und Verbänden, die über strukturelle Zwänge wie Wettkampfhäufigkeit, Vorgaben für Trainingsintensität und -umfang und Qualifikationsnormen die Dopingpraxis nachhaltig beeinflussen. Und letztlich ist es auch eine übertriebene Leistungsorientierung in der Gesellschaft, das Motto des Zweiten als des ersten Verlierers und die starke soziale, zeitliche und sachliche Bindung von Top-Athleten an den Sport. In der Wissenschaft wird dieser Umstand auch als biographische Fixierung bezeichnet. Die Athleten verbringen nicht nur übermäßig viel Zeit im Sportsystem, sondern rekrutieren auch ihren Freundeskreis aus diesem Sportmilieu. Sport ist zudem die Tätigkeit, die ihr Dasein mit Sinn füllt. Droht nun das Karriereende, entsteht aufgrund dieser umfassenden Fixierung auf den Sport mitunter die Angst, „alles zu verlieren". Substanzen, die auf der Dopingliste stehen, versprechen hier eine Verlängerung der Verweildauer im System. Aufgeschoben ist zwar nicht aufgehoben, aber die lästigen Gedanken können so zumindest für einige Zeit verdrängt werden. Doch wie ist das Problem in den Griff zu bekommen?

Pädagogisierung (gutes Zureden mit der Hoffnung auf Überzeugung und Bestrafung des Abweichenden), Anreiznivellierung und eine konsequente Unterstützungsverweigerung können zumindest den Athleten bewegen, auf die Einnahme verbotener Substanzen zu verzichten. Andere fordern die Legalisierung des Dopings. Schließlich verhindere Mutter Natur bereits eine Chancengleichheit, die man durch die Verwendung entsprechender Mittelchen relativieren könne. Als Beispiel wird hier die Einnahme von EPO genannt, um die Anzahl der roten Blutkörperchen zu erhöhen. Der Nachteil derer, die nicht in der Höhe trainieren, um ihre Ausdauerwerte zu verbessern, könne so ausgeglichen werden. Mit einer Dopingfreigabe könne man zudem den Schwarzmarkt und damit den Umlauf von gefährlichen Substanzen „entschärfen" und damit das Risiko für die Nutzer verringern. Der organisierte Sport hat hier klar Stellung bezogen: Kein Doping, never ever! Nur dann sollten auch Konzepte und Maßnahmen entwickelt werden, die nicht nur das letzte Glied in der Kette bestrafen, sondern das System an sich in Frage stellen.

Bei der Biathlon-WM in Korea wurden drei russische Läuferinnen des Dopings überführt, und umgehend versprach Ministerpräsident Wladimir Putin schärfere Kontrollen durch den russischen Verband. Da haben wir´s dann wieder: Personalisierung. Wer hat Schuld? Du und du und du. Same procedure as every time. Ändern wird sich dadurch nichts.

Dabei scheint es vielen Stakeholdern im Sport, zu denen auch die Zuschauer zählen, gar nicht so wichtig zu sein, dass gedopt wird, sondern wer was warum genommen hat. Ob ein Radfahrer bestraft und für zwei Jahre vom Wettkampfbetrieb ausgeschlossen wird, hat doch viele nicht wirklich interessiert, sondern ob er die Einnahme bei der Pressekonferenz gesteht, ob er andere beschuldigt, ob Tränen fließen, ob Reue gezeigt wird. Die Tour de France ist doch für viele auch und gerade wegen der Doping-Skandale interessant geworden, denn getratscht wird nicht nur gern im Treppenhaus des Ohnsorg-Theaters, sondern auch auf den Fluren der Medienmacher, in den Vereinskneipen und auf den Sportplätzen.

Ob 3:1 oder 3:2 ist letztlich nur für die Statistik entscheidend. Die niederen Instinkte des Menschen wollen befriedigt werden: Wer spritzt was, kokst heimlich, trifft sich regelmäßig mit der Frau eines Mitspielers, verspürt unter der Herrendusche ein Kribbeln im Bauch, wettet im Internet, muss vor Gläubigern flüchten, schaut regelmäßig tiefer ins Glas als andere?

Apropos ins Glas schauen: Wo sind eigentlich die guten alten Stiefel geblieben, mit denen nach dem Fußballtraining in der Vereinsgaststätte die dritte Halbzeit eingeläutet wurde? Sind die der Herpes-Prophylaxekampagne zum Opfer gefallen?

Opfer anstatt Gegner sind in der Regel diejenigen, die gegen die chinesischen Tischtenniscracks antreten müssen. Ausnahme bildet regelmäßig Deutschlands Tischtennisstar Timo Boll. Der schlug beim Turnier in Qatar die gesamte Weltelite aus dem Reich der Mitte. Einige der Spielwechsel werden es dabei in die Hall of Fame der Ballwechsel schaffen, sehenswert Bolls Matchball im Achtelfinale gegen den Japaner Jun Mizutani (http://www.youtube.com/watch?v=F0BfGgGopmg&feature=related). Im Finale schlug Boll dann den Weltranglistenersten Ma Lin, den er in den bisherigen sieben Partien nicht besiegen konnte. 4:3 hieß es am Ende für Boll, der nach zwei abgewehrten Matchbällen letztlich mit 14:12 im letzten Satz triumphierte. Auch im Viertel- und Halbfinale hatte es Boll mit Ballkünstler aus China zu tun. Endergebnis also: Bolland gegen China 3:0.

Der März

Wer hat wem was gezahlt?

Mit der Witzigkeit von Witzen ist das so eine Sache. Der eine lacht, der andere nicht. Warum? Schwer zu sagen. Bei meinen Witzen lacht zumindest in der Regel niemand. Ein anonymer Witzeschreiber teilt seit geraumer Zeit mein Schicksal: Zumindest über einen seiner Witze lacht nun auch keiner (mehr). Der Witz geht so: Der Teufel besucht Petrus und fragt ihn, ob man nicht mal ein Fußballspiel Himmel gegen Hölle machen könnte. Petrus hat dafür nur ein Lächeln übrig: „Glaubt ihr, dass ihr auch nur die geringste Chance habt? Sämtliche guten Fußballspieler sind im Himmel." Der Teufel lächelt zurück: „Macht nix, wir haben alle Schiedsrichter!" (http://witze.net/schiedsrichter.html).

Nicht alle, aber zumindest einige Schiedsrichter soll, so kolportieren die Medien landauf landab, der Geschäftsführer des Handball-Abonnementsmeisters THW Kiel, Uwe Schenker, mittels Geldgaben gebeten haben, ihre Entscheidungen auf dem Handballfeld zu überdenken. Nach vielen Dementis aus unterschiedlichen Ecken und der Aussage des Liga-Präsidenten Reiner Witte, für ihn sei die „Affäre" beendet (da es keine Affäre gab), wollten dennoch nicht alle dem Kahnschen Lebensmotto „Mund abputzen und weitermachen" folgen. So hat HSV-Handball-Präsident und Mäzen Andreas Rudolph den Kieler Untersuchungsbehörden eine Mail zugeschickt, in der er aussagt, in seiner Finca auf Mallorca bereits im Frühjahr 2007 von THW-Geschäftsführer Uwe Schwenker persönlich von Unregelmäßigkeiten erfahren zu haben. Nach dem Bundesliga-Spitzenspiel HSV gegen den THW lässt sich Rudolph nur zu einem weiteren Kommentar hinreißen: „Kein Kommentar" diktiert Rudolph auf Nachfrage von Reporter-Urgestein Günter-Peter Ploog den zahlreich erschienen Journalisten in die Blöcke und Laptops. Es handele sich eben um ein schwebendes Verfahren. Einige Tage später spricht Rudolph dann doch. Und wie. Auf einer eigens einberufenen Pressekonferenz redet der HSV-Präsident Klartext und „rät" Uwe Schwenker, seine Ämter ruhen zu lassen – was der Angesprochene bereits kurz vor der Rudolph-PK getan und somit dem HSV-Chef ein wenig den Wind aus den Segeln genommen hatte. Letzterer redet seinerseits Klartext, verzichtet trotz der gewichtigen Worte auf das Ablesen einer Erklärung, sondern trägt frei vor, was er seinerzeit unter der mallorcinischen Sonne hören musste (oder sollte?). Schwenker habe sinngemäß gebeichtet, dass er lange gebraucht habe, um zu merken, dass man bezahlen muss, um Spiele zu gewinnen (http://multimediacenter.sport1.de/#/81,84,108404,26182). Schwenker muss um die Wirkung einer solchen Aussage gewusst haben, und da fragt man sich: Warum hat er es dann gesagt (wenn er es denn so gesagt hat)? Hat hier einer sein Gewissen erleichtern wollen, um den Preis, das alles zu verlieren, was er mühsam über Jahre (mit-)aufgebaut hat? Hat im Freudschen Sinne das „Über-Ich" (Gewissen) über die Triebe (Ruhm, Ehre, Macht) gesiegt und das „Ich" überzeugt, reinen Tisch zu machen? Frei nach Jedi Joda: „Du hast dich auf die dunkle Seite der Macht begeben. Erforsche deine Gefühle, entdecke dein Gewissen. Es ist noch nicht zu spät."

Ein weiterer Satz Rudolphs bleibt hängen: Wenn der HSV ähnliche Abbuchungen kurz vor internationalen Spielen vom Vereinskonto tätigen würde, dann wüsste man sofort, wofür. Das leuchtet ein, und in der Tat bleibt unverständlich, dass Serienmeister THW die im SPIEGEL kolportierten Abbuchungen an einen kroatischen Geschäftsmann nicht adäquat erklären kann oder will. Die Begründung, die der Empfänger, der kroatische Geschäftsmann Nenad Volarevic liefert, ist weder inspiriert noch überzeugend: Er hätte für den THW Talente gesichtet. Und das koste eben. Aber: Ist es wirklich auch soviel wert? Dem THW scheint es finanziell zumindest sehr gut zu gehen, wenn für Sichtungen dermaßen viel Geld ausgegeben wird.

Rudolphs Ausführungen belasten zwar Schwenker, aber er belastet sich auch selbst, gibt er doch indirekt zu, zwei Jahre von der angeblichen Bestechung gewusst und nichts unternommen zu haben. Was wäre passiert, wenn Schwenker seinerseits erzählt hätte, dass Rudolph von den Vorgängen gewusst hat?

Eine interessante Wendung nahm die ganze Geschichte durch das Gerücht, dass der THW nicht die Schiris Geld gegeben habe, um Spiele zu gewinnen, sondern bezahlen musste, damit sich ein formales Gleichgewicht ergibt – da der Gegner bereits einen schwarzen Koffer in die Umkleide der Schiris geschoben hatte. Englands ehemaliger Premier Winston Churchill hätte es vermutlich „Balance of Power" genannt. Somit hätte der THW gar nicht agiert, sondern lediglich reagiert. Reagieren müssen. Eine Schmierenkomödie.

Und der norwegische Handballer in Diensten der SG Flensburg-Handewitt, Jonny Jensen, erzählt, wir sähen hier nur die Spitze des Eisbergs. Im Nachhinein ist man fast verschämt, wie naiv man die Dinge zu Beginn der Anschuldigungen bewertet hat. So wie Doping nicht das Problem einer Sportart ist, so ist auch das

Bestechen nicht sportartbezogen. Es ist menschlich. Schließlich folgt der Mensch in seinem Handeln nicht nur dem hehren Ziel der Erkenntnis, sondern dem Weg, der den für ihn größtmöglichen Nutzen verspricht. So zumindest formuliert es der Soziologe Max Weber: Der homo oeconomicus strebt stets nach seinem Vorteil und richtet sein Handeln ausschließlich rational und gewinnorientiert aus. Die Macht, die er erlangt, beinhaltet nach Weber die Chance, innerhalb einer sozialen Beziehung den eigenen Willen auch gegen Widerstreben durchzusetzen, gleichviel worauf diese Chance beruht. Macht bedeutet also, bestimmen zu können, wie Dinge zu laufen haben, wer was zu tun oder zu lassen hat, wer zu bleiben und zu gehen hat. Der Sokratische Dialog - das bessere Argument soll entscheiden - spielt hier keine Rolle. Denn Macht bedeutet, sich auch gegen jede Vernunft durchsetzen zu können. Aber: Nach fest kommt ab, und Schwenker scheint die Schraube überdreht zu haben. Ihm reichte es offensichtlich nicht, nur am Spiel teilzuhaben. Er wollte auch die Regeln definieren. Es irrt der Mensch (eben auch), solang er strebt.

Kant forderte einst mit seinem kategorischen Imperativ, dass die Menschen ihr Handeln so ausrichten sollten, dass es eine allgemeingültige Handlungsmaxime werden könnte: Es scheint, dass nicht nur die Finanzjongleure Nachhilfestunden in praktischer Philosophie benötigen. Wie sagt doch so schön meine Großmutter: Geld verdirbt den Charakter.

Pierre de Coubertin, Begründer der (modernen) Olympischen Spiele, hat schon gewusst, warum er nur Amateuren zuschauen wollte. Und die sind im Übrigen besser als ihr Ruf. Häufig hört man ja bei Stockfehlern von Fußballprofis in den anschließenden Analysen, dass amateurhafte Fehler begangen worden seien. Dabei wird auch in den Ober- und Regionalligen technisch anspruchsvoller Fußball gezeigt: Schauen sie doch auch mal wieder bei ihrem Verein um die Ecke vorbei, dem Fußballern aus der Landesliga oder den Basketballern aus dem Nachbardorf. Hier können sie auch all das sehen, was sie sich von einer sportlichen Darbietung versprechen: Emotionen und Leidenschaft, technische Finessen, spannende Unterhaltung und Kampf um jeden Ball. Und echte Freude.

Von (den) Handballern hören wir im Monat März allerdings auch Positives: Die „Aua-Handballer" haben vor mehreren tausend Zuschauer in Winterberg die Schneeballschlacht-Weltmeisterschaft gewonnen. 30 Teams aus Deutschland, Belgien und den Niederlanden waren angetreten, um in den jeweils sechs Minuten dauernden Spielen ihre Gegner einzuseifen. Das siegreiche dreiköpfige

Team, allesamt Handballer aus dem sauerländischen Menden, landete die meisten Treffer und gewann zum dritten Mal in Folge.

Zum zweiten Mal in Folge wollen die Bayern in diesem Jahr Deutscher Fußball-Meister werden. Doch das Auf und Ab setzt sich auch im März fort, und die Verantwortlichen geben sich alle Mühe, nicht allzu ratlos auszusehen (was nur bedingt gelingt). Bei Erfolgen gibt man sich auskunftsfreudig, bei Niederlagen schmallippig. Was soll man auch sagen, wenn die Punkte, die als Erklärung der Leistungsschwankungen genannt werden, insgesamt kein stimmiges Ganzes ergeben. Die Berg- und Talfahrt hat offensichtlich zu einer Spiralwirkung geführt: Die Spieler entwickeln in kritischen Situationen (unbewusst) das Gefühl, sie müssten etwas ganz besonderes leisten. Das erhöht wiederum den Druck – und die Wahrscheinlichkeit, dass es, wenn es im Spiel ohnehin nicht rund läuft, erst recht nichts wird. Und daher wären die Bayern gut beraten, jetzt nichts zu fordern, was nicht zu leisten ist, sondern alles dafür zu tun, dass die Wahrscheinlichkeit wieder steigt, erfolgreich zu sein. Ob der Erfolg letztlich eintritt, ist eine andere Frage und kann nie mit Absolutheit prognostiziert werden (sonst wäre ein Wettkampf auch obsolet), und so muss das Ziel allen Handelns auf die Wahrscheinlichkeit zu siegen ausgerichtet sein. In der Champions League haben die Bayern zumindest ein Ausrufezeichen gesetzt. Bislang keine Niederlage, und Sporting Lissabon kumuliert mit 12:1 Toren zurück an die Algarve geschickt.

Ratlosigkeit auch bei Real Madrid. Nach dem Weiterkommen der Spanier in der Champions League ist der Katzenjammer groß. Wieso? Nicht die drei Spanier in Reihen der Madrilenen sind in das Viertelfinale eingezogen, sondern die fünf Spanier, die für den FC Liverpool aufgelaufen sind. Und die haben maßgeblich dazu beigetragen, Real im Rückspiel an der Anfield Road mit 4:0 abzufideln.

Im Irak hat indes ein Fan das ständige Diskutieren und Problematisieren satt und das Heft des Handelns in die Hand genommen: Während eines Spiels zwischen Sinjar und Buhaira in der Stadt Hilla rund 100 km südlich der Hauptstadt Bagdad lief in der Schlussminute ein Stürmer auf den gegnerischen Torwart zu. Um den möglichen Ausgleich zu verhindern, erschoss der Fan den Stürmer. Laut BBC wurde der Täter wurde bereits festgenommen, die Sicherheitsbehörden leiteten eine Untersuchung des Vorfalls ein. Ich verkneife mir hier mal ausnahmsweise jeden weiteren Kommentar, dazu ist der Vorfall zu tragisch.

Kommentieren und diskutieren kann man allerdings die Entscheidung der Verantwortlichen des Volleyball-Bundesligisten VT Aurubis Hamburg (ehemals NA Hamburg, ehemals PHÖNIX Hamburg, ehemals TV Fischbek), der Mannschaft mitten in der Saison einen neuen Namen zu geben. In der Uni lernen Studierende des Sportmanagements, wie man Zuschauer für eine Sportart oder einen Verein interessieren kann: Anreizstrukturen schaffen, Kooperationsmöglichkeiten entwickeln, Präsenz zeigen, eine Marke kreieren. Und letztere nicht ständig ändern, denn ändert man ein Detail, verändert man auch das Ganze. Stellen sie sich mal vor, eine seit Jahrzehnten bekannte Feuchtigkeitscreme würde nicht mehr in runden, blauen Metalldosen vertrieben werden, sondern in roten Plastikbehältern. Name und Design ist Teil des Markenkerns, man könnte auch frei nach Marx formulieren: „Das Design bestimmt das Bewusstsein." Stellen sie sich mal vor, sie sind Fan eines Vereins, und der benennt sich von heute auf morgen um. Aus St. Pauli Hamburg wird „Astra ex und hopp Hamburg", aus dem Hamburger SV „Emirate Fly Hamburg". Voraussetzung einer emotionalen Involviertheit ist auch immer Folge einer Identifikation mit einem Verein und dem Namen, den er trägt. Bleibt den Volleyballern aus Fischbek also zu wünschen, dass die Identifikation keinen Schaden nimmt.

Emotionales Highlight im Monat März war auch die Daviscup-Begegnung zwischen Deutschland und Österreich. Nach dem spannenden und entscheidenden Einzel zwischen dem Deutschen Nicolas Kiefer und dem Niederösterreicher Jürgen Melzer bat das ORF zum Interview. Auf die Frage, warum er dem Deutschen unterlegen gewesen sei, antwortet Melzer: „Kiefer hat gezeigt, dass er der bessere Spieler ist." Das zeugt von Größe, die man sich gelegentlich auch von anderen Sportlern wünscht. Interessant auch, dass der Kommentator Deutschland als den großen Bruder bezeichnet. Ebenfalls eine klare Aussage, aber unglücklich.

Alles andere als unglücklich war im Monat März ein „echter" großer Bruder. Vitali, großer Bruder von Wladimir, machte seinem Namen Klitsch-KO mal wieder alle Ehre: Diesmal ging dem gebürtigen Kubaner Juan Carlos Gomez vorzeitig die Puste aus (www.youtube.com/watch?v=9fSTf2LIKsc&feature=related). Körperverletzung war es, sagt meine Frau. Stimmt natürlich auch (ein bisschen). Würde das an der Straßenecke passieren, gäb´s mindestens neun Monate auf Bewährung (Körperverletzung in Tateinheit mit Erregung öffentlichen Ärgernisses).

24 Monate ohne Bewährung betrug die (wettkampfbezogene) Strafe für den britischen Sprinter Dwain Chambers, der zu illegalen Substanzen griff, um seinen Kontrahenten alt aussehen zu lassen. In seiner Autobiographie „Race Against Me: My Story" (www.dwain-chambers.com/Race-Against-Me) beschreibt Chambers ausführlich den Drogensumpf in der Leichtathletik, so dass der Verlag ihm aus Angst vor Klagen eine Überarbeitung antrug. 9.97 Sekunden sei er clean gelaufen, schreibt Chambers, 9.87 als pharmazeutisches Versuchskarnickel. Nicht viel, eine Zehntel. Ein Augenaufschlag, ein Muskelzucken. Und doch eine Welt in der Leichtathletik: Die Differenz zwischen Platz 1 und Platz 6, zwischen Gold und Blumentopf, zwischen einer Million Dollar Prämie und einem Burger-Gutschein von McDonalds. Chambers hat seine Strafe mittlerweile „abgesessen", ist aber für einige Leichtathletik-Veranstalter zur persona non grata geworden. Mit dem Buch hat er es sich nun auch mit vielen Kollegen verscherzt. Aber im Gegensatz zum Boxen laufen die ja in der Regel friedlich nebeneinander her.

Der April

New York, Rio, Tokio...

...sangen einst Channel 5 und verliehen damit dem Lebensgefühl einer Generation in einer sich globalisierenden Weltgesellschaft Ausdruck.

Osaka, Seoul und Stavanger heißen die nächsten Stationen zweier Welten-
bürger, die seit einigen Jahren sportlich gemeinsam durchs Leben gehen: die
Beach-Volleyballerinnen Sara Goller und Laura Ludwig. Während der April für
uns die ersten warmen Sonnenstrahlen und die Vorfreude auf Sommer, Strand
und Meer parat hielt, waren die beiden jungen Frauen, die für die alte Dame
Hertha (BSC Berlin) starten, schon mittendrin: Zum Auftakt der Weltserie war
in Brasiliens Hauptstadt Brasilia vom 20. bis 25. April neben Sandburgen bauen
auch baggern, pritschen, blocken und schlagen angesagt. Und die beiden vom
Hamburger Chefcoach Olaf Kortmann betreuten Damen machten dabei nicht nur
eine gute Figur (http://www.sportgate.de/typo3temp/pics/Duo-Goller-Ludwig-
startet-gut-in-neue-Saison_addcf757e3.jpg), sondern sicherten sich zudem nach
starken Leistungen gegen die weltbesten Teams aus den USA und Brasilien
Platz 3 im Endklassement. Und nach dem vierten Platz, eine Woche später im
chinesischen Shanghai errungen, erkletterten die beiden in der Weltrangliste als
erstes deutsches Team überhaupt den Platz an der Sonne. Und bleiben dort
zumindest bis zum 24. Mai – dann nämlich stehen die Ergebnisse des nächsten
Weltserienturniers in Osaka fest. In Japan greifen auch die Hamburger Lokalma-
tadorinnen Okka Rau und Steffi Pohl in´s internationale Turniergeschehen ein.

Dortmund, Bremen und Berlin. So hießen die Stationen von HSV-Trainer
Martin Jol und seinen Mannen in den letzten Wochen. Und nachdem der Holländer mit der markanten Stimme bis zum Wonnemonat April in nah und fern ob
seiner Qualitäten gelobt wurde, mischten sich nun einige pessimistische Stimmen in die Diskussion. Eine davon war meine. Obwohl meine grundsätzliche
Kritik schon etwas älteren Datums ist: Die Jolsche Trainingsphilosophie -das
vielzitierte   „Stufenmodell“
(www.abendblatt.de/daten/2008/05/15/881243.html)-, den Umgang mit (einigen) Spielern und seine taktischen Maßnahmen in spielentscheidenden Situationen kritisiere ich schon seit geraumer Zeit. Und war mit meiner Kritik in der
Regel allein auf weiter Flur. Trainer Jol wurde (und wird) über den Klee gelobt,
die Verpflichtung sei die beste Entscheidung der Hamburger seit Jahren, der

Trainer stelle die Mannschaft super ein (Zitat Ex-Nationalspieler Fredi Bobic), und nach Klinsmanns Demission war der Name Martin Jol einer der ersten, der als Grinsi-Klinsi-Nachfolger im Gespräch war. Beim HSV, so könnte man meinen, steht offenkundig einer der Besten seiner Zunft an der Seitenlinie. Genug der Spekulation. Nun einige Fakten: Das Spiel im DFB-Halbfinale gegen Werder Bremen hat Martin Jol verloren, indem er taktische Fehler begangen hat: Jol hat eine erfolgreich spielende Einheit (siehe Spiel gegen Manchester) neu zusammengestellt, einen Spieler eingesetzt, der nach langer Verletzungspause sein erstes Spiel bestritt (Guy Demel), hat mit drei Stürmern gespielt (Motto: „Sind ja alle drei zur Zeit gut drauf"), ohne die Laufwege abzustimmen (zumindest hatte man den Eindruck, zwei der drei stünden sich permanent auf den Füßen), hat das Mittelfeld nicht auf die neue Sturmkonstellation eingestellt (Bankdrücker überraschend Trochowski, dafür drei „Sechser") und Troche, den treffsichersten Elfmeterschützen des HSV, im entscheidenden Shootout an Position 5 aufgeboten.

Natürlich, hätte alles klappen können. Hat's aber nicht. Und da es auch im Fußball um Wahrscheinlichkeiten geht - nämlich die Mannschaft aufzustellen, bei der die Wahrscheinlichkeit am größten ist, das Spiel erfolgreich zu gestalten -, hat der sympathische Holländer hier nicht nur wahrscheinlich, sondern definitiv einige falsche Entscheidungen getroffen. Nicht Pech. Und auch nicht Zufall. Auf die Frage, warum Trochowski nicht von Beginn an gespielt habe, stellt er zu allem Überfluss einen seiner zentralen Akteure medial bloß und attestiert ihm schlechte Leistungen in den vorangegangenen Spielen (worüber man auch mehr als geteilter Meinung sein kann). Alles in allem war das Pokal-Halbfinalspiel gegen die Werderaner taktisch und psychologisch nicht „state of the art". Und der 1:0-Sieg der Hamburger gegen Bremen im UEFA-Cup Halbfinale einige Tage später hatte ebenfalls nicht mit taktischen Meisterleistungen zu tun, sondern mit dem Willen der Akteure auf dem Feld, den Gegner niederzuringen. Stellvertretend seien hier Trochowski und Demel genannt. Mittlerweile soll Jol nun auch Strafstöße üben lassen. Mein Tipp: Die sichersten Schützen immer zu Beginn schießen lassen. Denn wenn die ersten verschießen, hat man von den nervenstarken Schützen am Ende der Liste auch nicht mehr viel. Wie man's macht zeigen derweil Spieler aus Griechenland: Pokalsieger wurde dort Olympiakos Piräus, schlug den alten Rivalen AEK Athen mit 19:18 im Elfmeterschießen. Gefeierter Held: George Clooney Double und Ex-Nationaltorhüter Antnios

Nikopolidis   (http://www.tagesspiegel.de/medien/hermes/cme1,216694.html),
der den letzten Elfer eiskalt versenkte.

Eiskalt lief es auch einer Engländerin den Rücken herunter, als ihr Freund
seine Liebe einem breiten Publikum dokumentieren wollte und, nur mit weißen
Shorts bekleidet, auf den Platz stürmte und mit einem Bogen Plastikpfeile ver-
schoss. Sie hat sich im Anschluss an seine Aktion von ihm getrennt. Was lehrt
uns das? Entscheidend ist, was hinten ´rauskommt. Jol mag das Beste wollen.
Aber die Hamburger brauchen keinen, der das Beste will, sondern das Beste
macht.

Wenn man Martin Jol beim Spiel sieht, dann fällt dem Betrachter in´s Auge,
dass sein HSV-Käppi zu klein ist. Oder sein Kopf zu groß. Er erinnert ein wenig
an Karlsson auf dem Dach, und genau da sollte Jol mal hin. Auf´s Dach. Und
das Geschehen auf dem Feld aus einer anderen Perspektive betrachten, dem
Denken Spielraum geben, den Augen Freiheit schenken. Wie in dem Spielfilm
„Club der toten Dichter", als Lehrer Robin Williams seine Schüler auffordert,
sich auf die Stühle zu stellen und die Umgebung aus einem anderen Blickwinkel
wahrzunehmen. Was würde Jol auf dem Stuhl oder dem Dach der HSH Nord-
bank Arena wohl sehen?

Vor dem Spiel gegen die Borussia aus Dortmund war Jol zumindest noch
nicht auf dem Dach. Nach der 0:2 Niederlage seines Teams führte er nämlich
aus, man müsse bei der nächsten Trainertagung über Schirileistungen sprechen.
Auf diesem Feld ließen sich treffliche Diskussionen führen. Nicht Konfuzius,
aber die Entscheidungstheorie sagt: Eine Entscheidung für etwas ist auch immer
eine Entscheidung gegen die Alternativen. Deshalb sollte Jol hier keine Energien
verschwenden oder Blendgranaten zünden, sondern analysieren, warum das
Spiel der Hamburger mitunter in´s Stocken gerät. Schließlich ist es wichtig, zu
wissen, warum es nicht läuft – um entsprechende Korrekturen vornehmen zu
können. Genauso wichtig und oftmals unterschätzt wird aber der Umstand, dass
es genauso wichtig ist, zu wissen, warum es läuft, damit die Parameter, die für
den Erfolg verantwortlich sind, auch konstant gehalten werden können: eine
spezifische Aufstellung, Trainingsmethoden, Rituale, psychologische Projektio-
nen. Und hier stellt sich die Frage: Weiß Jol eigentlich, warum der HSV die
Saison so erfolgreich war?

Der Soziologe hat die Luthersche Empfehlung aufgegriffen und dem Volk
auf´s Maul geschaut. Wie erklären sie sich Erfolg und Misserfolg der Rothosen?

In einer der unzähligen Kneipen Deutschland, in der man samstags (durch Rauschschwaden) auf Großbildleinwänden die Gladiatoren der Neuzeit bestaunen kann, fielen die Kommentare nach dem 0:1 gegen Dortmund bereits deutlich aus: Schuld waren lahmarschigeabwehr, alletotalgepennt und der schwuchtelschiri, der gehtgarnicht, scheißealdascheiße. Aber kein Wort über Jol.

Und auch von HSV-Präsi Bernd Hoffmann kein kritisches Wort. Im Gegenteil: Es sei eine richtige Maßnahme gewesen, nach der 1:4-Klatsche gegen Gladbach keine Diskussionen geführt zu haben. Vielleicht war aber genau das die falsche Entscheidung – die Spiele gegen Bremen und Dortmund haben schließlich gezeigt, dass eine Kurskorrektur (oder zumindest ein kritisches Hinterfragen) angesagt gewesen wäre. Klar: Im Nachhinein ist man immer schlauer. Die Frage ist doch aber: Hätte man nicht auch schon vorher schlauer sein können? Nach dem Ausscheiden im DFB-Pokal sagte Hoffmann live im sonntäglichen Frühschoppen des DSF: „Das Schicksal hat in dieser Saison noch größeres mit uns vor." Klar, wie er es meinte. Die Formulierung ist aber interpretationsoffen.

Interpretiert und gedeutet wird auch viel in der Causa Klinsmann. Warum er gehen musste, warum er hätte bleiben sollen. Für beide Sichtweisen lassen sich ad-hoc eine Fülle von Argumenten finden, die im April und auch schon die Monate zuvor die Fußballspalten nahezu aller Tages- und Wochenblätter füllten. Etwas anderes aber, bislang unerwähnt, offenbart sich erneut nach dem Rausschmiss des selbsternannten (Rund)Erneuerers: Das Fußballgeschäft ist für komplexe Innovationen zu schnelllebig. Veränderungen brauchen Zeit, bis sie einen Effekt bewirken. Wenn ich heute beginne, spanisch zu lernen, werde ich es morgen noch nicht fließend sprechen können. Aber vielleicht in einem Jahr, wenn ich regelmäßig und diszipliniert übe, Ehrgeiz entwickele und die kognitiven Voraussetzungen mitbringe. Wenn das gegeben ist, kann ich in einem Jahr mit Menschen sprechen und Ziele erreichen, die vor meiner Entscheidung, spanisch zu lernen, unerreichbar gewesen wären. Laut Hoeness und Rummenigge soll das Konzept, dass Klinsmann zu Amtsantritt vorgelegt hatte, hervorragend und schlüssig gewesen sein. Wenn dem so ist, spricht vieles dafür, dass die Zeit, die einem Trainer (nicht nur bei den Bayern) gegeben wird, um Erfolg zu haben, nicht ausreicht, um neue Konzepte umzusetzen. Der Fußball ist also in gewisser Weise innovationsfeindlich, zumindest wenn die Vorgabe lautet, ein, besser zwei, womöglich drei Titel pro Saison einzufahren. Zeit ist nicht nur im Fußball ein knappes Gut und will effizient verwaltet sein. Und die Fußballwelt ist so organisiert, dass zeitintensive (wenn auch sinnvolle) Veränderungen nicht umgesetzt werden können. Die Branche setzt weiterhin auf Maßnahmen, die kurzfristig Erfolg versprechen, aber nur geringe Langzeitwirkung haben. Der eine fährt ins Kurztrainingslager, der nächste scheucht die Spieler über glühende Kohlen und ein dritter lässt die Vereinshymne in den Landessprachen der Spieler singen. Schließlich kann man sich im Spanienurlaub ja auch mit Händen und Füßen unterhalten.

Veränderungen wird es in nicht allzu ferner Zukunft ohnehin auch im Wirtschaftssubsystem „Sport" geben, denn auch die Ablösesummenblase wird vermutlich bald platzen. Und was kommt dann? Der JU-Politiker Holger Lengfelder ließ sich zu der Bemerkung hinreißen, eine Hartz IV Erhöhung würde lediglich die Tabak- und Spirituosenindustrie fördern. Was würde Lengfelder wohl bei einem Einbruch der Ablösesummen und der Senkung der Gehälter von Fußballprofis prognostizieren?

Einer, so zumindest die Fans, sollte ab sofort gar kein Gehalt mehr beziehen, zumindest nicht vom Deutsche Eishockey-Bund: Bundestrainer Uwe Krupp. Flink wie die Windhunde, zäh wie Leder und hart wie Krupp-Stahl, so hatte sich der Bundes-Uwe seine Männer vermutlich gewünscht. Und Stanley-Cup-Sieger Krupp, seit 2005 Trainer der deutschen Eishockey-Nationalmannschaft, wurde bei der WM in der Schweiz nicht enttäuscht. Nur hatten die deutschen Schlittschuhträger die Adjektive falsch zugeordnet: Flink wie Krupp-Stahl waren die Mannen um Teamkäpt'n Andreas Renz im Erstrundenspiel gegen die russische Sbornaja (zugegeben: amtierender Weltmeister), die die deutsche Abwehr schwindelig spielte und mit 5:0 siegte. Gegen die gastgebenden Eidgenossen waren die deutschen Kufencracks dann weich wie Leder und hatten den robusten Schweizern nicht ausreichend Kante entgegenzusetzen (2:3 nach Verlängerung). Und gegen die französische Equipe, Eishockey-Schwellenland, waren dann auch selbst die gestandenen deutschen US-Legionäre nicht in der Lage, die nötigen Punkte für das Erreichen des Viertelfinales einzufahren. Wiesel stand bislang noch nicht auf meinem Speiseplan, aber zäh war es in der Tat, das deutsche Spiel. Und einem Fan der gleitenden Scheibe hat sowohl das Spiel, als auch sein Bier nicht mehr geschmeckt. Er nutzte diesen Umstand zu einer symbolischen Geste und goss den abgestandenen Gerstensaft auf des Trainers bestes Sakko. Das perlte, wie „Dittsche" (Comedian Olli Dietrich) zu sagen pflegt. Und auch die Kritik perlte wie das Bier an Uwe Krupp ab: Sportdirektor Reindl und er wollen die erfolgreiche? wegweisende? zielführende? bisherige! Zusammenarbeit fortsetzen. Nächstes Jahr ist die WM im eigenen Land. Im Land des Bieres.

Der Mai

Fingerspitzengefühl? Gleiches Recht für alle!

Gottes Sohn, zumindest sein Korpus, diente im Monat Mai der „taz" als Marketing-Gag; die Macher der Zeitung nagelten Ex-Bayerntrainer Jürgen Klinsmann mit der Aufforderung, doch mal auf die schöne Seite des Lebens zu schauen, ans (Latten-)Kreuz (www.taz.de/1/leben/medien/artikel/1/klinsmann-sieht-seine-wuerde-verletzt). Klinsi sah sich prompt in seiner Menschwürde beschädigt und wollte diese gerichtlich wiederhergestellt wissen – was bekanntermaßen so oder so nicht funktioniert. Nun meldete sich der selbsternannte Innovator des (deutschen) Fußballs nach seiner Kündigung erstmals bei Günther Jauchs „Stern-TV" zu Wort. Er hätte es geschafft, behauptet er, ja, die wo Meisterschale hätte er an die Isar geholt.

Für diesen dreisten Raub wäre er nur leider in den Knast gewandert, denn sportlich sahen sich viele Bayern-Spieler schon in langen Unterhosen bei den Don-Kosaken von Schachtjor auflaufen. Wenn Klinsmann die Meisterschaft errungen hätte, dann wäre zumindest ein Rekord in die Annalen eingegangen: Abwehrspieler Phillip Lahm resümierte, die Bayern hätten über den Saisonverlauf nur ein überzeugendes Spiel abgeliefert – beim 3:0-Erfolg in Bochum (www.sueddeutsche.de/sport/3/470549/text/6). Und das wäre doch wirklich einzigartig: Mit nur einem guten Spiel in der Saison Meister werden.

Aber was meinen Sie? Wären die Bayern mit Klinsmann Meister geworden? Und wo wäre Wolfsburg ohne Magath gelandet? Und wo Köln mit Podolski? Ohne das „Was wäre, wenn" wäre die Sportwelt doch um vieles ärmer. Und schließlich können wir immer nur spekulieren, da - wissenschaftlich formuliert - die jeweilige Kontrollgruppe fehlt. Die Meisterschaft lässt sich nun mal nicht unter gleichen Bedingungen noch einmal mit Klinsmann zu Ende spielen, um dann Gewissheit darüber zu erlangen, ob etwas dran ist an Klinsmanns Stochastik.

Für den Wissenschaftler bedeutet zu spekulieren, auf der Grundlage so vieler Variablen wie möglich eine Prognose zu erstellen, die mit hoher Wahrscheinlichkeit der Wirklichkeit entspricht. Und so verfährt eigentlich nicht nur der Wissenschaftler, sondern jeder, der vor einer Entscheidung steht und sich überlegt, was wohl passieren würde, wenn er anfinge, wieder Sport zu treiben, die Dauerkarte aufgäbe oder den Verein wechselte. Der Mensch imaginiert sich dann in eine fiktive Rolle, in ein fiktives Szenario, dessen Rahmen Wissen und Erfahrungen bilden. Und wägt dann unter Einbeziehung für ihn relevanter Größen ab, um schließlich die bestmögliche Entscheidung zu treffen.

So macht es auch Hoeness, bevor er einen Trainer feuert, so macht es Beachvolleyballerin Sara Goller vor einem Sprungaufschlag, so macht es Jenson Button, wenn er zum Überholmanöver ansetzt. Und wenn es schief geht, - die Meisterschaft nicht gewonnen wird, der Ball an der Netzkante hängen bleibt oder der Dreher das Renn-Aus bedeutet -, kann man wunderbar spekulieren, warum man es hätte doch in jedem Fall anders machen müssen. Wissenschaftlich betrachtet werden dann lediglich die Variablen, die zur Entscheidungsfindung geführt haben, neu bzw. anders bewertet.

(Neu) bewerten müssen auch die Verantwortlichen vom Hamburger SV die abgelaufene Saison, nachdem der letzte Ball der Saison aus dem Netz geholt, der letzte Stürmer ins Abseits geschickt und die letzte vage Hoffnung von der Meisterschaft respektive der Champions League ausgeträumt war. „In Hamburg sagt man Tschüss, das heißt Auf Wiedersehen ..." sang einst Volksschauspielerin Heidi Kabel, und viele sangen das Lied, als HSV-Coach Martin Jol gen Amsterdam abflog.

Trotz des „Erfolges", der Qualifikation für die Euro-Liga dank Gladbacher Schützenhilfe, bleibt meine Kritik an Trainer Jol bestehen. Ich weine ihm keine Träne nach. Für mich fällt die Saisonbilanz deprimierend aus: Jol hat erfahrene, kampferprobte Führungsspieler ausgegrenzt (Bastian Reinhardt, Piotr Trochowski) und egomane Selbstdarsteller hofiert (Timothee Atouba, Albert Streit), Interna in der Presse diskutiert und somit einen Nationalspieler wie Trochowski demontiert. Und Jol hat im Training, wie nun durchsickerte, offensichtlich (zu) selten Laufwege und Automatismen trainiert und so deutlich erkennbare Abstimmungsprobleme forciert. Die Meisterschaft war in diesem Jahr durchaus drin, in jedem Fall die Champions League. Wer wird deutscher Meister? Ha, Ha, Ha, HSV.

Für die Champignons League hingegen qualifizierte sich NDR-Dampfplauderer Steffen Simon, der beim Spiel Bielefeld gegen Hannover den Niedersachsen in den ersten 30 Minuten „Luschen-Fußball am Rande der Wettbewerbsverzerrung" attestierte. Fortan laberte er sich durch den Zusammenschnitt, reklamierte unter anderem einen fehlerhaften Schiripfiff, da keine Berührung vorgelegen habe. Für alle regelunkundigen Sportreporter (Simon ist leider kein Einzelfall) hier die ultimative Info: Versuch macht nicht nur klug: Der Versuch ist auch bereits strafbar (www.dfb.de/index.php?id=508078).

Andersherum kann und will man einen Stürmer nicht dafür bestrafen, dass er hochspringt, wenn der Abwehrspieler mit den Stollen voran angerauscht kommt. Zeugnis für Steffen: Luschen-Kommentare am Rande der Ahnungslosigkeit. Und wo wir schon einmal dabei sind: Die Herrenriege der Fußballsachverständigen soll mir mal erklären, wie man Fußball „mit angezogener Handbremse" spielt (man frage mal einen Sportler, wie er eine solche taktische Vorgabe praktisch umsetzt: ein bisschen langsamer Laufen, beim Kopfball mit dem Leder nur zarten statt wuchtigen Kontakt suchen, beim Passspiel dem Gegner die Chance einräumen, den Ball zu erobern?), was clever daran ist, wenn bei knapper Führung Spieler Dramolette proben, indem sie Othellos Todesszene zu kopieren suchen, oder wie ein Tor zu einem psychologisch ungünstigen Zeitpunkt fallen kann (als gäbe es einen günstigen Zeitpunkt, einen Gegentreffer zu kassieren). Selbst wenn ein Gegentreffer unmittelbar vor dem Pausentee fällt, muss das nicht zwangsläufig mürbe machen, sondern kann Kräfte freisetzen, Botschaft: Jetzt gilt´s, volle Konzentration.

Doch mein Lieblingsbegriff, der sich nicht nur, aber insbesondere in der Fußball-Bundesliga immer stärker werdender Beliebtheit erfreut, ist eine Metapher, die meist in zweideutigen Spielsituationen Anwendung findet und nahezu ausschließlich auf einen Pfiff bzw. eine Aktion des Schiedsrichters folgt. Der Begriff beinhaltet eine Aufforderung zum Messen mit zweierlei Maß und ist somit letztlich ein unverhüllter Protest gegen die Überparteilichkeit des Schiedsrichters. Ahnen Sie, um welchen Begriff es sich handelt? Richtig, ich meine den Begriff „Fingerspitzengefühl". Da stellen wir uns, so wie Gymnasialprofessor Bömmel in der Feuerzangenbowle, erst mal janz dumm und fragen, wat is dat eijentlich, so ein Fingerspitzengefühl? Da dieser Begriff ausschließlich bei kniffligen Entscheidungen Verwendung findet, scheinen in den Fingerspitzen ja die feinsten und sensibelsten Gefühle zu stecken, die ein Mensch entwickeln kann. Der Schiri soll sich also bei schwierigen Entscheidungen auf seine Fingerspitzen verlassen, denn die werden´s schon richten. Und tun sie es nicht - fehlt das Gefühl in den Endgliedern -, ja dann ist das nicht nur ärgerlich, sondern meistens auch spielentscheidend.

Nun sollte Fingerspitzengefühl doch gefragt sein, wenn es keine Regeln gibt und im Einzelfall Interessen abgewägt werden müssen, um ein gerechtes Urteil zu fällen. Beim Sport ist es genau andersherum: Hier gibt es in nahezu jeder Sportart ein komplexes Regelwerk, das den Ablauf des Spiels festlegt und Verstöße ahndet. Regeln tragen ganz maßgeblich dazu bei, dass es auf dem Platz, im Becken oder in der Halle gerecht zugehen kann. Schließlich soll die Leistungsbereitschaft und die Leistungsfähigkeit den Ausschlag über Sieg oder Niederlage geben – und eben nicht eine Entscheidung da mal so und beim nächsten Mal, in gleicher Situation, ganz anderes gefällt werden kann. Ein Foul im Strafraum an dem auf das Tor zustürmenden Spieler wird mit einem Strafstoß geahndet, hält der Torwart den Ball länger als 6 Sekunden in seinen Händen, gibt es einen Freistoß, trägt die Schwimmerin einen Anzug aus verbotenem Material, wird sie disqualifiziert, wird beim Aufschlag übergetreten, gibt es Punkt für die gegnerische Mannschaft.

Fingerspitzengefühl ist nirgendwo mehr fehl am Platze als hier, bedeutet es doch, dass ein Foul in dem einen Fall mit gelber Karte, in dem anderen Fall ohne Bestrafung geahndet wird. Natürlich leiden wir mit dem Spieler, der durch die gelbe Karte für das Finale im Uefa-Cup gesperrt ist, natürlich hat er das Foul nicht mit Absicht begangen, natürlich wollte er den Ball nicht mit der Hand spielen. Aber die Regeln sind eindeutig, und das ist auch gut so, denn die Regeln schaffen Verlässlichkeit, schaffen Glaubwürdigkeit und stärken das Prinzip der Demokratie im Sport: Dass es niemanden gibt, der bevorteilt wird, weil wir Mitleid haben oder wir ihn so gern mögen oder wir es als gerecht empfänden oder schwarze Koffer den Besitzer wechseln. Vor dem (Sport-)Gesetz sind alle gleich, auf dem Platz, im Becken und im Sand.

Und in diesem Zusammenhang würde ich gern eine Lanze für die Schiris brechen, die Wochenende für Wochenende für (meist) kleines Geld auf den Plätzen und in den Hallen stehen, um faire Wettkämpfe zu garantieren. Und denen von Trainern oftmals nicht nur mangelndes Fingerspitzengefühl attestiert wird, sondern die vielfach auch als Erklärung schwacher Leistungen herhalten müssen (neben dem Wetter, den Lichtverhältnissen, der Belastungssituation). Und selbst wenn es eine diskutable Entscheidung gegeben haben sollte, so waren die übrigen 50 Pfiffe in der Partie absolut korrekt. Ein Spieler, der 50 Pässe sauber zum Mann bringt und einen vergeigt, erhält die Note 1 in der Sonntagszeitung. Schiris werden bei einer Fehlentscheidung für die Niederlage verantwortlich gemacht und erhalten die Bewertung „Kreisklasse". Ich würde mir da von den Trainern, aber auch einigen Spielern, zumindest bei der Würdigung der Leistungen der Schiedsrichter, ein wenig mehr Fingerspitzengefühl wünschen.

Ebenjenes fehlte offenkundig auch den Verantwortlichen von Eintracht Frankfurt. Doch zumindest konnten wir von ihnen lernen, was unter demokratischem Sozialismus zu verstehen ist – waren es doch die Eintracht-Fans, die entschieden, dass Trainer Friedhelm Funkel zu gehen habe. Das Kollektiv wollte es so, und der Vorstand musste sich beugen. Wie sonst ließe sich erklären, dass Eintracht-Boss Fischer in der „Sport-Bild" vom 20. Mai zu Protokoll gibt, den Trainer „infrage zu stellen sei falsch", um Funkel wenige Stunden später nicht nur infrage, sondern freizustellen. In der Zeit zwischen Trainerrückendeckung und Trainerentlassung lag weder ein Punktspiel noch eine Mannschafts- oder Vorstandssitzung. Nur das Veto der Fans.

Eine andere Erklärung wäre, dass Fischer nicht das gesagt hat, was er dachte. Und wusste. Weil er das auch nicht sagen muss, da es die bindende Kraft des Wortes ohnehin nicht mehr zu geben scheint, im Fußball nicht und nicht in der Kaufmannszunft, die Ehrlichen die Dummen sind und die Lüge zu den Gesetzen des (Sport-)Marktes gehört. Regt sich ja auch niemand mehr darüber auf, im Gegenteil, es wird schon fast erwartet; äußert sich ein Funktionär nach einer 1:6-Heimniederlage, der Trainer stehe nicht zur Disposition, dann wird der Boulevard am Montag in großen Lettern von der Entlassung berichten.

Die nächste Entwicklungsstufe ergibt sich, wenn die Unwahrheit so weit verinnerlicht wird, dass sie faktische Realität gewinnt. Im Monat Mai liefert HSV-Präsident Hoffmann hier ein bemerkenswertes Beispiel. Im Interview antwortet er auf die Frage, ob sich der HSV bei der Suche nach dem Jol-Nachfolger erneut 177 Tage Zeit lassen will, dass es sich doch seinerzeit ausgezahlt habe, sorgfältig und mit Augenmaß den richtigen Trainer für den HSV zu suchen – und ihn ja dann auch schließlich in Martin Jol gefunden zu haben. Rückblende: Wie war das denn seinerzeit, vor gut einem Jahr? Der HSV handelte sich eine Absage nach der anderen ein, Klopp, Bilic und wie sie alle hießen lehnten allesamt dankend ab. Und schon ein Jahr später wird die Geschichte neu geschrieben und, mal ehrlich: Wem ist es aufgefallen, dass hier Hoffmanns Märchen auf dem Spielplan stand?

Märchenhaft erscheint auch das zeitgleiche Verschwinden von 20 belgischen Bodybuildern. Bei den nationalen Meisterschaften erschien kurz vor Beginn der Veranstaltung eine Delegation der nationalen Anti-Doping-Agentur und wollte die Akteure kontrollieren, die innerhalb weniger Minuten allesamt verschwunden waren. „So etwas habe ich in meiner ganzen Karriere noch nicht mitgemacht", sagte ein anwesender Arzt (http://diepresse.com/home/sport/mehrsport/480606/index.do). Interessant auch, dass diese Nachricht fast keiner Tageszeitung eine Meldung wert war.

Für Schlagzeilen hingegen sorgte Schwergewichtsboxer Timo Hoffmann. Der Mann aus Eisleben, genannt „die Eiche", hatte es wider Erwarten massiv gestört, dass sich ein Büffel an ihr rieb – und verlor dennoch gegen den südafrikanischen Altmeister Francois Botha (Kampfname „der Büffel") nach Punkten. Ich mag Timo Hoffmann. Deshalb hoffe ich, dass er nun die Boxhandschuhe an den Nagel hängt. Und dem weißen Büffel wünsche ich, dass er dort landet, wo er hingehört: auf die Weide. Inständig hoffe ich, dass niemand auf die Idee kommt, einen Kampf Botha gegen Klitschko realisieren zu wollen. Natürlich würde ich ihn mir anschauen, aber sehen will ich ihn nicht. Die Klitschkos (gern mal gemeinsam, aber auch nacheinander) gegen Valuev, auch den weißen Tyson Chagaev gegen Gomez (alle Kämpfe unter www.boxrec.com). Aber bitte keine Schwergewichtskämpfe mehr, in der einer der beiden oder gar beide Akteure in ihren boxerischen Fähigkeiten so limitiert sind, dass die erste Runde bereits die letzte Runde ist – oder im Falle des Kampfes Botha gegen Hoffmann bei einigen Aktionen die Retina streikt. Zwölf Runden zweier schiebender, schubsender, stolpernder, entkräfteter Fleischberge, die vom Lucky Punch träumen. Nach dem Kampf habe ich mich bei einem unanständigen Gedanken ertappt: Ich war froh, dass sich beide nicht ernsthaft verletzt hatten. Zumindest in der Königsdisziplin des Boxsports stimmt die Plattitüde: Früher war alles besser!

Der Juni

Der Sport als Mikrokosmos der Gesellschaft?

Da wollen uns doch noch immer einige Theoretiker aus den Elfenbeintürmen der Wissenschaft weismachen, der Sport sei nichts anderes als die Gesellschaft im Kleinen. Obwohl sich doch recht leicht belegen lässt, dass dem nicht so ist. Machen wir uns doch einmal den Spaß und übertragen eine Szene aus der Welt des Fußballs auf den beruflichen Alltag in einer Sportredaktion...

Ich komme ein wenig zu spät zur Arbeit und werde mit der Entscheidung des Chefredakteurs konfrontiert, er könne meinen Artikel nun nicht mehr in die Abendausgabe bringen. Ich bin mit dieser Entscheidung ganz und gar nicht einverstanden, baue mich unmittelbar vor ihm auf und beginne eine Diskussion in der Tradition klassischer Lamenti. Ich argumentiere sehr erregt und ein wenig eindimensional und achte stets darauf, ihn nicht zu Wort kommen zu lassen. Er verwarnt mich lautstark, ich reiße daraufhin die Augen auf und presse die Hände an den Kopf. Mein Gesicht verzerrt sich zu einer Grimasse, ich übe mich in italienischer Zeichensprache. Er wirft mich daraufhin aus seinem Büro, ich rotze zum Abschied auf seinen Schreibtisch und bringe seine Mutter mit einem alten Berufsstand in Verbindung. Im Türrahmen angekommen mache ich abrupt kehrt und gehe von Flüchen und Verwünschungen begleitet langsamen Schrittes in seine Richtung. Mein Zeigefinger deutet dabei Stiche an, zunächst in Richtung des Genitalbereichs, dann auf Augenhöhe. Mein Chef bleibt äußerlich ruhig und teilt mir mit gespielter Höflichkeit mit, er werde den Vorfall in meiner Personalakte vermerken. Ich applaudiere daraufhin und lache gekünstelt. Einem Kollege, der mich beruhigen will, schleudere ich mein achselnasses Ralf-Lauren-Hemd in die Visage und trete mit dem Fuß in einen Papierkorb, der der Wucht meines Stoßes nachgibt. Nachdem ich meinen Fuß aus der Tonne befreit habe, finde ich alles Scheiße und kommuniziere das auch. Da ich bislang nicht darüber nachgedacht habe, welche Konsequenzen mein Handeln haben könnte, beschließe ich, es auch weiter so zu halten: Ich zeige den Arbeitskollegen aus dem Kulturteil den angefeuchteten Mittelfinger und bezeichne sie als hirnlose Schwuchteln. Einige schütteln pikiert den Kopf, andere wechseln die Gesichtsfarbe und reden nun ebenfalls, ohne nachzudenken. Nach einem kurzen, reflexbedingten Wortgefecht mit einem der noch wenigen verbliebenen festen freien Redakteuren stapfe ich in mein Büro und schlage mit lautem Knall die Tür zu. Ich friere, schließlich ist mein Oberkörper entblößt. Ein junger Mann vom Samariter-Unfalldienst streckt den Kopf zur Tür herein und fragt, ob er mir helfen könne. Du kannst dir doch nicht mal selbst helfen, entgegne ich. Er bringt mir eine Wolldecke und legt sie mir fürsorglich über die Schultern. Im Nachbarbüro wird getuschelt, einige sind der Meinung, meine Reaktion sei angemessen gewesen, nachvollziehbar, schließlich hätten mich einige Kollegen in den letzten Tagen permanent provoziert, und so sei mein Verhalten ganz normal, nichts Besonderes, musste einfach alles mal raus. Andere halten mich für ein schlechtes Vorbild, ich würde die jungen Redakteure zur Revolte animieren. Sie fordern, dass ich mich beim Chefredakteur entschuldige. Aber wofür? Ich habe nichts getan. Außerdem: Man kann mir nix, ich habe Vertrag. Um mich zu beruhigen, schreibe ich Mails an Sportredakteure anderer Tageszeitungen und verrate Interna, vornehmlich Pikantes. Sollen sie mich doch rausschmeißen, bei der Konkurrenz kriege ich ohnehin mehr Kohle für die gleiche Leistung. Bei der abendlichen Redakteurskonferenz überprüfe ich Sitz und Form der Kleidungsstücke aller weiblichen Anwesenden, werde ich angesprochen, stelle ich mich schlafend oder übe mich in Standardfloskeln. Den Umgang mit meiner Person empfinde ich als respektlos, Kritik per se als gegenstandslos und überflüssig. Über die Abmahnung, die ich erhalte, kann ich nur lachen. Mach´ ich auch. Für die Öffentlichkeit habe ich mir nach Einsetzen der Adrenalinebbe eine andere Strategie überlegt. Ich halte im Verlagshaus eine Pressekonferenz ab und gebe mich als reuiger Sünder. Ich sage Dinge wie „ich habe den Kopf verloren", „es war aus der Situation heraus" und „ich will mich jetzt wieder auf die Arbeit konzentrieren". Das kommt an und wird verstanden. Ich verkünde, dass ich die Strafe vom Verlag akzeptieren werde, egal wie sie ausfällt. Nach dem Blitzlichtgewitter entlädt sich meine Anspannung, ich kämpfe mit den Tränen. Um mich abzulenken, hocke ich mich an meinen Schreibtisch und beginne eine Reportage über die Helden der Kreisklasse zu schreiben. Es muss ja weitergehen. So, jetzt wissen sie, wie es tagtäglich in einer Sportredaktion zugeht. Ganz wie auch im Mikrokosmos der Gesellschaft, dem Sport.

Vom Mikrokosmos zur Makroökonomie: Die leidet nun schon seit einigen Monaten unter den global operierenden Finanzjongleuren, doch der Sport scheint davon nicht viel mitzubekommen. Noch immer fließen Ablösesummen für Spieler, die in der Höhe dem Bruttosozialprodukt afrikanischer Staaten entsprechen.

Ist die Selbstverständlichkeit nicht erstaunlich, mit der wir akzeptieren, dass Geld die Welt reagiert – und nicht die Menschen mit ihren Zielen, Wünschen und Träumen? Hier zeigt sich der Sport (leider) sehr wohl als Abbild der Gesamtgesellschaft, in der die Wirkmacht des Kapitals und die Verlockungen des Geldes die Triebfeder menschlichen Handelns darstellen. Und gerade hier könnte der Sport Zeichen setzen, indem eben nicht alles dem Diktat der Ökonomie untergeordnet wird. Bereits 1961 sorgte Fußball-Nationalspieler und HSV-Idol Uwe Seeler für Erstaunen, als er ein millionenschweres Angebot eines italienischen Spitzenclubs nicht annahm und seinem Verein treu blieb (www.welt.de/sport/fussball/article3106975). Bis zu dieser Entscheidung war Seeler ein Star, danach ein Idol. Und er wird dafür auch heute noch nicht nur in der Hansestadt verehrt. Wenn ein anderer Verein deutlich mehr Salarium für einen Spieler oder Trainer als der Konkurrent bietet, dann geht man davon aus, dass sich der Wechsel auch vollzieht. Aktuelles Beispiel: Felix Magath. Natürlich kann er sich ein solches Angebot nicht entgehen lassen, sagen Sie? Dass ein Spieler oder Trainer sagen könnte, 3 Millionen Euro per annum reiche ihm, er müsse nicht 4 Millionen Euro verdienen und würde lieber in der Stadt bleiben, in der er Wurzeln geschlagen, die Frau ein soziales Umfeld und die Kinder einen Freundeskreis gefunden haben – das scheint gar nicht im Bereich des Möglichen zu liegen. Der Fußball hat eine Seele, schrieb einst der Literat Peter Handke, und meinte damit nicht das bloße Spielgerät. Die Menschen sind es, die den Sport mit Leben füllen und dem Fußball eine Seele verleihen. Sicher, ohne die Wirtschaft würde das Sportsystem, so wie wir es kennen, zusammenbrechen. Aber das (Fußball)Volk muss sich überlegen, ob es zulassen will, dass das Geld und seine Repräsentanz, der homo oeconomicus, den Fußballgeist mehr und mehr in die Flasche drängt, dass kühle Technokraten die Fußballwelt regieren und dass sich der Wert eines Vereins nur noch an (geschönten) Bilanzen bemisst? So sieht der seit wenigen Tagen arbeitslose Fußballmanager Dietmar Beiersdorfer auch bei „seinem" HSV die Seele entschwinden. Er spricht auch nach seiner Entlassung von „seinem" HSV. Dieses kleine Possessivpronomen hat sich nicht bei Didi und so vielen Tausend HSV'ern im Sprachgebrauch etabliert, weil der Verein mittlerweile Platz 34 der Topclubs in Europa einnimmt (http://www.eurotopfoot.com/clubde.php3). Dieses kleine Wort steht da, weil der Verein die Nummer 1 in ihren Herzen ist. Weil ein gelungener Spielzug, ein Tor, die enttäuschten Gesichter der Spieler und Mitstreiter nach einer Niederlage oder der erlösende Jubel nach dem Schlusspfiff die Seelen der Fans zum Klingen bringt. Denn der Mensch - jung und alt, arm und reich, schwarz und weiß - strebt, wie wir schon bei Aristoteles' Nikomanischer Ethik nachlesen können, nach Glückseligkeit. Und dazu gehört im Leben wie im Fußball die richtige Mischung aus Seele, Geist, Herz und Geld.

A propos richtige Mischung: Die deutschen U 21-Kicker wurden die Tage Europameister in Schweden und Finnland. Ein Triumph mit Migrationshintergrund. Das wird ja in jedem zweiten Satz zum Ereignis formuliert (www.zeit.de/online/2009/26/u21-oezil-khedira-beck-boateng). Fast alle deutschen Spieler haben einen Migrationshintergrund. Aber: Wer hat das nicht? Wir müssen nur weit genug in der Zeit zurückgehen. Im Zuge des Bologna-Prozesses und eines zusammenwachsenden Europas müsste man außerdem korrekterweise von Europäern und Spielern mit außereuropäischem Migrationshintergrund sprechen. Man könnte aber auch sagen: Es sind Deutsche, die auf dem Platz standen, und zwar alle. Aber da der Gewinn einer Europameisterschaft gerne zu einem Titelmärchen verklärt wird, finden wir landauf landab mediale Kommentare, die Truppe von Horst Hrubesch sei ein Beispiel für gelungene Integration. Dieser Gedanke ist schön und tröstlich, stimmt aber nicht. Schließlich hätte das Aus in der Vorrunde doch wohl nicht bedeutet, dass die Integration gescheitert ist, oder? Und der Grund, warum Akteure, deren Eltern oder Großeltern einst nach Deutschland zogen, nun nicht mehr für das Land ihrer Ahnen spielen, muss nicht zwangsläufig mit einem überbordenden Gefühl für die deutsche Nation und der Identifikation mit unserer freiheitlich-demokratischen Grundordnung zu tun haben, sondern hängt in der Regel von vielen kleinen Dingen des Lebens ab: Die Kumpels spielen auch „hier" und nicht „da", der Trainer ist prima, der Verband kümmert sich, es gibt Kohle für den Erfolg (und deutlich mehr als woanders), es besteht keine kulturelle oder soziale Bindung an das Land ihrer Vorfahren. Die Spieler von Hotte Hrubesch sind nicht in Deutschland „angekommen", denn sie waren ja nie weg. Im Gegenteil: Menschen mit Migrationshintergrund sind mittlerweile ein fester Bestandteil der deutschen und europäischen Kultur.

Eine „Sportart" aus einem anderen Kulturkreis hat im Monat Juni den Sprung über den großen Teich gewagt: Das Ulimate Fighting erfreut sich seit Beginn der 1990er Jahre in den USA wachsender Beliebtheit und soll nun auch in Europa einem breiten Publikum vorgestellt werden. Nachdem seit einigen Jahren das Schwergewicht im Boxen nur noch leichte Kost anbietet und das

Comeback von Schauspieler Mickey Rourke als Wrestler bei vielen Kampf-sportinteressierten die Neugier an dem etwas anderen Kraftsport geweckt hat, habe ich mir den Kampfabend der Ultimate Fighting Championship (UFC) in Köln angesehen. Wenn Sie wissen wollen, was Ulimate Fighting ist und wie die Gegner und Befürworter dieser Veranstaltungen argumentieren, dann finden sie unter www.sport1.de/de/kampfsport/artikel_108423.html erste Anhaltspunkte. Ein Blogger nennt es „Hundekämpfe ohne Hunde". Das trifft es ganz gut. Mehr gehört in eine Sportkolumne zu diesem Thema nicht hinein.

Der Juli

Märchen aus der Sportwelt Reloaded

Dass Kreativität und sportliche Höchstleistungen miteinander Hand in Hand gehen, zeigen die Erklärungen von Radsportlern, die in den letzten Jahren der Einnahme von Dopingmitteln überführt worden sind. Als Tyler Hamilton Blutdoping nachgewiesen wurde, behauptete der Amerikaner, ein „Mischwesen" zu sein – eine sogenannte Chimäre. Die Zellen in seinem Körper, die die schlimmen Werte verursachten, gehörten seinem noch vor der Geburt gestorbenen Zwillingsbruder. Kollege Christian Henn hatte laut eigener Aussage ein ganz anderes Problem: Seine positive Probe habe der Genuss eines Tees verursacht, der - laut Schwiegermutter - die Zeugungskraft stärke. Auch Mountainbikerin Ivonne Kraft hält eine interessante Geschichte bereit, um das Fenoterol in ihrem Körper zu erklären: Der Asthma-Inhalator ihrer Mutter sei in ihrem Beisein explodiert. Vor Schreck habe sie „huch" gesagt und dabei etwas von der Substanz inhaliert. Radsportler sind ergo kreative Menschen, schlagfertig und medizinisch vorgebildet. Und sollte in ihrem Körper eine Substanz gefunden werden, die da nicht hingehört, dann waren in jedem Fall die anderen Schuld: Der tote Bruder, die Mama oder die Schwiegermutter. Und sie selbst: Opfer.

Ein weiteres, selbst erklärtes Opfer ist ein Star aus der Eisschnelllaufszene: Claudia Pechstein. Nomen est omen, griff bei ihr erstmals eine neue Blutprofil-Regel der Welt-Antidoping-Agentur (WADA), wonach Sanktionen gegen Sportler bereits wegen Auffälligkeiten in ihrem Blutprofil ausgesprochen werden können, ohne dass ein konkreter positiver Dopingbefund vorliegt. Der Eislauf-Weltverband ISU sperrte daraufhin die Athletin für zwei Jahre. Pechstein indes beteuert ihre Unschuld, nie hätte sie gedopt, never ever. Und ein Argument ist überzeugend: Sollte sie rechtskräftig verurteilt werden, verlöre die Zollinspektorin ihren Beamtenstatus. Natürlich wissen Dopingsünder auf der anderen Seite auch, dass ein solches Argument starke Zweifel an ihrer Schuld erweckt und sie es daher strategisch hervorragend einsetzen können. Ein anderer Umstand macht mich aber viel mehr stutzig: Stellen Sie sich einmal vor, sie sind Spitzensportler und haben nie gedopt. Nun ist bei mehreren Routinekontrollen ihr Blutbild auffällig, und hochrangige Mediziner teilen ihnen mit, dass solche Werte nur mit einem genetischen Defekt, einer Leukämieerkrankung oder starker Tumorbildung zusammenhängen können. Da die Blutwerte bei weiter zurückliegenden

Tests im normalen Bereich lagen, fällt ein genetischer Defekt als Ursache aus, denn der hätte mit höchster Wahrscheinlichkeit seit der Geburt ein entsprechendes Blutbild produziert. Bleiben Leukämie und massive Tumorbildung. Was also würden Sie machen, nachdem sie diese Info erhalten hätten? Ich kann Ihnen sagen, was ich gemacht hätte: Ich hätte am nächsten Morgen um 8 Uhr auf der Matte meines Hausarztes gestanden. Claudia Pechstein hat das nicht getan und ist der Aufforderung der ISU, das Blutbild zu erklären, medizinisch (zunächst) nicht nachgekommen – warum auch immer. Ihr Arbeitgeber hat mittlerweile ein Disziplinarverfahren eingeleitet.

Welchen Effekt das Doping haben kann, erfahren wir von Ex-Stabhochspringerin Yvonne Buschbaum, die sich einer Geschlechtsumwandlung unterzog nun unter dem Namen Balian Buschbaum deutsche Stabhochspringer trainiert. Eindrucksvoll berichtet er, welchen Effekt die Einnahme körperfremder (männlicher Geschlechtshormone) Stoffe zeitigt: „Seit Beginn der Hormonbehandlung kann ich mich in Grund und Boden trainieren und wache am nächsten Morgen herrlich regeneriert und frisch auf. Früher benötigte ich viele weitere Tage dazu." (www.pole-it-buschbaum.de). Dass sich bei solchen Aussichten Nachahmerinnen finden, die nicht (nur) ihre männliche Seite entdecken, sondern höher, schneller und/oder weiter als die anderen sein wollen, ist bei dem gnadenlosen Konkurrenzdruck und den Mechanismen des Sportmarktes nicht weiter verwunderlich.

Blut und Wasser „schwitzten" auch die Radsportler im Monat Juli – insbesondere, wenn sie ihre Erfolgschancen bei der Tour de France illegal erhöht haben. Die Tour soll versauter sein als je zuvor, wird von Hans-Michael Holczer, ehemaliger Chef des Gerolsteiner Rennstalls, kolportiert: „Es gibt eine Enttäuschung bezogen auf das, was an Doping passiert, und eine Faszination, was die Tour und den Sport angeht. Und wir müssen uns von dem Glauben verabschieden, dass wir das Problem in den Griff bekommen. Man sieht es den Dopenden nicht an, dass sie entsprechende Substanzen einnehmen." Sein ehemaliger Schützling im Team Gerolsteiner, der geständige Doping-Experte Bernhard Kohl, gibt vor, mehr sehen zu können. Die Einspritzer unter den Cyclisten seien zumindest vom geschulten Auge deutlich von den Normalos zu unterscheiden. Wem er es ansieht, sagt der Österreicher indes nicht. Das schlimmste Symbol des Radsports sei in jedem Fall Lance Armstrong, sagt David Garcia, Autor des Bestsellers „Der große Betrug". Pierre Ballester, Verfasser des Buches

„Die dreckige Tour", wirft den Funktionären vor, bei Armstrong immer wieder die Augen verschlossen zu haben. „Sie haben artig mit den Dopingvorwürfen gewartet, bis er seinen Rücktritt bekannt gegeben hat." Den Sponsoren sind die Tourgewinner seit Armstrong offenbar nicht sexy genug, das Interesse der Ökonomie wie auch der Medien an der Rückkehr des siebenmaligen Toursiegers war also immens. Für Armstrong hatten die Reporter der öffentlich-rechtlichen Fernsehanstalten derweil fast schon Mitleid. Früher Nähmaschine, heute Kolbenfresser. Gewinnt er souverän, wird gefragt, wie das denn angehen könne, man will nun nichts in den Raum stellen, was man nicht beweisen könne, aber diese Leistungen sei doch mehr als merkwürdig, die schnelle Erholung ungewöhnlich etc. Und zeigt der Ausnahmeathlet, der er ist - gedopt oder ungedopt - eine Schwäche, dann ist es tragisch, unfassbar, wie konnte es soweit kommen, dieser tiefe Fall usw. Der Mann kann es nun auch keinem Journalisten recht machen. Perfide, sagen sie. Genau, denn so ist das Geschäft. Und warum? Weil Sie es so wollen. Denn seien Sie mal ehrlich: Wie interessant fänden Sie die Meldung, Lance Armstrong hätte nach drei Jahren als Tourist bei seinem Comeback einen beachtlichen 14. Rang erreicht? Sie wollen ihn oben auf dem Podest sehen – oder ganz unten. Als strahlenden, ungedopten Sieger oder als überführten Betrüger. Nach der Karriere will Armstrong, so munkelt man, Gouverneur in Texas werden. Das passt; die Texaner haben ein Faible für skurrile Typen. An mangelndem Selbstbewusstsein zumindest geht Armstrong nicht zugrunde.

Einen Teil meiner Kolumne schreibe ich diesmal im Spanienurlaub. Und während sich die beste aller Ehefrauen im Atlantik erfrischt, springe ich gemeinsam mit den Athleten bei der 13. FINA Schwimm-WM in Rom vom 10-Meter-Brett. Die 12 Herren, die im Finale den Weltmeister unter sich ausmachen, lassen jeden Fisch neidisch werden. Was die Herren auf zehn Metern Höhenunterschied so auerbachen und delphinieren, ist einfach nur „wunderschön" (O-Ton Eurosport-Grimmepreisträger Siggi Heinrich). Und als der 16-jährige Chinese Qui Bo mit einem herrlichen „Köpper", dem mehrere Schrauben vorausgingen, die Führung übernimmt, ist auch die Co-Kommentatorin Heike Fischer hin und weg: „Da kann man nichts mehr abziehen." Genau, denn abgezogen sind sie alle, die Starter. Kein Körperhaar zu sehen. Da wird Brüno alias Sasha Baron Cohen bemitleidet, weil er sich für seine Rolle hat ganzkörperwachsen lassen, während im Schwimmsport neben Niederlagen auch körperlich schmerzhafte Prozeduren ertragen werden müssen. Und das über Jahre. Es gewinnt schließlich ein wenig überraschend ein 15-jähriger Engländer. Ein Blick in sein Kindergesicht macht deutlich: Der hat die Schmerzen noch vor sich.

Bei den römischen Schwimmwettbewerben erleben wir eine ähnliche Berichterstattung wie beim Radsport: Gewinnt ein Schwimmer überlegen, wird reflexartig die Frage gestellt, ob diese Leistung wirklich nur auf die neuen Rennanzüge zurückzuführen ist (außer bei den Deutschen, obwohl der Fabelweltrekord von Paul Biedermann über die 200m Freistil schon eine Nachfrage wert ist). Bleibt ein Athlet hingegen im Rahmen seiner Leistungsfähigkeit, wird eine enttäuschende Leistung attestiert. So versuchte der ZDF-Reporter Alexander Antoniadis Brustschwimmer Hendrik Feldwehr im Interview eine Enttäuschung anzudichten, die dieser nun so gar nicht übernehmen wollte. Für Feldwehr war es die erste Teilnahme an einer Weltmeisterschaft; er war in den Endlauf 50m Brust gekommen und dort mit der zweitschnellsten Zeit, die er je geschwommen ist, Siebter geworden. An der Wende sei er doch noch Dritter gewesen, ob er denn nicht doch ein bisschen enttäuscht sein, nachdem die Medaille zum Greifen nah war. „Nein", kann Feldwehr nur entgegen, mit Enttäuschung kann er nicht dienen. In der Tat sind wieder mal nur die eindimensionalen Fragen des ZDF-Reporters enttäuschend. Der schießt im übrigen wenig später den Vogel ab, als er die 15-jährige Schwedin Sarah Sjostrom nach dem Gewinn ihres Weltmeistertitels fragt, wie sich ihre Begeisterung für den Schwimmsport erklären lässt, schließlich spielten andere Mädchen in diesem Alter mit Puppen. Lieber Alex: 15-jährige Mädchen spielen nicht mit Puppen, außer vielleicht bei den Amischen in den USA. Obwohl ich beim Ungarn-Grand Prix der Formel 1 in Budapest erstaunt feststellen musste, dass RTL-Sportreporter Florian König dem Sieger eines Gewinnspiels (sinngemäß „Wie heißt Michael Schumacher mit Vornamen?") eine Carrera-Rennbahn avisierte. Dann stimmt das mit den Puppen vielleicht doch.

Vielleicht ist die „Neue deutsche Welle" wie auch die Weltrekordflut aber nicht nur auf die neuen Anzüge zurückzuführen, die im nächsten Jahr wieder verboten werden sollen, sondern auf die Fortschritte der modernen Medizin? Im Vorfeld der WM und auch während der Wettbewerbe gab es keine Bluttests; die Einnahme von Wachstumshormonen lassen sich aber nur über Bluttests nachweisen. Und da zur Zeit ohnehin jeder DLRG-Schwimmer mit dem entsprechenden Anzug einen Weltrekord schwimmen kann, verschwimmen die Grenzen zwischen dem Möglichen und dem „eigentlich" Unmöglichen. Einer, der seit Jahren „scheinbar" Unmögliches leistet, ist der Amerikaner Michael Phelps. Der 24-jährige Ami verzichtete darauf, Biedermann nach dessen Sieg im Becken zu gratulieren, und für die LA Times war gleich klar, wie die Leistung des Deutschen zustande kam, schließlich war er bislang ein „anonymer Schwimmer mit bescheidenen Ergebnissen." (www.latimes.com/sports/la-sp-world-swimming3-2009aug03,0,5878808.story) En passant: Biedermann ist Europameister, Europarekordler und Kurzbahn-Weltrekordler. Phelps hat einen Tag nach der Niederlage gegen den Deutschen seinen Weltrekord über 200m Schmetterling pulverisiert. Und das nach nur sechsmonatiger Vorbereitung und ohne (!) High-Tech-Anzug. Der Nationalstolz hat ihn offensichtlich über das Wasser getragen. Und das soll man nun, wie Josef Kelnberger in der Süddeutschen Zeitung schreibt, ganz normal finden.

Diskus-Vizeweltmeister Robert Harting plädiert ohnehin für eine einfache Lösung, mit der sich bereits vor Jahren Olympiasieger und Diskus-Heroe Rolf Danneberg in die Schlagzeilen philosophierte. Dem „Mannheimer Morgen" sagte Harting: „Wo Geld ist, wird gedopt. Eigentlich ist es sinnlos, gegen diese Tatsache anzukämpfen. Manchmal frage ich mich, ob es nicht besser wäre, Doping in irgendeiner Form zu erlauben, so knallhart sich das auch anhören mag. Dann würde sich zumindest niemand mehr darüber aufregen." (http://newsticker.sueddeutsche.de/list/id/684999). Aber wir regen uns doch so gerne auf. Und am Liebsten über solche Vorschläge. Vielleicht spielen ja in einigen Jahren die 15-jährigen jungen Frauen nicht nur wieder mit Puppen, sondern müssen sich nach Einnahme männlicher Hormone auch rasieren. Hartings Vorschlag ist also mehr als nur eine Idee, es ist das Ideal der französischen Revolution: Freiheit, Gleichheit, Brüderlichkeit. Und der Sport: vorneweg!

Der August

Himmelhochjauchzend zutodebetrübt

Im Monat August halte ich es mal mit dem Motto der Sesamstraße: „Der, die, das – wieso, weshalb, warum? – wer nicht fragt, bleibt dumm."

Das „**der**, **die**, **das**" des Monats waren **der** Start der Fußball-Bundesliga, **die** Leichtathletik-WM in Berlin und **das** Auf und Ab des Fußball Serienmeisters Bayern München. Über das bunte Treiben aus der Landeshauptstadt habe ich bereits ausführlich berichtet (*siehe Seite 85-93*), nun also zu den Fragen, wieso der Fußball in Deutschland boomt, weshalb die Wirtschaft vom Fußball lernen kann und warum die Bayern die beste und schlechteste Mannschaft im bezahlten Fußball zu sein scheinen.

Veränderungen in der Mitgliederstruktur von Sportvereinen zu erklären, ist nicht leicht. In den 1970er Jahren prognostizierten Experten einen Boom in der Sportvereinslandschaft. Die zunehmende Fliessbandarbeit und die monotonen Arbeitsrhythmen würden dazu führen, dass sich die Menschen in ihrer Freizeit wieder stärker der Gemeinschaft, dem sozialen Miteinander zuwenden würden; und der Sportverein habe da schließlich eine ganze Menge zu bieten. Und in der Tat kam es zu massiven Veränderungen, allerdings ganz anders, als erwartet: Fitnessstudios sprossen wie Pilze aus dem Boden und begannen den Sportvereinen einen Teil ihres Klientels abspenstig zu machen. Tagsüber saßen die Menschen an ihren Schreibtischen und vereinsamten, abends gingen sie ins Fitnessstudio und saßen erneut alleine an Geräten und formten ihren Körper. Dieses Beispiel zeigt deutlich, dass im Kontext der Sportvereinsentwicklung das Offensichtliche nicht immer das Zutreffende ist, oder anders formuliert: Prognosen sind in diesem Feld äußerst schwierig. Dennoch gibt es eine Reihe von Untersuchungen, die zumindest erklären können, warum sich Entwicklungen in die eine oder andere Richtung vollzogen haben. So folgt jedem sportlichen Großereignis, dass medial aufbereitet wird, in der Regel eine größere Nachfrage in den Sparten der Vereine. Diese erhöhte Nachfrage ist in der Regel zeitlich beschränkt, und nach einigen Wochen erreicht die Nachfrage wieder das ursprüngliche Niveau. Dieser Umstand wird noch dadurch verstärkt, dass die Sportvereine im Gegensatz zu kommerziellen Anbietern oftmals zu schwerfällig sind, um auf aktuelle Strömungen und Ereignisse („Events") mit den entsprechenden Angeboten reagieren zu können.

Die erhöhte Nachfrage wird zudem durch sportlichen Erfolg verstärkt. So mag die diesjährige Tour de France eine Reihe von Jugendlichen für den Radsport begeistert haben; gäbe es aber einen wie einst Jan Ullrich, der um den Toursieg mitgefahren wäre, dann wäre die Nachfrage in Deutschland um ein vielfaches höher. Und so lässt sich das wachsende Zuschauerinteresse und der Zulauf in den Supporter Clubs nicht nur durch die mediale Darstellung der Sportart Fußball erklären, sondern auch und gerade durch sportliche Erfolge. Und Deutschland ist im Fußball wieder konkurrenzfähig, vorbei sind die Zeiten des Rumpelfußballs und des gepflegten Querpasses vor der eigenen Abwehr. Deutschland ist Vize-Europameister und hält erstmals alle europäischen Titel im Jugendbereich, ist amtierender U 21, U 19 und U 17 Europameister. Das hat noch keine Nation zuvor geschafft. Wir sind Fußball! Und da ist es nur allzu verständlich, dass viele auf den Erfolgszug aufspringen und auch zu den Gewinnern zählen wollen – getreu dem Motto: Im Fußball wird uns niemand belächeln, und wenn doch, werden sie es spätestens im Elfmeterschießen bereuen.

Der immense Anstieg von Fußballfans, die sich in Vereinen und Supporter Clubs organisieren, hat in erster Linie mit aktuellen Phänomenen zu tun; schließlich haben diese Gruppen erst seit geraumer Zeit einen derartigen Zulauf (www.abendblatt.de/sport/fussball/article1128899/Das-Lagerfeuer-der-Moderne.html).

Hier sind in erster Linie zwei Phänomene zu nennen: die Finanzkrise und die Zunahme einer Bevölkerungsgruppe, die als „Prekariat" bezeichnet wird. So waren die letzten Monate von einer Krisenstimmung geprägt, ausgelöst durch die Turbulenzen in der Weltwirtschaft. Nun ist der Mensch ein Wesen, das nach Ausgleich strebt. Wird es kritisiert, sucht es nach Lob. Hat es Stress, sucht es nach Entspannung. Hat es Angst, sucht es nach Sicherheit. Die Weltwirtschaftskrise macht vielen Menschen Angst, und so suchen sie nach Sicherheit. Die Sicherheit sozialer Gemeinschaften, in denen sie sich austauschen und ihre Ängste relativieren können. Der Sportverein und die Supporter Clubs bieten sich hier als Plattform an. Hier gibt es Menschen mit gleichen Interessen und Ansichten, zudem gibt es in diesen Gruppen einfache Regeln, ein klar konturiertes Weltbild und eindeutige Zuordnungen, was „gut" und was „schlecht" ist. In Fangruppen wird die Komplexität der sozialen Wirklichkeit auf ein verarbeitbares Maß reduziert. Diese Übersichtlichkeit und Eindeutigkeit ist es, was vielen Menschen im Alltag fehlt.

Zum Prekariat zählen Menschen, die sich - wie es der Name sagt - in prekären (finanziellen) Lebensumständen befinden, denen Sicherheit und Zukunftsperspektiven fehlen. Und oft auch der Glaube, dass es wieder aufwärts geht. Die Zahl dieser Menschen wächst in Deutschland stetig an. Sie stellen sozusagen die Spitze des unteren Teils der Schere zwischen arm und reich da, die auch in den Industrienationen sukzessive weiter auseinandergeht. Die Einkünfte der Menschen, die sich in einer solchen Lebenssituation befinden, reichen kaum zum Leben. Sie fühlen sich ausgegrenzt, was häufig mit einem sinkenden Selbstbewusstsein und Selbstwertgefühl einhergeht. Soziale Gruppen wie Supporter Clubs vermitteln dem Einzelnen das Gefühl, wichtig zu sein und gebraucht zu werden. Sie sind es schließlich, die als 12. Mann der Mannschaft zum Sieg verhelfen. Bestätigung erfahren sie dabei nicht nur von den anderen Mitgliedern der Gemeinschaft, sondern sogar von denjenigen, die sie sonst nie beachten würden: Den Spielern, die in die Fankurve gehen, ihren Supporters applaudieren und sich im Interview für die Unterstützung bedanken. Hier gehören sie dazu; sie sind Teil des Erfolges, können positive Emotionen erleben und eine kurze Zeit ihre Zukunftsängste verdrängen.

Hier können im übrigen auch Wirtschaftsunternehmen von Supporter Clubs und Sportvereinen lernen. Bislang beschäftigt sich die Wissenschaft ja in der Regel ausschließlich mit der Frage, was Sportvereine von Unternehmen lernen können. Der wesentliche Unterschied zwischen Unternehmen und Sportvereinen liegt darin, dass in Sportvereinen individuelle Ziele und organisationale Ziele weitestgehend deckungsgleich sind: „Wir gewinnen und wir verlieren gemeinsam." In Unternehmen ist das nicht so. Um Arbeitsmotivation zu erzeugen, werden individuelle Ziele über selektive Anreize mit den organisationalen Ziel synchronisiert. Selektive Anreize sind Geld, Macht oder Verantwortung. Doch in der Regel fehlen die positiven Emotionen. Sie sind es letztlich, die Energien und Potentiale freisetzen. Auch und gerade hier können Unternehmen von Vereinen lernen, indem sie die Mechanismen kopieren, die zur Entstehung positiver Emotionen und zur Vermeidung negativer Emotionen führen – Identifikation über Erlebnisse und Beteiligung schaffen, in Gesprächen negative Emotionen kanalisieren, größere Handlungs- und Entscheidungsspielräume bei geringeren formalen Strukturen schaffen, über Ziele verständigen und mit Argumenten überzeugen, um Mehrheiten zu finden und Koalitionen zu bilden. Im Verhältnis zwischen Unternehmen und Kunden ist es ähnlich: Der wesentliche Unterschied zwischen einem Fan und einem Kunden liegt in der Markenbindung: Beim Fan ist sie eng, beim Kunden in der Regel nicht – und muss für teures Geld durch Werbung und Marketing erzeugt werden. Ist der Kunde dann mit der Marke nicht (mehr) zufrieden, wendet er sich einer anderen Marke zu. Der Fan macht das nicht. Er kehrt „seinem" Verein auch bei Enttäuschungen nicht den Rücken zu, geht mit ihm durch „dick und dünn". Was für ein verlockender Gedanke für einen Dienstleistungsunternehmen. Und auch wenn einen Kundenbindung nie so intensiv sein wird wie die Bindung eines Fans an „seinen" Verein, so macht es dennoch für den Unternehmer Sinn, mal auf das zu schauen, was diese starke Bindung eigentlich ausmacht.

Wie sonst als mit eben jenen, starken emotionalen Bindungen ließe sich das anhaltende Zuschauerinteresse erklären, obwohl sich Fußball-Schiedsrichter von der Wett-Mafia bezahlen lassen, Handball-Spiele in großem Stil verschoben werden und Trainer wie Sportler beim Doping die Augen schließen, um die finanzielle Unterstützung von Sportartikelherstellern und Sponsoren nicht zu gefährden. Hinzu kommt: Die Öffentlichkeit vergisst schnell. Oder erinnern Sie sich noch an die Vorgänge um die Vergabe der Handball-WM nach Deutschland (www.abendblatt.de/sport/article565693/Peinliche-Posse-um-Handball-Praesidenten.html) und den „Aktivitäten" des Handball-Präsidenten, der im übrigen auf der letzten Jahreshauptversammlung mit überwältigender Mehrheit in seinem Amt bestätigt worden ist? Dass das Gedächtnis mitunter lediglich von Spiel zu Spiel reicht, machen sich die Journalisten zu nutze. Die kollektiven Amnesien sichern den Blattmachern und Bildgebern das Überleben. Im Monat August konnte man dies Phänomen eindrucksvoll an der Berichterstattung über den Fußball-Rekordmeister Bayern München nachzeichnen. Die Bajuwaren hatten vor Saisonbeginn mal wieder am Tiefsten aller deutschen Fußball-Clubs in die Kasse gegriffen, um ihren Kader zu verstärken. Der Sturm wurde u.a. mit dem 30-Mio-Mann Mario Gomez ergänzt. In medialen Stammtischen und Expertentalks, Kommentaren zum Bundesliga-Start und Artikeln in U- und E-Blättern stand der Meister der Saison 2009/10 fest: Die Bayern werden´s. Wer sonst? Und dann geschah das, was schon so oft passiert ist – und doch immer wieder Ungläubigkeit hervorruft: Der Favorit stolpert und wankt, spielt Remis, noch mal Remis, und verliert schließlich beim Underdog. Und so, wie es viele Väter des Erfolges gibt, so wissen auch viele (scheinbar jeder!), was ursächlich für die Misere verantwortlich ist. Alles und jedes wird in Frage gestellt: Die

Qualität der Spieler, die Saisonvorbereitung, die Zusammensetzung der Mannschaft (zu viele Häuptlinge, zu wenig Indianer – oder umgekehrt), das Spielsystem (bei den Bayern die „hängende Spitze" und das „Übergewicht im Mittelfeld") und natürlich der Übungsleiter. Der sei „ja noch schlimmer, als der Klinsmann war", wettert Schalkes Ex-Manager Rudi Assauer. Das Fehlen von van Bommel, der fleißigen Frau Antje des deutschen Fußballs, wird als zentrales Manko ausgemacht, und das sei doch bezeichnend für die Verfassung des Abonnementmeisters – wenn ein limitierter Fußballer wie van Bommel (O-Ton des limitierten Ex-Fußballers Thomas Helmer) nun der zentrale Akteur im Spiel der Münchener sei. Im Prinzip ist Bayern schon abgestiegen, und das nach dem dritten Spieltag. Als Sahnehäubchen denkt Coach van Gaal laut über seinen Abschied nach (www.welt.de/sport/fussball/article4421909/Trainer-van-Gaal-spricht-jetzt-schon-von-Abschied.html). Doch nur wenige Stunden später vermelden die News-Ticker, Kassenwart Uli Hoeness öffnet die Vereinsschatulle, und unmittelbar darauf gehen die Bayern erfolgreich auf Robbenjagd: Der niederländische Nationalspieler Arjen Robben wechselt aus Madrid zu den Bayern. Und schon am folgenden Wochenende schießt van Gaals Landsmann gegen den amtierenden Meister Wolfsburg zwei Tore beim 3:0-Erfolg. Die Pressefähnchen schwingen prompt um: Die Bayern sind dran, Udo Lattek schreibt in seiner Kolumne, ihm gehe das Herz auf (wenn das mal nicht bald bitterer Ernst wird), und all die Experten, die eine Woche zuvor über Bayerns schlechtesten Saisonstart seit 43 Jahren berichteten, schwärmen nun vom neuen Traum-Duo Rib-Rob (Ribery-Robben), dem Zauberfußball, dem Meister-Gen, dem Power-Fußball, dem virtuosen links-und-rechts-und-cha-cha-cha. Und wissen Sie, was passiert, wenn am nächsten Wochenende die von den Realos transferierte, hängende Spitze nicht sticht, Jörg Butt so spielt, wie wir ihn aus seiner Zeit in Leverkusen, Lissabon und der Vorsaison kennen und Daniel van Buyten erneut von akuter Orientierungslosigkeit gepeinigt wird? Dann war es ein Strohfeuer, nur ein letztes Aufbäumen, der Fall nun umso tiefer, erschütternd das alles, was aus den Bayern geworden ist. Aus Mittelfeld-Motoren werden Kolbenfresser. Und dann die verfehlte Einkaufspolitik, und überhaupt der Nerlinger, es gibt nur ein' Ulli Hoeneß. Doch sollte das darauffolgende Spiel wieder siegreich gestaltet werden können, sähe Bayern-Vize Rummenigge „seine" Mannschaft sicherlich wieder auf dem richtigen Weg, Lichtgestalt Franz hätt's ohnehin immer g'wusst, dass do no wos geht, denn nun rollen sie das Feld auf, und wer, ja nur wer soll sie stoppen, wird dann auch DSF-Experte Jörg Wontorra in die bierselige Sonntag-Morgen-Runde im DSF fragen. Und von der Bel-Étage geht´s wieder in´s ungewisse Bodenlose, dann mit genialem Hurra-Fußball - geh ma´ burm - und Karacho in die Champions League, und schließlich wartet, - nach dem einen oder anderen uninspirierten Grottenkick und „jetzt-muss-was-passieren"-Parolen - letztlich doch der Meistertitel. Is doch al´s scho do´gwes´n.

Der September

Tanzsportnation Deutschland

Für viele Finnen zählt - man glaubt es kaum - der Tango zu den schönsten Nebensächlichkeiten. Die deutschen Fußballdamen bevorzugten allerdings im finnischen Helsinki nach dem Sieg im EM-Finale gegen England die rustikale Bewegungsvariante – den Pogo. Nach dem Halbfinalsieg gegen die Norwegerinnen schlugen die deutschen Frauen bei der EM die Überraschungsfinalistinnen von der Insel mit 6:2. „Ich denke, sie machen am Donnerstag den Sack zu", hatte DFB-Präsident Theo Zwanziger nach dem Halbfinale prophezeit. Und die Damen taten wie geheißen – und machten den Sack zu.

Einen anderen Sack konnte Theo Zwanziger nicht zumachen: Im Rechtsstreit mit dem Sportjournalisten Jens Weinreich, der den DFB-Boss als einen „unglaublichen Demagogen" bezeichnet hatte, musste ein Vergleich geschlossen werden. Zwanziger hatte nach Veröffentlichung der Weinreichschen Vokabel einen Duden zur Hand genommen und für den Begriff „Demagoge" das Äquivalent „Volksverhetzer" gefunden. Das wollte der DFB-Chef nicht auf sich sitzen lassen und klagte sich durch die Instanzen – und verlor allesamt (http://jensweinreich.de/?page_id=1780). Um den Prozessmarathon durchzustehen, bat Journalist Weinreich um Spenden, und viele Zwanziger kamen zusammen: 848 Personen spendeten insgesamt 21.143,15 Euro. Zwanziger (der Theo) konnte auf ungleich mehr Substanz zurückgreifen. Doch das Verfahren kostete nicht nur Geld, sondern auch Energie und Zeit. Und da es Weinreich an allem fehlte, stimmte er schließlich einem Vergleich zu. Man sollte eben nicht nur seine Freunde, sondern auch seine Feinde mit Bedacht wählen – sonst kann´s teuer werden.

Nicht Tango und nicht Pogo, aber doch zumindest Hoch-das-Bein im klassischen Rudel zelebrierten unlängst die deutschen Herren-Volleyballer. Das Team von Bundestrainer Raul Lozano fuhr mit einem 3:1 gegen die Slowakei den dritten Zwischenrundensieg bei der Europameisterschaft im türkischen Izmir ein; das Halbfinale wurde dennoch verpasst. Die spanische Schützenhilfe, die ihre Partie gegen Frankreich hätten gewinnen müssen, blieb aus, und so wurde es nichts mit der ersten Medaille in der Geschichte für ein deutsches Herrenteam bei einer EM. Stattdessen wurde mit Rang sechs sogar das Mindestziel - die Qualifikation für die EM 2010 - verfehlt. Anders die deutschen Damen, die bei der EM in Polen zwar des Öfteren vom Publikum gnadenlos ausgepfiffen wurden, aber die Ruhe bewahrten und nach starken Auftritten das Halbfinale gegen Italien erreichten. Dort war dann allerdings Schluss: Gegen die bärinnenstarken Italienerinnen unterlagen die Damen von Bundestrainer Giovanni Guidetti mit 1:3. Anschließend wartete in Polen Polen im Spiel um Bronze. Und gewann.

Anders als die Volleyball-Herren tanzten die deutschen Basketballer nach der Niederlage gegen Lettland bei der EuroBasket (auch in Polen) nicht nur, sondern lagen sich schreiend in den Armen. Routinier Demond Greene sprach nach dem 62:68 gegen die Letten sogar von der schönsten Niederlage seiner Karriere: Das junge DBB-Team erreichte trotz der Niederlage die Zwischenrunde der EM. Bundestrainer Dirk Bauermann war hin und weg: „Das ist ein unglaublicher Erfolg für diese junge Truppe. Wenn es jetzt noch einen Schritt weiterginge, wäre das fast wie das Wunder von Bern." Bern, ja, das war einmal. Und Wunder gibt es nur in Liedern immer wieder. Zumindest bei den deutschen Basketballer blieb es aus; sie verabschiedeten sich nach ihrem nächsten Spiel erwartungsgemäß aus dem Turnier.

Verabschieden musste sich auch Rennfahrer Michael Schumacher. Der Kerpener hatte nach dem Horrorcrash von Ferrari-Pilot Felipe Massa seine Rückkehr zum Formel-1-Zirkus verkündet, musste aber auf Anraten seiner Ärzte wieder Abstand von der Idee nehmen. So verkündete Schumi den Rücktritt vom Rücktritt vom Rücktritt. Ein weiterer Großer der Automobilsportszene nahm im Monat September Gas ´raus: Der Italiener Flavio Briatore wurde der Rennmanipulation überführt und mit Schimpf und Schande vom Autohof gejagt, hatte er doch einen seiner Fahrer angewiesen, einen Crash zu provozieren, um Teamkollegen Fernando Alonso die WM zu sichern. Zumindest war´s spektakulär, und so wollen es die Fans haben (www.youtube.com/watch?v=dZrCVbU6pWQ&feature=related). Denn wie dichtete einstmals der österreichische Philosoph Reinhard Fendrich: „Autorennen sind da sehr gefragt, weil hie und da sich einer überschlagt. Gespannt mit einem Doppler sitzt man da, und hofft auf einen g´scheiten Bumsera. Weil durch einen spektakulären Crash wird ein Grand Prix erst richtig fesch. Explodieren die Boliden ist das Publikum zufrieden, weil ein flammendes Inferno schaut man immer wieder gerne." Manchmal tut sie halt weh, die Wahrheit: Die wenigsten Formel-1-Fans wollen mehr Sicherheit im Rennsport, gedrosselte Motoren und

Ausweichzonen. Krachen soll´s. Und gerne darf sich auch mal einer schwer verletzten. Sehr schwer sogar (außer natürlich der Mischael).

Eine Zerstückelung der anderen Art beklagen zur Zeit die Fußballfans. Nach Einführung der „Entzerrung" des Fußball-Sonnabends geht vielen Amateurklubs die Puste aus. Wenn nun auch am Sonntag-Nachmittag Fußball-Bundesligaspiele übertragen werden, bleiben die letzten wackeren Amateurzuschauer vor der Glotze hängen. Die Amateurklubs können nicht auf die Vormittagstermine ausweichen, da dort die Jugendspiele terminiert sind. Der Amateurfußball steht im Abseits und scheint bei den DFB-Funktionären keine große Lobby zu haben. Dabei sollten die DFB-Oberen doch eigentlich die größten Lobbyisten der Amateure sein, sind sie doch die ranghöchsten Repräsentanten der Sportvereine. Wenn Politiker gegen die Interessen des Volkes regieren, werden sie - in der direkten wie repräsentativen Demokratie - abgewählt. Das Verfahren hat sich doch bewährt, warum also nicht auch mal im Sport den Brandtschen Vorsatz umsetzen und mehr Demokratie wagen? (bitte nicht verklagen, lieber DFB, musste in den letzten Wochen unseren Banken finanziell unter die Arme greifen und bin deshalb ein wenig klamm).

Dass Recht und Gerechtigkeit auch durchaus zusammenfallen können, macht uns ein Schiedsrichter aus China vor. Der Unparteiische aus dem Reich der Mitte hat eine Schachpartie beim Zhejiang Lishui Xingqiu Cup in Lishui (China, Provinz Zhejiang) mit „Null zu Null" gewertet. Ein ungewöhnliches Ergebnis bei einer (Denk-)Sportart, in der es qua Regularium im Falle eines Unentschiedens die Gegner den zu vergebenden Punkt teilen. Nachdem Schiedsrichter Ignatius Leong, so berichtet der Weltschachverband Fide auf seiner Webseite   (www.fide.com/component/content/article/15-chess-news/4128-double-default), festgestellt hatte, dass sich die Spieler Wang Chen und Lu Shanglei in ihrer Partie der 6. Runde auf ein Remis (was Punkteteilung bedeutet) geeinigt hatten, ohne dass dabei auch nur ein einziger Zug ausgeführt worden war, erklärte der Unparteiische die Partie für beide Spieler für verloren. Leong begründete seine Entscheidung wie folgt: „Das Verhalten der Spieler entspricht einer vorherigen unerlaubten Ergebnisvereinbarung und schadet dem Ansehen des Schachs." Der chinesische Internationale Meister Xu Yang begrüßte die Entscheidung: „Das Verhalten war unprofessionell und unfair gegenüber den Zuschauern. So verliert Schach die notwendige Unterstützung der Öffentlichkeit." Ergebnisabsprachen kommen im Schach häufig vor, manchmal sogar verbunden mit absurden (und vorher festgelegten) Zugfolgen. Ignatius Leong bringt dafür kein Verständnis auf. Bleibt zu hoffen, dass sein Beispiel Schule macht. Konfuzius sagt: „Um an die Quelle zu kommen, muss man gegen den Strom schwimmen."

Zu guter Letzt: Im Monat September kommt ein neuer Dopingskandal ans Licht: Der 400-Meter-Läufer Frank Levine wird der Einnahme von Mitteln überführt, die auf der Doping-Liste stehen. Eine Sperre hätte möglicherweise fatale Folgen, könnte sie doch das Ende der sportlichen Laufbahn des Athleten bedeuten: Levine ist 95 Jahre alt und lief in diesem Sommer amerikanischen Rekord über 400 Meter in der Altersklasse bis 99 Jahre. Doch der Supersenior hat von den Kontrollorganen nichts zu befürchten, dopt er doch höchst legal. Auf Rezept ist sogar die Einnahme von Steroiden erlaubt, um einen Start zu ermöglichen. Im Apothekenschrank Levines findet sich im übrigen eine weiteres, leistungssteigerndes Präparat: Viagra. Sport ist schließlich nur die zweitschönste Nebensache der Welt.

Der Oktober

Der Traum von der klassenlosen Sportgesellschaft

In der Soziologie ist der Klassenbegriff „out" – zu statisch, zu eindimensional, zu undifferenziert. Um soziale Gruppen in ihrer Komplexität zu erfassen, arbeiten SozialwissenschaftlerInnen seit einigen Jahren mit den Begriffen Lebenswelt, Milieu und Figuration. Und nun ist es ausgerechnet das Handlungsfeld „Sport", das der von Karl Marx geprägten Prämisse neues Leben einhaucht.

Denn in der (deutschen) Sportwelt finden wir mittlerweile eine Klassengesellschaft vor, in der wenige viel und viele wenig Kapital besitzen. So ist es halt im Kapitalismus. Joseph A. Schumpeter sprach einst von den zerstörerischen Kräften des Kapitalismus und Mancur Olson vom Ruin durch Verteilungskoalitionen. Im Sport lassen sich diese (oft belächelten) Thesen vom Prinzip der schöpferischen Zerstörung nun sehr schön nachzeichnen. Das ökonomische Kapital im Sport stammt aus Zuschauereinnahmen, Mitgliedsbeiträgen, Spenden, Sponsorengeldern und Rechtevergaben.

Im Profisport sind es insbesondere die letzten beiden Posten, die Geld in die Kassen spülen und eine Drei-Klassengesellschaft produzieren: Eine eigenständige Klasse bildet hier der Fußball, in dem jährlich allein in Deutschland mehrstellige Millionenbeträge bewegt werden, ergänzt durch Einzelsportarten wie Golf und Tennis. Die zweite Klasse beinhaltet Sportarten wie Handball, Basketball und Eishockey, in denen zumindest die Profis der Topclubs (sehr) gut leben können. Als Einzelsportart wäre hier beispielsweise die Leichtathletik zu nennen. Die unterste Klasse bilden Sportarten wie Hockey oder Volleyball; Sportarten mit einer kleinen, aber feinen Anhängerschaft, international spitze (oder dicht dran) – und doch muss jeder Cent mehrfach umgedreht werden.

Und innerhalb dieser Sportarten lässt sich eine weiter Differenzierung nach dem Klassenmodell vornehmen: Die Top-Verdiener unter den Profi-Fußballer wissen mitunter nicht, was sie mit Ihrem Geld anfangen sollen, während die Amateure für´s Spritgeld spielen. Im kleineren finanziellen Rahmen ist es so auch beim Handball und Eishockey, und auch die Top-Volleyballer sind Profis und müssen keinem (weiteren) Broterwerb nachgeben. Die monetäre Entlohnung, die die Top-Athleten in ihren Sportarten erhalten, ist primär nicht an die erbrachte Leistung gekoppelt. Schließlich unterscheidet sich das Trainingspensum von Leistungssportlern aus unterschiedlichen Sportarten nur marginal.

Es ist der Umsatz, der mit ihnen, den Athleten, gemacht werden kann. So ist es im Kapitalismus. So war es und so wird es sein. Warum also das Gewäsch von den selbstzerstörerischen Kräften? Schaut man etwas genauer hin, hat sich in den letzten Jahren eine Entwicklung vollzogen, die Anlass zur Besorgnis gibt. Denn nun sind auch im Profi-Fußball Spieler auf Arbeitslosengeld angewiesen – wie beispielsweise die vertragslosen Spieler, die in der Vereinigung der Vertragsfußballspieler (VDV) organisiert sind. Und auch die Verhältnisse innerhalb der Spielklassen haben sich verschoben. Die Verteilungskoalitionen haben dazu geführt, dass (auch im Sport) die Mächtigen mächtiger und die Mittellosen ohnmächtiger wurden.

In der Handball-Bundesliga ist der Etat der fünf reichsten Clubs in etwa so hoch wie der der restlichen Vereine der Liga: Kiel, Hamburg, Flensburg, die Rhein Neckar Löwen und Lemgo haben mittlerweile ihre Kader mit Top-Spielern aufgerüstet, so dass sie sich fast nur noch gegenseitig schlagen können. Bei einem Duell des Tabellenletzten gegen den Tabellenersten ist nur noch interessant, wie hoch die Niederlage des Letzten ausfällt. In der spanischen Liga ist dieser Prozess noch weiter fortgeschritten: Hier sind es die Clubs von Ciudad Real, Barcelona und Valladolid, die die Liga dominieren.

Und vor Geisterkulissen spielen. Denn bei allem ökonomischen Kalkül wurde offenbar eines nicht bedacht: Der Zuschauer kommt in der Regel nur zu einem Spiel, wenn der Ausgang offen ist. Ist vorher klar, wer gewinnt, ist das Ereignis an sich witzlos. Im Fußball finden wir ähnliche Tendenzen wie im Handball, nur ist beim Fußball aufgrund des Regelwerkes auch immer die Möglichkeit gegeben, das der Letzte den Ersten schlägt – und im Pokal mitunter auch ein Regionalligist sich gegen einen Bundesligisten durchsetzt. Im Handball oder Volleyball ist das nahezu unmöglich. In den USA hat man diese Problematik schon vor Jahrzehnten erkannt.

Die talentiertesten Spieler eines College oder der Highschool werden „gerankt" und dürfen nach ihrem Schul- oder Studienabschluss nicht frei ihren Arbeitsplatz respektive die Mannschaft wählen, in der sie spielen wollen. Die Teams, die in der Meisterschaft als erstes den Urlaub antreten müssen, erhalten den talentiertesten, der Meister einen der hinteren auf der Liste. Natürlich steht es den Vereinen frei, sich etablierte Spieler hinzuzukaufen, aber dennoch ist durch diesen Formalismus gewährleistet, dass auch die finanzschwächeren Teams auf starke Spieler zurückgreifen können. Scheidet ein Team sechs Jahre in der ersten Runde aus, hat es im siebten Jahr eine starke - zumindest aber talentierte - erste Sechs.

In der Handball-Bundesliga setzen die Aufsteiger ebenfalls auf Talente oder ältere Osteuropäer – die kosten (fast) nichts. Und das Ziel ist nicht, wie „früher", nur das sportliche, sondern auch das finanzielle Überleben. So hat sich in den Sportligen nicht nur eine Zweiklassengesellschaft etabliert, die sich über Armut und Reichtum definiert, sondern eine Dreiklassengesellschaft: Eine Klasse, die die Erfolge unter sich aufteilt, eine zweite Klasse, die wirksame Überlebensstrategien entwickelt hat und eine dritte, die an solchen Strategien arbeitet. Die Durchlässigkeit zwischen den Klassen ist gering, Mobilität wird nahezu ausschließlich durch den ökonomischen Faktor bestimmt. Hier gilt: „Kommt ein Scheich und macht uns reich, kochen wir die Gegner weich. Bleibt die Kohle bei den ander´n, in den Keller wir gleich wandern."

Die Gesetze des Marktes sind einfach, und vorbei die Zeiten, in denen sich gute Jugendarbeit lohnt – die Früchte erntet der, der in Besitz der Produktionsmittel ist. Und die Spannung? Bleibt auf der Strecke. Was wächst, ist die Ungeduld. Wie kürzlich mehr als deutlich vom (zugegeben äußerst kritischen) Hamburger Fußballpublikum demonstriert. Da haben die mit dem Adler auf der Brust eine famose WM-Quali gespielt, nicht ein einziges Mal verloren und die russische Auswahl sogar in der Höhle der Löwen auf unliebsamen Kunstrasen besiegt.

Im folgenden Spiel gegen die Finnen im Hamburger Volkspark war die immense Erwartungshaltung des Publikums zu spüren und ein durchschnittliches Spiel mit einem gellenden Pfeifkonzert quittiert. Für eine erbrachte Leistung (Eintrittskarte) wird eine adäquate Gegenleistung erwartet (rauschartiges zelebrieren höchster Fußballkunst). Dabeisein ist nicht mehr alles, denn der Fußball ist längst Teil einer Kulturindustrie, in der mit harten Bandagen um die Piepen der Konsumenten gekämpft wird. Und Fußball ist zwar nach wie vor ein gefragtes Gut, dafür aber ein Event mit unkalkulierbarem Unterhaltungsfaktor.

Um der Gefahr entgegenzuwirken, (weitere) Zuschauer zu verlieren, wird im deutschen Handball eine Soli-Abgabe diskutiert: Die Besserverdiener sollen den ärmeren Clubs finanziell unter die Arme greifen, um so deren Konkurrenzfähigkeit zu sichern. Eine Art Länderfinanzausgleich auf Vereinsebene. Klappt ja (irgendwie) im Großen, warum also nicht auch im Sport? Ein Haken hat die Sache: Der Sport lebt vom Wettbewerb, sprich: Konkurrenz. Und ein Soli im

Sport würde einen einfachen „je-desto"-Effekt produzieren: Je erfolgreicher ich bin und je besser ich wirtschafte, desto stärker werden meine Gegner. Das kann es doch nicht sein. Aber auch das freie Spiel der Kräfte scheint keine gangbare Option (mehr) zu sein. So wird die Sport- wie auch die Weltpolitik weiterhin nach einem dritten Weg suchen müssen, der den Bedürfnissen der Menschen - im Kontext des Sports nach Abwechslung, Spannung und Unterhaltung - gerecht wird.

Diskussionen über die Sanktionierung von Neuverschuldungen und die Einführung von Gehalts- und Etatobergrenzen in einer Art freiwilligen Selbstbeschränkung aller Akteure ist ein erster Schritt, das Problem anzugehen. Aber dass bislang nur darüber diskutiert wird, zeigt zumindest, wie weit die Sportvereine davon entfernt sind, eine Solidargemeinschaft zu sein. Sie setzen weiterhin auf den ungezügelten Kapitalismus: Soviel Kontrolle wie nötig, soviel Freiheit wie möglich. Viele Menschen erfahren zur Zeit schmerzhaft, wohin das führen kann – gemäß Goethes Zauberlehrling: „Herr, die Not ist groß! Die ich rief, die Geister werd ich nun nicht los."

Der November

Nachbetrachtungen zum Tod von Robert Enke

§ 41 des Rundfunkstaatsvertrag über die Programmgrundsätze besagt: „Für die Rundfunkpro-gramme gilt die verfassungsmäßige Ordnung. Die Rundfunkprogramme haben die Würde des Menschen sowie die sittlichen, religiösen und weltanschaulichen Überzeugungen anderer zu achten."

Auf den Seiten des Informations-Dienstleisters NonstopNews (http://www.nonstopnews.de), der nach eigenen Angaben „binnen kürzester Zeit zum zweitgrößten unabhängigen Nachrichtendienst in ganz Deutschland" geworden ist und „renommierte Sender wie RTL, Sat1, N24, ARD, ZDF und Pro7" beliefert, hält unmittelbar nach dem Tod Enkes unter der NewsNr. 10007 folgende Informationen für die zahlungswillige Kunden bereit:

* Totale der Einsatzstelle, Großaufgebot Feuerwehr und Polizei vor Ort
* Feuerwehrleute stehen rund um den Regionalzug
* Auto von Robert Enke unweit des Bahnübergangs
* Exklusiv: Abfahrt Rettungswagen
* Exklusiv: Mercedes M-Klasse von Robert Enke wird auf Abschlepper sichergestellt
* Notfallseelsorger vor Ort Polizei bei Unfallaufnahme
* Frau von Robert Enke, Teresa: „Jetzt sagen sie mir endlich was mit meinem Mann ist"
* Abfahrt Leichenwagen

Die hier aufgeführten Dienstleitungen anzubieten, kann kritisiert werden. Hier stellt sich aber die Frage, inwieweit Sendeanstalten, die den Vorgaben des Rundfunkstaatsvertrages unterliegen, solches Material erwerben bzw. senden dürfen. Schließlich verletzten die Bilder, die wir sehen konnten, die Würde des Menschen in eklatanter Form – und widersprechen zudem den sittlichen Überzeugungen anderer. Zum Beispiel meiner.

Dass in einer freien Marktwirtschaft in allen Bereichen menschlichen Miteinanders, in denen man Geld verdienen kann, auch Geld verdient wird, ist systemimmanent. Der Preis des Produktes wird auch auf dem Informations-Markt über die Mechanismen Angebot und Nachfrage bestimmt. Über die Höhe des Profits entscheidet letztlich die Geschwindigkeit – es gilt, die zeitliche Lücke zwischen Ereignis und Kameraaufnahme bzw. O-Ton so gering wie möglich zu

halten. Die Maxime lautet: schnell sein und dicht rangehen. Und die „Kollegen"
von NonstopNews waren im (Todes-)Fall Enke richtig dicht dran. Und sehr
schnell. Schneller war in diesem Jahr lediglich ein brasilianischer Journalist, der
Menschen umbringen ließ und dann mit dem Filmen begann, als der Colt noch
glühte. Doch das ist eine andere Geschichte und soll, wie es Michael Ende in
seinen Büchern häufig formulierte, an anderer Stelle erzählt werden. Wir wollen
uns mit der Frage beschäftigen, warum einige Medien Material senden, das
offenkundig nicht der Pflicht nach Information unterliegt. Und wie wir auf
diesen Tatbestand reagieren können. „Lukas" fragt in diesem Zusammenhang im
Webblog von Medienjournalist Frank Niggemeier am 12. November 2009, ob
jemand weiß, wie „groß die Redaktionsbüros von 'Newstime' seien und wie
lange ich entsprechend bräuchte, um sie hüfthoch vollzukotzen?"
(http://www.stefan-niggemeier.de/blog/lebt-er-noch). Sicher auch eine Strategie,
um Kritik zum Ausdruck zu bringen. Aber nach all den Medienberichten über
den Tod von Robert Enke scheint es mir (mal wieder) an der Zeit, die Frage
überpersonaler und grundsätzlicher zu stellen – und einmal mehr die Bigotterie
einiger Medien zu dokumentieren. Die Hamburger Morgenpost (wie viele andere Boulevard-Blätter) berichtet am 23.11.2009 unter dem Titel „Schock-
Therapie für Unfall-Gaffer" auf Seite 1 von der Initiative zweier CDU-
Innenminister, das „Gaffen" an Unfallstellen unter Strafe zu stellen – und be-
friedigen mit der Art der Darstellung von Inhalten doch genau dieses Bedürfnis
nach Sensation und Spektakel. Mehr noch: Sie produzieren eben jenes Bedürfnis
durch die grenzüberschreitende und emotionalisierte Berichterstattung wie im
Fall Enke. Denn nach all dem, was und wie von den Gleisen in Eilvese berichtet
wurde, kann man sicher sein, dass bei einer vergleichbaren Tat am Gleisbett die
„Gaffer" die Szenerie beherrschen.

Hier drängt heimlich, still und leise einmal mehr eine Frage von den Untie-
fen des Unbewussten in´s Bewusstsein. In´s Ich. In´s Jetzt und Hier. Die Frage,
in welcher Gesellschaft wir leben wollen. Und nach welchen Regeln diese Gesellschaft funktionieren soll – die „gute" Gesellschaft. Mit der Frankfurter Schule und der Etablierung der „Kritischen Theorie" durch Vertreter wie Adorno,
Horkheimer und Habermas kam es zu einem fundamentalen Professionsstreit in
den Sozialwissenschaften, wollten die Hessen doch nicht nur beschreiben und
erklären, worin einst Max Weber die Aufgabe der Disziplin sah („soziales Handeln deutend verstehen und dadurch in seinem Ablauf und seinen Wirkungen

ursächlich erklären"), sondern auch bewerten. Bewerten heißt: Sagen (und schreiben), ob das, was sich uns als soziale Wirklichkeit offenbart, „gut" oder „schlecht" ist. Diese Wissenschaftler hatten sich u.a. zum Ziel gesetzt, ihre Erkenntnisse vor dem Hintergrund eines Bildes zu projizieren – dem Bild einer „guten" Gesellschaft. Mir scheint es an der Zeit, dass sich die (Sozial)Wissenschaft mit ihrer durchaus vorhandene Praxistauglichkeit wieder stärker in den Kanon öffentlicher Stimmen einreiht, um nicht nur die Grenzen des Machbaren, sondern auch die des Erlaubten (in einer „guten" Gesellschaft) infrage zu stellen.

Doch nicht nur die Wissenschaft ist hier in der Pflicht. Jeder einzelne ist aufgerufen, das Bild der „guten" Gesellschaft in sich zu suchen, seinen sozialen und moralischen Kompass zu überprüfen und gegebenenfalls nachzujustieren. Im Fall Enke zumindest scheint sich ein deutlicher, moralischer Konsens abzuzeichnen, was die Grenzen des guten Geschmacks betrifft. Aber auch diesen Konsens gilt es zu hinterfragen. Fangen wir also bei uns an: Ich nenne Ihnen sechs Ereignisse, die sich in den letzten Tagen zugetragen haben und über die berichtet wurde. Was ist erlaubt in einer „guten" Gesellschaft, und was nicht? Schauen wir also, ob ihr Kompass, nach eingehender Betrachtung der Fakten, auszuschlagen beginnt:

Die Witwe von Robert Enke wird am Gleisbett gefilmt. Trauernde Menschen, Leichen und Rettungskräfte werden in Nahaufnahme unmittelbar nach einem Erdbeben gezeigt. Der Lokführer des Zuges, der Robert Enke erfasst hat, soll interviewt werden. Die Witwe Enkes hält einen Tag nach dem Tod ihres Mannes eine Pressekonferenz ab, begleitet von Robert Enkes Psychologen, der offen über die Depression seines Patienten reflektiert. Der Leichenwagen wird bei Abfahrt vom Bahnhof gefilmt. Die sterblichen Überreste Enkes werden in der Mitte eines Fußballplatzes aufgebahrt, die Trauerfeier wird mit Videofilmen unterlegt und von Politikerreden begleitet.

Nun, alles ganz eindeutig richtig oder falsch, gut oder schlecht? Falls nicht, sollten wir nicht nur uns hinterfragen, sondern auch und gerade die Reflexe öffentlicher Empörung zurückverfolgen und eine grundsätzliche Debatte darüber führen, nach welchen medialen Regeln die Gesellschaft, in der wir leben, gestaltet werden soll.

Verstehen Sie mich nicht falsch: Eine Frau zu filmen, die gerade dabei ist zu erfahren, dass sich Mann getötet hat, hat meines Erachtens nichts mit Berichterstattung zu tun. Und das Argument: „Der Konsument will es so, es besteht ein Bedarf; also liefern wir ihm legitimerweise, was er erwartet" ist grotesk – mit einer solchen Begründung ließe sich auch die Ausstrahlung kinderpornographischer Filme rechtfertigen. Aber denken wir doch darüber nach, was mittlerweile stillschweigend als Konsens des guten Geschmacks und des Rechts auf Information interpretiert wird. Darüber sollte diskutiert werden, und nicht über die Ursachen von Norbert Enkes Depression – es sei denn, sie findet ihren Ursprung oder ihre Verstärkung im Leistungssportsystem. Das Outing einiger Sportler nach dem Tod zeigt zwar, dass Enkes Krankheitsbild keine Ausnahme ist. Aber das Leistungssportsystem daraufhin in Frage zu stellen, greift zu kurz. Denn die Zahl der Berufsgruppen, die unter enormen Leistungsdruck stehen und mit den massiven psychischen Folgen dieser Belastungssituation umgehen müssen, nimmt gerade in Zeiten einer Rezession zu. Letztlich sind es die Auswüchse der Leistungsgesellschaft, die nach Regeln funktioniert, die auf dem Prinzip der Maximierung basieren. Einem Prinzip, dem eben nicht jede Psyche gerecht werden kann.

Auf den Seiten des Satire-Magazin Titanic finden wir unterdessen am 12. November folgende Nachricht: „Die Redaktion TITANIC bedauert aufrichtig die unentschuldbare Entgleisung im jüngsten Startcartoon, möchte aber darauf hinweisen, daß (sic!) eine Entgleisung das einzige gewesen wäre, was Robert Enke noch hätte helfen können." (http://www.titanic-magazin.de/rss.3290). Ähnlich reflexhaft wie im Fall der Berichterstattung über den Tod Enkes tauchte hier in einigen Internetforen die Fragen auf: „Darf Satire das?" Soziologisch betrachtet könnte es sich lohnen, auch die Frage nach dem „Muss Satire das?" zu stellen. Denn ähnlich wie der Leichenschmaus nach einem Begräbnis, wo gegessen, erzählt und gelacht werden soll, erfüllt auch die Satire die Funktion einer Ventilsitte (wobei es dahingestellt bleibt, ob das die Intention der Titanic-Macher war und ist). Und so möchte ich zum Abschluss auch noch einen satirischen, aber auf Fakten basierenden Beitrag loswerden: Dass, was sich einige Sender in Bezug auf die Berichterstattung im Fall Enke geleistet haben, war nicht nur geschmacklos. Es war viel mehr als das. Es war eine Anstiftung zum Selbstmord. Denn der amerikanische Soziologe David Philipps hat in den 1970er Jahren empirisch belegen können, dass infolge der Berichterstattung der New York Times über den Selbstmord von Prominenten die Zahl der Suizide in der Stadt deutlich anstieg. Mehr noch: Die Selbstmordrate stieg proportional zur Dauer und zum Umfang der Berichterstattung.

Den Journalisten von NonstopNews sei ein weiterer, wissenschaftlicher Beitrag anempfohlen: die Ausführungen Immanuel Kants zum kategorischen Imperativ. Eben jener gebietet allen vernunftbegabten Wesen nach der Maxime zu handeln, dass das eigene Handeln zugleich ein allgemeines Gesetz werde könnte. Wenn kirchliche Gebote, die verfassungsrechtlich geschützte Würde des Menschen und ein Rundfunkstaatsvertrag schon nichts nützen, dann vielleicht eben jene Selbstverpflichtung eines jeden (Journalisten), an der Errichtung einer guten Gesellschaft mitzuwirken. Man wird ja wohl noch träumen dürfen.

Der Dezember

Und täglich grüßt das Murmeltier…

Nach dem Tod von Robert Enke sollte alles anders werden. Na ja, zumindest einige Dinge. So sollte es wieder menschlicher zugehen im Haifischbecken Fußball-Bundesliga. Und es sollte honoriert werden, wenn ein Spieler zeigt, dass er nicht (mehr) so funktioniert, wie es das System Leistungssport verlangt. Und die Verantwortlichen in Liga und Vereinen wollten „den Druck ´rausnehmen" und „sensibel werden für Zeichen der Überbelastung".

Doch was hat sich geändert? ~~Nichts.~~ Wenig. Sicher, einige ehemalige Fußballgrößen haben berichtet, ebenfalls depressiv gewesen zu sein. Aber was ist mit denen, die noch Teil des Systems sind? Kein Depressiver hat um Hilfe gebeten, kein Homosexueller sich geoutet und kein Spielsüchtiger angekündigt, eine Therapie zu beginnen. Und das war auch nicht zu erwarten. Denn wie auch bei der Doping-Problematik liegt der Fehler im System, und nicht bei einzelnen Akteuren. Und wenn sich im System nichts verändert, werden auch die Akteure ihr Verhalten und ihre Routinen nicht (signifikant) ändern.

Ex-CDU Generalsekretär Heiner Geißler erklärte unlängst, dass nicht nur der Sozialismus, sondert auch der Kapitalismus gescheitert sei. Das Geld regiere das Handeln der Menschen, und nicht der Mensch das Kapital. Nun basiert die Funktionsfähigkeit der freien Marktwirtschaft auf dem Prinzip des stetigen Wachstums. Und da auch das System Leistungssport ökonomischen Prinzipien folgt, werden Veränderungen, die das Wachstum in Frage stellen könnten, nicht geduldet. So setzen sich in einem solchen System letztlich diejenigen durch, die am besten angepasst sind. Survival of the fittest. Das Aus für das „Outen". Darwin lässt grüßen.

Auch im Kontext der Doping-Bekämpfung grüßt das Murmeltier. Doping ist nach wie vor Teil des Spitzensportsystems – trotz Anti-Doping-Proklamationen, Verbesserungen in den Kontrollsystemen, Verglasung der Athleten, Skandalisierung in den Medien, sozialer Exklusion und gesellschaftlicher Ächtung schwarzer Schafe. Geändert hat sich ~~nichts~~ wenig, da auch hier das Problem individualisiert wird – und somit die strukturellen Schwächen im System ausgeblendet werden. Dennoch: Jedes System bringt Vor- wie auch Nachteile mit sich. Schließlich sind die Interessen derer, die Teil eines Systems sind, oftmals nicht kompatibel. So handelt es sich bei dem Szenario eines dopingfreien Sports um eine Utopie, die sich in dem über Organisationen und Institutionen weltweit vernetzten Sportsystem nicht umsetzen lässt. Dennoch kann durch gezielte Maßnahmen, die ich in der Februar-Kolumne bereits dargestellt habe, das Doping effizienter bekämpft werden. Dennoch ist Doping als Mittel zur Erlangung eines Wettbewerbsvorteils Bestandteil eines Systems, das nicht nur nach Siegern und Verlierern unterscheidet, sondern die Sieger mit allerlei Erstrebenswertem belohnt: Geld, Prestige, Medienpräsenz, Anerkennung und Glorifizierung. So wird das Jahr 2010 noch nicht alt sein, wenn die Medien über den nächsten spektakulären Doping-Fall berichten werden.

Gespannt sein darf man lediglich darauf, zu welcher Gruppe der betroffene Athlet zählen wird: So gibt es die Büßer, die Relativierer und die Empörten. Die ersten beiden Gruppen geben die Einnahme von Doping-Substanzen zu, wobei die Büßer (meist unter Tränen) ihre Verfehlung einräumen und bereit sind, die Konsequenzen zu tragen, während die Relativierer das Doping zwar zugeben, aber rechtfertigen. Die Maxime dieses Typus′ lautet: „Regt euch ab, Leute, machen doch alle. Nur: Mich haben sie erwischt (die Schweine).‟

Telekom-Radprofi Udo Bölts zählt zu den Relativierern („Das System war halt so, wenn man vorne mitfahren wollte, musste man dopen"), Sprint-Olympiasiegerin Marion Jones zu den Büßerinnen („Was hab′ ich da nur gemacht. I′m sooooo sorry. Schluchz") und Radfahrer Jan Ullrich zu den Empörten („Ich habe nie betrogen, und das ist ganz groß"). Die Empörten streiten die Einnahme von Dopingmitteln kategorisch ab. Nie hätten sie so etwas getan. Daher werden Unregelmäßigkeiten nach Doping-Kontrollen auf a.) schlampige Erkenntnismethoden und Verfahren, b.) körpereigene Absonderlichkeiten wie beispielsweise einem chaotischen Hormonhaushalt oder c.) Manipulation von tatsächlichen oder imaginierten Feinden zurückgeführt.

Leichtathlet Dieter Baumann, der nach wie vor beteuert, man hätte seine Zahnpasta-Tube mit leistungssteigernden Wirkstoffen präpariert, um seinen Ruf zu zerstören, gehört demnach zu den Empörten Feindbildkonstrukteuren. Eisschnellläuferin Claudia Pechstein ist ein komplizierter Fall. Sie zählt zu den Empörten Verfahrenskritikern („unwissenschaftliche Beweisaufnahme"), Körperinfragestellern („Mein Body macht, was er will, ich hatte schon immer so hohe Ausschläge") und Feindbildentwicklern („Die Verbände wollen mich fertig machen").

Fertig hat und fertig ist auch Nürnbergs Fußballtrainer Michael Oenning. Der Übungsleiter wurde nach einer Niederlagenserie im Dezember vor die Tür gesetzt. Wir wussten insgeheim, dass es so kommen musste, schließlich kennen wir die Mechanismen des Marktes und die Logik der Funktionäre. Und wissen um die Schwächen eben jener Logik. Wäre nämlich der Trainer miserabel, würde er ja auch bei einem anderen Verein keinen Erfolg haben. Doch genau das wird im Laufe einer Saison oftmals widerlegt. Und so dürfte die Ursachenforschung eigentlich nicht immer und ausschließlich beim Trainer enden. Aber auch hier zeigt sich das (nicht nur, aber auch) im Sport dominante Prinzip der Personalisierung – anstatt Verein, Mannschaft, Trainer und Umfeld als System zu begreifen und die Fehler in Abläufen und Interaktionsmustern zu suchen, wird einer herausgepickt, der die Fehler auszubaden hat. Noch immer wird zu wenig aus Fehlern gelernt. So kann kein Schaden klug machen.

Auch aus den Wettbüros grüßt zum Jahresausklang erneut das Murmeltier. Im Fokus ist erneut das Brüderpaar, das in Berlin einen Imbiss betreibt. Sie waren bereits vor einigen Jahren Hauptdarsteller in der Fußball-Korruptionsschmonzette. Wieder sind Partien verschoben worden. Ein Spieler hat mittlerweile eine Kontaktaufnahme bestätigt; seine technisch limitierten Abwehrversuche, die zu Gegentoren führten, seien aber ausschließlich auf fußballerische Defizite zurückzuführen. Dass das Ergebnis dann doch so eingetreten sei, wie verabredet, sei purer Zufall. Da glaube ich dann doch eher die Zahnpasta-Story von Dieter Baumann. Übrigens: Noch immer hört man auf Amateurplätzen bei strittigen Schiedsrichterentscheidungen den Ausruf „Hoyzer". Insbesondere die Akteure auf dem Platz und am Rand des Platzes sollten allerdings eines bedenken: „Die Titulierung *Hoyzer* (…) gilt speziell im Fußball für einen Schiedsrichter, der angeblich eine falsche Entscheidung getroffen haben soll. Im Sport gilt sie als Schiedsrichterbeleidigung und kann somit persönliche Strafen gegen den Täter (Feldverweis für Spieler, Bankverweis für Trainer, Geldstrafen) oder auch Ordnungsmaßnahmen gegen einen Verein nach sich ziehen." (http://de.wikipedia.org/wiki/Robert_Hoyzer). Ich rate daher zur Modifikation: „Robby" könnte als Kosename interpretiert werden und somit die eigentliche Wirkung verfehlen. Wie wär's denn mit „Holzer"? Hat auch so 'was Rustikales.

Der Murmeltier-Award geht 2009 an unseren Formel 1 Helden „Mischal" Schumacher. Der Berufsschnellfahrer hatte 2006 seinen Rücktritt bekannt gegeben, um 2009 nach einem Rennunfall seines einstigen Teamkollegen Felipe

Massa zu erklären, er würde sich wieder in das Cockpit eines Boliden zwängen. Also: Rücktritt vom Rücktritt. Doch die Ärzte traten auf die Bremse. Schumis Nackenpartie sei nach einem Trainingssturz mit dem Moped (noch) nicht stabil genug. Ergo: Rücktritt vom Rücktritt vom Rücktritt. Und zum Ende des Jahres verkündet Mercedes nun, unser Schumi starte in der nächsten Saison die Schwaben. Rücktritt vom Rücktritt vom Rücktritt vom Rücktritt. Mehr Murmeltier geht nicht.

Ein Dauerbrenner ist auch das asiatische Mulmeltiel Noriaki Kasai. Der Skispringer startete am 29.12. zum 19. Mal bei der Vierschanzentournee – und zog sich beim ersten Springen in Oberstorf mit einem 13. Platz beachtlich aus der Affäre. Die Deutschen flogen hinterher, der einstige Überflieger Maddien Schmitt kam nach dem ersten Sprung lediglich als lucky loser weiter. Wäre auch ein schöner Buchtitel zum Ende seiner Karriere.

Noch´n Murmeltier: 2009 schaffte es der Barde Jürgen Drews, Interpret des Sommerhits „Ein Bett im Kornfeld", in die Sportnachrichten. Ein´ Korn im Feldbett hatte offensichtlich der verantwortliche Redakteur des „Sportinformationsdienstes" gehoben, als er beim DFB-Pokal-Spiel zwischen dem VfL Wolfsburg und Hansa Rostock Jürgen Drews als Schiedsrichter vermeldete. Onkel Jürgen streunerte zu jener Zeit aber in El Arenal umher; die Partie leitete indes (Dr.) Jochen Drees.

Für mich begann das Jahr mit der „Hamburger Hallenmeisterschaft 2010". Es war definitiv das allererste Sportereignis des neuen Jahres, fand es doch am 29.12.2009 statt. Ich weiß also jetzt schon, wer 2010 Hamburger Hallemeister sein wird. Jede Wette.

Zu guter Letzt möchte ich mich bei Ihnen für das Feedback zu meinen Kolumnen bedanken. Ihre Reaktionen haben mir gezeigt, dass ich die eine oder andere Diskussion anstoßen konnte. Was will man mehr? Mit den Olympischen Winterspielen, der Fußball-WM, den Olympischen Jugendspielen, den Asienspielen, den Commonwealth Games, der Olympiabewerbung und Vergabe von zwei Fußball-Weltmeisterschaften wird es auch im nächsten Sportjahr einiges zu berichten geben. Und schauen Sie doch ´mal wieder ´rein! Und kommen Sie gut in´s Neue Jahr!

Die Events

Schach-Olympiade in Dresden (12.-25. 11.2008)

      Teil 1 – Bretter, die die Welt bedeuten

      Teil 2 – Wo ist Jan Gustafsson, oder: Was geschah nach dem 36. Zug?

      Teil 3 – Schluss mit dem „Schwarz-weiß"-Denken

      Teil 4 – Käffchen? Ein Nachschlag zur Schach-Olympiade

German Masters im Beachvolleyball (19.-21.06.2009)

      Große Baggerparty in Berlin

Leichtathletik-WM in Berlin (15.-23.08.2009)

      Teil 1 – Der Traum vom Fliegen

      Teil 2 – Tränen, Triebe, Traumata: Ein Fazit zur Leichtathletik-WM

Schach-Olympiade (Teil 1)

Bretter, die die Welt bedeuten

Für Schauspieler sind es die Bühnenbretter, auf denen sie ihr Können zeigen, für den Schachspieler ist es das Spielbrett, das für sie die Welt bedeutet – 64 Quadrate und 32 Spielfiguren.

Experten schätzen die Zahl der möglichen Stellungen auf 2,28·mal 10 hoch 46, eine unvorstellbar große Zahl. Bereits nach zwei Zügen können 72.084 verschiedene Stellungen entstehen. Nicht alle, aber viele werden wir in den nächsten Tagen in Dresden zu sehen bekommen. Lang lebe der König.

In der sächsischen Metropole Dresden ist der des Schachs in diesen Tagen allgegenwärtig: Die Zeitungen berichten in Sonderbeilagen, die Hotels sind voller internationaler Gäste, und in den Schaufenstern und an Werbeflächen der Stadt sind Plakate angebracht, auf denen ein Junge mit Strubbelhaaren und angestrengtem Gesichtsausdruck den Blick auf ein Schachbrett richtet. Offizielle Botschaft: Wir spielen eine Sprache.

Die Veranstalter der 38. Schach-Olympiade rechnen in der Zeit vom 12. bis 25. November mit 200.000 Besuchern. Ein ehrgeiziges Ziel, obwohl es sich in der Tat um eine Veranstaltung der Superlative handelt: Bezogen auf die teilnehmenden Nationen (152) ist es das größte sportliche Event nach den Olympischen Sommerspielen. Über 1300 Spieler kämpfen für ihr Land, darunter 28 der ersten 32 der Weltrangliste (allesamt mit einer Elo-Zahl, nach dem sich die Spielstärke bemisst, jenseits der 2700); würden mehr als vier Teilnehmer eine Mannschaft bilden, wären sogar 30 der 32 Topstars am Start die Russen können sich den Luxus erlauben, zwei ihrer Topspieler zu Hause zu lassen. Der König der (Schach-)Spieler, der Inder Viswanathan Anand, unlängst in Bonn gegen den Russen Wladimir Kramnik zum dritten Mal Einzelweltmeister geworden, fehlt aufgrund zahlreicher Verpflichtungen in seiner Heimat. Ein anderer Topstar, der Ukrainer Ruslan Ponomarow, habe aufgrund der geringen Antrittsprämie seines Verbandes nicht gemeldet munkelt man.

Reichlich Gesprächsstoff bietet auch der Streit um die Ausrichtung des Duells des nächsten Herausforderers von Anand, der zwischen dem naturalisierten US-Amerikaner Gata Kamsky und dem Bulgaren Wesselin Topalow ermittelt wird. Der Wettkampf droht (nicht nur, aber auch) am lieben Geld zu scheitern. Wie schon so häufig in der Schachhistorie ist der sportliche Wettstreit zu einem Politikum geworden: Wer darf das Event wo ausrichten, wer bezahlt wem was, und wer muss warum gefragt werden, damit alles seine Richtigkeit hat. Und jeder der Parteien hat unterschiedliche Ansichten, wie man die anstehenden Fragen zu beantworten hat.

Zwischen den Zeilen empörter Briefe liest man Betrugsvorwürfen, Bestechlichkeit und unfaires Verhalten heraus. Am Ende der Schach-Olympiade in Dresden hatten sich nun die Parteien geeinigt, zu klärenden Gesprächen zusammenzukommen. Doch ein Brief von Kamskys Vater Rustam mit dem Vorwurf des Wortbruchs an den Präsidenten des Weltschachverbandes Fide, Kirsan Iljumschinow, die Reaktion vom Präsidenten des amerikanischen Schachverbandes Bill Goichberg mit der Anschuldigung, die Fide täusche die Weltöffentlichkeit, dem darauf folgenden Schreiben eines der renommierten Mitglieder des US-Verbandes und Exweltmeisterin, Zsuzsa Polgar, der Brief ihres Präsidenten sei unautorisiert und entspräche lediglich der Meinung Einzelner, und der Antwort Gata Kamskys, er glaube ohnehin nicht an eine Verständigung zwischen den Parteien („The time for the negotiation is over"), lässt die Vermutung zu, das aus dem Treffen nichts wird. Kamskys Vater schrieb sogar, das Leben seines Sohnes sei bedroht. Der Ehrenpräsident der Fide, Florencio Campomanes, sagte hingegen in seiner Eröffnungsrede, die Schachgemeinde sei eine große Familie. Schöne Familie, ein Fall für die RTL-Pädagogin Katharina Saalfrank.

Topfavorit auf die Mannschaftskrone in Dresden sind einmal mehr die Russen, die mit einer durchschnittlichen Mannschafts-Elozahl von sagenhaften 2748,4 gemeldet haben (der Elo-Leader im deutschen Team ist Arkadij Naiditsch mit 2657). In Anlehnung an den legendären Aphorismus des englischen Fußball-Nationalspielers Gary Lineker, Fußball sei ein Spiel zweier Teams, bei dem am Ende immer Deutschland gewänne, kann man unbenommen auch den Schach übertragen nur würde der Sieger hier Russland heißen. Zwischen 1952 und 1974 gewann das Team den Titel zwölf Mal in Folge, und von 1980 bis 2002 gelang es sogar, dieses Kunststück zu wiederholen. Beteiligt waren Spieler, die zur Hall of Fame des Schachs zählen: Tal, Botwinnik, Kortschnoj, Karpow oder Kasparow. Bei den 37 offiziellen Schacholympiaden konnten sich die Russen also 24 Mal in die Siegerliste eintragen, das bisher letzte Mal allerdings vor sechs Jahren. In diesem Jahr gilt es aber nicht darum, den Titel zu verteidigen, sondern ihn zurückzuerobern. Vor zwei Jahren triumphierte ein ausgeglichen besetztes armenisches Team, die den Wanderpokal von den Ukrainern übernahmen, die 2004 triumphierten. Es ist eben nicht wichtig, ein guter Spieler zu sein, wie Kramnik unlängst formulierte. Es ist wichtig, gut zu spielen. Und darauf warten alle gespannt. Wer wird in dem besten Teilnehmerfeld, dass es je zu einer Schacholympiade gab, am Ende die Königskrone tragen? Dresden ist im Olympia-Fieber.

„Olympia-Fieber? Hab ich noch nischt von gemerkt", sagt der Taxifahrer, der mich zum Veranstaltungsort bringt dem Internationalen Congress Centrum Dresden (ICD). Ich erzähle ihm, dass ich auf die Absage eines akkreditierten Spielers hoffe ich habe kein Zimmer reserviert und die Zusage vom Organisationschef Volker Bernardi erhalten, eines der freibleibenden Betten zu erhalten. Die Hoffnung ist nicht unbegründet: Gerade in den afrikanischen Verbänden geht es mitunter hoch her; erst vor wenigen Tagen wurden Spieler ausgetauscht, die nun auf die Schnelle vermutlich kein Visum bekommen und die Olympiade im Internet verfolgen müssen. Antwort des Taxi-Fahrers: „Wozu brauchen denn die Schwarzen Schachbretter?" Ich tröste mich damit, dass er es anders gemeint haben könnte, als ich es verstanden habe: Er meinte, dass die Menschen dort andere Dinge dringender benötigen. Obwohl: Alles, was er bislang von sich gegeben hat, lässt meiner Interpretation eigentlich keinen Spielraum.

Das Taxi hält vor dem ICD; ein beeindruckender Bau, Blick auf die Elbe (nun wird auch klar, wie der Name Elbflorenz zustande kam), breite Treppenflucht hinauf zu postmoderner Architektur aus Glas und Beton. Hinter dem Eingangsbereich wartet die Schachwelt: Menschen aller Hautfarbe, Spanisch hier, Russisch dort, alte Männer in schlecht sitzenden Anzügen, Trainingsanzüge aus Ballonseide, und Brillengläser so dick wie Glasbausteine. Aber auch: Attraktive Männer und Frauen, elegant gekleidet, dezent parfümiert. Ein wirklich buntes Völkchen, das zum bunten Treiben zwischen Verkaufsständen mit Schach-Devotionalien, Sachbuchanbietern, Gastronomie und Merchandising-Shops passt. Die Stimmung ist ausgelassen, Lachen und Scherzen, Küsse und Umarmungen. Natürlich haben sich viele Akteure der Szene lange oder länger nicht gesehen, kommen sie doch aus den unterschiedlichsten Winkeln der Erde, vorneweg natürlich die Phalanx der russischen Topspieler, die starken Chinesen, die langsam aber gewaltig ihren Platz im Schachkosmos einnehmen, die Armenier und Ukrainer, die Amerikaner und die Briten, die Inder und die Deutschen, sie alle treffen sich bei den großen Turnieren und tauschen die letzten Neuigkeiten aus. Hektik dringt lediglich aus dem Organisationsbereich hier laufen die Fäden zusammen, Probleme müssen gemeistert werden, die Unzufriedenen, die es immer und überall gibt, beschwichtigt, getröstet oder zurechtgewiesen werden.

Dann ändert sich die Stimmung schlagartig, die emotionalen Spitzen in den Stimmen und Gesichtern sind wie abgeschnitten: Gespannte Konzentration legt sich wie Bodennebel auf die mittlere Ebene des Kongresszentrums, eine weibliche Stimme begrüßt die Anwesenden Kinder, wünscht ihnen viel Spaß beim Spiel und endet ihre Rede mit den Worten: „Die Spielbretter sind frei." Eines der vielen Turniere, die parallel zur Schacholympiade ausgetragen werden, wurde eröffnet.

Am Abend sieht man dann zur Eröffnungsveranstaltung in der Freiberger Arena die ersten prominenten Schachspieler, der Hamburger Jan Gustafsson lehnt entspannt am Geländer, der Amerikaner Gata Kamsky nimmt in unmittelbarer Nähe Platz. Es wird begrüßt, informiert und bedankt. Alle warten gespannt auf den Standardspruch zur Eröffnung, der Bundesinnenminister Wolfgang Schäuble vorbehalten bleibt. Doch zunächst spricht Schäuble über das, was die Schachspieler auszeichnet, nämlich die Fähigkeit zu vernunftbegabtem Denken, und vernünftige Menschen finden Wege zum Dialog. Deshalb sei Schach ein völkerverbindendes Spiel. Einstein hingegen sagte einst, Schach sei das Spiel, das die Verrückten gesund hält. Was sind sie denn nun, vernünftig oder verrückt? Spricht man einen Schachspieler darauf an, mal eine interessante Anekdote zum Besten zu geben, stellt man schnell fest, dass man eine schier nie versiegende Quelle angezapft hat. Das Spektrum der Geschichten reicht dabei von amüsant über spannend bis hochnotpeinlich. Oftmals haben Geschichten auch alle genannten Charakteristika in sich vereinnahmen. Denken wir an das Toiletten-Gate, als Kramnik während einer Partie gegen Topalow unzählige Male das Klo aufsuchte, und der Gegner hier eine verborgene Kommunikationseinheit vermutete. Oder welche Verschwörungstheorien Exweltmeister Garri Kasparow entwickeln konnte, wenn er verlor (oder schlicht den Gegner des unsauberen Ziehens beschuldigte, wenn sich seine Stellung verschlechterte). Und natürlich sind da die Geschichten um den Anfang diesen Jahres verstorbenen US-Amerikaner Bobby Fischer, der bei seinem gewonnenen WM-Kampf gegen Boris Spassky eine Vielzahl von Verschwörungstheorien entwickelte, die u..a. in der Annahme mündeten, man versuche ihn zu verhexen. (Schiedsrichter war seinerzeit der Karl-May-Buchverleger und ehemalige deutsche Spitzenspieler Lothar Schmid, der zu Beginn der Veranstaltung heftig mit dem Security-Personal in Konflikt geriet er wollte die Karte unversehrt in seine Schachsammlung überführen und das Einreißen am Einlass verhindern).

Vernünftig oder verrückt? An den Worten des Innenministers darf zumindest gezweifelt werden. Dann der erlösende Satz: „Ich erkläre die 38. Schacholympiade in Dresden für eröffnet!"

Die Veranstaltung zeigt sich von den Grußworten unbeeindruckt und verbreitet gute Stimmung unter den 4000 Spielern, Funktionären, Betreuern und Schachinteressierten. Sänger Max Mutzke, Künstler der Staatsoper Dresden und Eiskunstläufer zaubern ein buntes Programm auf die Eisfläche der Arena, in der sonst die Kufencracks ihre Eishockeyschläger schwingen. Emotionaler Höhepunkt: Jeweils zwei Kinder tragen die Ländername und Flagge in die Halle bis die Eisfläche sich in ein buntes Fahnenmeer verwandelt hat. Als Palästina einläuft, suche ich die Fahne Israels und denke kurz, wie schön es wäre, wenn sich die beiden Kinder zusammenstellen würden. Es kommt anders. Rücken an Rücken schwenken sie ihre Fahnen. So dicht zusammen und doch so weit entfernt.

War man seitens des Veranstalters unsicher, ob alles wie geplant klappt, wirken die Gesichter der Organisatoren nun entspannt(-er): Zwei Jahre intensive Vorbereitung zahlen sich nun aus: AGs und AKs mussten gebildet werden, die sich mit der Zusammenstellung des Show-Programms, der Einweisung der Volunteers, der Zusammenstellung der Technik und der Entwicklung des Marketing-Konzeptes beschäftigten; zudem wurden Kontakte geknüpft und intensiviert, Klinken geputzt, die Marke Schach konturiert und das Event in und mit der Stadt Dresden vermarktet worden. Hilfreich war es dabei sicherlich, aus den Fehlern lernen zu können, die ein Jahr zuvor bei der Europameisterschaft an gleicher Stelle gemacht wurden. Seinerzeit fiel der Server aus, und die Schachfreunde in der Welt sahen nicht Weiß gegen Schwarz, sondern nur noch letztere Farbe. So versicherte mir der Marketingchef der Veranstaltung, Volker Bernardi, dass das technische Equipment diesmal auf jede Eventualität eine passende Antwort gegeben werden könne. Fragen habe ich noch viele, einige davon sind wissenschaftlicher Natur.

Nun bin ich hier in Dresden nicht als Medienvertreter akkreditiert, sondern als Wissenschaftler, da ich im Rahmen der Veranstaltung mit einigen Studierenden und Mitarbeitern des Arbeitsbereichs Sportsoziologie und Sportökonomie der TU Chemnitz eine Erhebung durchführe: Wir wollen erforschen, ob die Ziele, die im Marketing-Konzept formuliert worden sind, auch erreicht wurden, und welche Emotionen bei der Veranstaltung zu beobachten sind. Zu diesem Zweck müssen wir mit denen sprechen, die das Expertenwissen bereithalten, um unsere Fragen zu beantworten. Das bedeutet wiederum, dass wir sehr dicht an die entsprechenden Personen herankommen müssen, und so führte mich meine Akkreditierung nicht nur in den Verpflegungsbereich, sondern sogar zwischen die Spielbretter also direkt an den Ort des sportlichen Geschehens.

Moment: Sportliches Geschehen? Rumsitzen und gelegentlich mal den Arm ausstrecken? Soll das denn Sport sein? Der DOSB hat sieben Dimensionen benannt, die definieren, was unter Sport zu verstehen ist: Dazu zählen u.a. ein Regelwerk, Unproduktivität und ein Mindestmaß an körperlicher Bewegung. Regeln gibt es ohne Zweifel, aber unproduktiv ist der Sport zumindest im Rahmen einer Olympiade nicht, da ein Produkt erstellt und an die Zuschauer verkauft wird. Und dann die Sache mit der körperlichen Bewegung. Doch ganz so bewegungsarm, wie es erscheint, ist das Schachspielen nicht: Spieler berichten, dass sie während einer besonders intensiven Partie das eine oder andere Pfund an Gewicht verlieren. Wäre vielleicht auch mal eine Idee für den Boxsport, wenn Athleten kurz vor dem Kampf noch Gewicht machen sprich ein paar Gramm oder Pfund abnehmen müssen: Nicht laufen und in der Sauna schwitzen, sondern mit Köpfchen und Schachspielen. Doch zurück zur Definition. Da gibt es nun welche, die weichen hier auf den Begriff Denksport aus, andere, wie der Sportwissenschaftler Klaus Willimczik, wählen die Formulierung „sportnahes Hobby" (wie Wandern oder Angeln). Laut Online-Umfrage des Münchener Merkur sind die meisten Menschen der Meinung, es handele sich dennoch um eine vollwertige Sportart. Während ich schreibe, rennt ein kleiner Junge weinend den Korridor des ICC entlang. Lautstark beschwert er sich bei der Mutter, die ihm folgt. Er ist so aufgebracht, dass man nicht verstehen kann, was er sagt, die Mutter weiß aber, worum es geht: „Kein Gameboy zwischen den Partien, das Zeitfenster öffnet sich erst wieder nach dem Wettkampf." Den Ehrgeiz der Eltern findet man eben nicht nur beim Jugendfußball, sondern auch hier. Mein Vorschlag: Definitionen vergessen, Schach angucken oder spielen und: genießen. Welche Rolle spielt es da, ob es ein Sport, ein Hobby oder eine Denktätigkeit ist?

Alle Fragen geklärt? Zumindest eine bleibt offen: Niemand kann mir sagen, um welches Tier es sich bei dem Maskottchen der Veranstaltung, Chessy, handelt. Entenfüße, Pinguinarme, gelber Papageienschnabel und weißes Fell, dazu Albert Einstein Haare. Ein Wolpertinger als Symbolfigur des Schachs? Auch Marketingchef Bernardi ist unschlüssig: „Die Figur kommt aus der Schachjugend", weiß er zu berichten, „aber was sie verkörpert, kann ich nicht sagen." Zumindest weiß ich jetzt schon mehr: Es handelt sich um einen jugendlichen Wolpertinger. A propos Jugend: Das Turnier der Partnerschulen wird gerade beendet, ein Geburtstagskind erhält einen Wolpertinger, und so langsam versammelt sich die Weltelite im Spielraum. Die Bretter werden besetzt, Hände geschüttelt, die Figuren zurechtgerückt. Dann geht es los. Schach ist wie die Liebe, sagte der Literat Stefan Zweig. Allein macht es weniger Spaß. Anders formuliert: Hier in Dresden ist zusammengekommen, was zusammengehört. Das Spektakel hat begonnen.

Insgesamt elf Runden stehen noch bis zum 25. November auf dem Programm. Bislang zeigte das Quartett des Deutschen Schach-Bundes (DSB) um Großmeister Arkadij Naiditsch aus Dortmund in den Partien gegen Schottland (3,5:0,5), Slowenien (3:1) und Malaysia (3,5:0,5) keine Schwächen. „Das ist ein erfreulicher Zwischenstand, bedingt durch die Auslosung hatten wir bislang zwei schwächere Mannschaften und mit Slowenien einen normalen Prüfstein", sagte Bundestrainer Uwe Bönsch am Sonntag.

Schach-Olympiade (Teil 2)

Wo ist Jan Gustafsson, oder: Was geschah nach dem 36. Zug?

Hoffentlich treffe ich Jan Gustafsson. Nicht, weil er für Deutschland bei der Schach-Olympiade in Dresden antritt. Auch nicht, weil er Hamburger ist und für den HSK in der Schach-Bundesliga spielt. Und auch nicht, weil ich sonst nichts zu tun hätte.

Vor zwei Tagen saß ich gemeinsam mit meinen Mitarbeitern vom Institut für Sportwissenschaften der TU Chemnitz, Peter Ehnold und Regina Roschmann, vor dem Computer und verfolgte live das Match zwischen Gustafsson und dem russischen Elo-Weltranglistenzweiten Alexander Morosewitsch. Das Länderduell stand zur Überraschung aller Experten 1,5:1,5 Schachgoliath Russland war mit vier Akteuren angereist, die allesamt in den Top 30 der Welt zu finden sind, Deutschlands „Bester" in den Wertungslisten, Arkadij Naiditsch, findet sich gerade mal auf Platz 44 wieder. Und dennoch trotzten Naiditsch (gegen Vizeweltmeister Kramnik), Fridman (gegen Jakowenko) und Kenkhin (gegen Grischuk) ihren Kontrahenten bereits ein Unentschieden ab. Die Sensation lag in der Luft, selbst ein Remis und das daraus resultierende 2:2-Unentschieden wäre für Deutschland ein enormer Erfolg und Prestigegewinn. Dann der 35. Zug, das Remis ist greifbar nahe und somit auch der Gleichstand insgesamt. Da wir die Partie live im Internet verfolgen, zeige ich meinen Mitarbeitern, welchen Zug Gustafsson nun machen wird, um das Remis zu erzwingen. Gespanntes warten. Dann verlischt das triumphierende Lächeln auf meinem Gesicht; Gustafsson hat sich anders entschieden. Am Ende wird die Partie nach 102 (!) Zügen mit einem Remis beendet sein, lediglich drei Steine befinden sich dann noch auf dem Brett, König und Bauer des Russen und der König des Deutschen. Bis zu eben jenem 102. Zug hatte Gustafsson Gelegenheit, ein Remis anzubieten und den Sack zuzumachen (ein wenig Fußballersprache sei auch in dieser Sportart erlaubt) so zumindest stellte sich die Situation für mich als interessierten Laien dar. Ich musste also etwas übersehen haben, nur: was? Diese Frage stellten wir uns nun, und beantworten sollte sie, so nahm ich mir vor, kein Geringerer als Gustafsson selbst. Da ich ohnehin noch einige Interviews führen wollte, um die Erhebung zu komplettieren, die wir während der Schach-Olympiade bezüglich der Wirksamkeit des Marketing-Konzeptes durchführen, wollte ich den Großmeister persönlich fragen, wieso die Partie so lange gedauert hat. Ich reiste am Dienstagabend nach meiner Vorlesung an der Tag war spielfrei, und ich hoffte, die Spieler seien da eher erreichbar als an den übrigen Tagen. Was machen Spieler eigentlich, wenn sie spielfrei haben? Von Fußballern wissen wir, dass sie sich gerne mal die Playstation anwerfen oder sich zu Zeiten Netzers, Beckenbauers und Breitners nach einbrechender Dunkelheit vom Trainingsgelände schlichen, um das eine oder andere Bierchen zu verköstigen. Ein freundliche Dame im VIP-Bereich gibt mir Auskunft: „Ich weiß nicht, was die Spieler heute machen, aber hier werden sie sie bestimmt nicht finden." Während Sie das sagt, geht Gata Kamsky, amerikanischer Top-Spieler, an uns vorbei. „Danke für die Info." Es besteht also Hoffnung, und so schaue ich im Turniersaal vorbei, in dem der Deutschland-Cup, eine der Parallelveranstaltungen zur Schach-Olympiade, erstmals ausgetragen wird. Unwahrscheinlich Gustafsson hier zu treffen, aber nicht unmöglich. Ich schlendere durch die Gänge zwischen den Brettern und schaue mir Partien und Gesichter an. Dann zucke ich zusammen: In meiner linken Jackettasche steckt mein Handy, Klingelton auf volle Lautstärke. Wenn meine Frau, die Kinder oder sonst wer in diesem Moment anrufen würde, entstünde einen Situation, die ich meinen Lebtag nicht vergessen würde. Ich fingere also mein Handy aus der Tasche und will gerade die Funktionstasten entsperren, als mir einfällt, dass das ja auch piepsende Geräusche nach sich ziehen würde. Langsam lasse ich das Gerät zurückgleiten und mache mich schnellen Schrittes auf den Weg zu einem der Ausgänge. Unendliche 100 Meter sind zurückzulegen. Dann ist es geschafft. Durchatmen. Genug der Spurensuche für heute, morgen starte ich den nächsten Anlauf. Der nächste Tag beginnt mit einem Frühstück am Tisch der mauritianischen Nationalmannschaft der Herren. Die Folgen von Kolonialzeit und Zuwanderung spiegeln sich in der Zusammensetzung des Teams wider: Die Spieler haben englische, indische und chinesische Wurzeln, sprechen Englisch, Französisch und Kreolisch und schwärmen von der Eröffnungsfeier der Spiele. Ich berichte, dass eine überregionale Tageszeitung die Feier als „dröge" beschrieben hätte, was großen Protest hervorruft. Die Eröffnungsfeier sei eine der Schönsten der jüngeren Geschichte gewesen, vergleichbar nur mit der Feier 1986 in Dubai. Zeigt sich hier etwa erneut eine der Eigenschaften, die man den Deutschen im Ausland nachsagt immer auf das zu schauen, was nicht so gut läuft? Team Mauritius zumindest war begeistert und die anderen Nationen, wie sie versichern, seien es auch gewesen. Für Roy Phillips, Spitzenspieler der Mauritianer, ist es die vierte Schach-Olympiade. Er schätzt besonders die Atmosphäre, wenn er den Spielsaal betritt, die konzentrierte Spannung, die Energie. Für ihn ist Schach Kunst; auf den 64 Feldern entsteht eine Art Gemälde, sagt er, an dem zwei Akteure qua Gedankenkraft arbeiten und gemeinsam ein Kunstwerk erschaffen.

Ich nutze die Gelegenheit, um nachzufragen, ob die Spieler die Partie des Deutschen Gustafsson gegen Morosewitsch verfolgt hätten und mir die Frage beantworten könnten, warum die Partie nicht schon früher mit Remis endete. Es habe sich nicht angeboten, so die Mauritianer, zumindest nicht für Morosewitsch. Dann verabschiedet sich das Team von mir, nicht ohne mir Informationen über die Insel zuzustecken, und macht sich auf den Weg zu einer Sightseeing-Tour. Es half alles nichts, ich musste mich weiter auf die Suche nach einer Erklärung für das Mammutmatch begeben. Und wenn schon nicht Gustafsson, so würde mir doch ein anderer Spieler aus dem deutschen Team Auskunft geben können. Ich versuchte mein Glück erneut im Turniersaal, in dem mittlerweile die nächste Runde des Deutschland-Cups lief. Mein Handy hatte ich zusammen mit meiner Regenjacke, die man die Tage über hier in Dresden benötigt, an der Garderobe abgegeben. An Brett 3 entdecke ich Dr. Hauke Reddmann vom SK Wilhelmsburg von 1936. Ein Hamburger, der mir sicherlich etwas zur Partie von Gustafsson sagen kann, also warte ich geduldig, bis das Spiel beendet sein wird. Zeit, ein wenig die einzigartige Atmosphäre einzufangen. Einzigartig, da sich nahezu 1000 Menschen im Saal befinden, und dennoch über Stunden Stille herrscht. Nur gelegentlich ein Hüsteln, ein Schnäuzen, ein geräuschvoller Treppenaufstieg. Ein Stift fällt zu Boden. Um das Warten zu verkürzen, will ich das Seniorenturnier in der obersten Etage besuchen. Ein älterer Herr, der sich auf einen Gehstock stützt, kommt aus dem Fahrstuhl, dreht sich aber bereits in der Tür wieder um. „Verfahren", sagt er lapidar. Auf dem Weg nach oben frage ich ihn, ob er als Spieler oder Zuschauer hier sei. „Spieler", sagt er. „Und", frage ich, „waren Sie erfolgreich?" „Wie man es nimmt", antwortet er. „Ich hatte eine Erfolgsstellung, aber mein Gegner war ein Vereinskamerad, recht alt uns sehr zittrig, und er hatte nur noch 20 Minuten für 20 Züge. Ich habe es nicht übers Herz gebracht und die Partie abgeschenkt." Dann öffnet sich die Fahrstuhltür, er verabschiedet sich höflich und lässt mich nachdenklich zurück. Dr. Reddmann hat die Partie mittlerweile beendet, und ich frage ihn zunächst nach seiner Partie. „Verloren", sagt er, „sieht man mir das nicht an?" Und die Partie Gustafsson gegen Morosewitsch, ob er sie gesehen habe, frage ich. „Nein", antwortet er, „das interessiert mich ohnehin nur am Rande." Ich beschließe, mein Glück am Nachmittag zu versuchen. Wenige Stunden später stehe ich erneut vor einer der Flügeltüren, die den Vorraum vom Saal abtrennen. Zwei farbige Schilder an der Tür verweisen darauf, wem hier der Eintritt gewährt wird. Wer mal ein größeres, sportliches Event besucht hat, weiß, dass nicht alle Besucher gleiche Rechte genießen. Hier zeigt sich wieder der Sport als Mikrokosmos der Gesellschaft: Die einen dürfen mehr, die anderen weniger. Und nach außen werden diese unterschiedlichen Rechte durch die Akkreditierung in Form einer um den Hals baumelnden Karte dokumentiert. So gibt es auf den ersten Blick nicht Spieler und Zuschauer, Sponsoren und Konsumenten, Funktionäre und Politiker, sondern Grüne, Rote und Weiße. Die Grünen dürfen in den Zuschauerbereich, aber nicht in die Gänge zwischen den Spielbrettern. Da dürfen die Roten hin, aber nur bis zum VIP-Raum. Die Weißen dürfen sich alles erlauben. Was fällt uns noch zu den Farben grün, weiß und rot ein? Richtig: Bulgarien. Was macht eigentlich der in der Elo-Weltrangliste führende Bulgare Wesselin Topalow? Im Spiel gegen Deutschland II war er nicht im Einsatz, und prompt verloren seine (dennoch höher eingeschätzten) Mannschaftskollegen gegen das deutsche Nachwuchsteam. Topalow sitzt in der ihm typischen Pose, den Kopf in Hände gestützt, an Brett 1 und kämpft gegen den Rumänen Liviu-Dieter Nisipeanu. Schräg gegenüber sitzen die Chinesen und ringen mit den Georgiern um die Hoheit auf dem Brett, dort die starken Armenier, und am äußeren Rand des Spielareals zieht gerade die Ungarin Judit Polgar, eine der wenigen Frauen, die es mit den spielstärksten Männern aufnehmen kann und daher im „offenen" Wettbewerb und nicht im Damenteam für ihr Land an den Start geht. Da ich „Weißer" bin, nutze ich die Gelegenheit, um zwischen den Brettern Beobachtungen anzustellen, die für unsere Studie zum Thema „Emotionen und Schach" relevant sind. Erstes Fazit: Ein emotionaleres Sport-Event als die Schach-Olympiade habe ich bislang noch nicht erlebt. Die Spieler entwickeln mitunter extreme Emotionen, dürfen sie aber nicht zeigen. Im Verlauf einer Partie können Wut und Aggressionen entstehen, ausgelöst durch das Verhalten oder das Spiel des Gegners, die eigene Leistung oder auch die situativen Rahmenbedingungen. Und all das, was sich da aufstaut, auch an positiven Emotionen, wenn sich beispielsweise eine Gewinnstellung herauskristallisiert, darf seinen Weg nicht nach außen finden, um den Gegner keinen psychologischen Vorteil zu verschaffen.

Wie schafft man das, habe ich den mauritianischen Spitzenspieler gefragt. „Es gibt nur eine Möglichkeit", sagt er, „bleib ruhig und mach den bestmöglichen Zug. Das ist alles." Wer die Spieler (und Spielerinnen) über einen längeren Zeitraum beobachtet, ist beeindruckt, wie sie diese Maxime verinnerlicht haben. Fußballspieler und -trainer, die verbal regelmäßig entgleisen, sollten sich einmal das eine oder andere Schachspiel anschauen. Würden sie danach ihr Verhalten noch immer damit entschuldigen, sie hätten nicht anders gekonnt als zu treten, spucken, pöbeln oder beleidigen – die Emotionen hätten halt herausgemusst? Ich weiß – andere Sportart, kann man nicht miteinander vergleichen. Kann man nicht? Felix Magath, Trainer des Fußball Bundesligisten VfL Wolfsburg, macht es dennoch und sieht viele Parallelen zwischen dem Fußball und dem Schachspiel Taktik und Strategie sind die zentralen Elemente beider Sportarten, zudem müssen auf beiden Feldern die Figuren gut aufeinander abgestimmt sein, damit sich der Erfolg einstellt. Magath eröffnet das erste Olympia-Match des Tages, Kramnik gegen Short Russland gegen England. Ich hefte mich an seine Fersen, um ein Interview zu bekommen, doch schon ist er in einem Pulk von Fotografen verschwunden, der sich langsam Richtung Ausgang schiebt. Obwohl: Schieben ist nicht der richtige Ausdruck. Da es einige von meiner Sorte (Weiße) gibt, zudem Trainer, die die Züge ihrer Schützlinge beobachten und Spieler, die sich kurz ablenken wollen und bei anderen Partien zuschauen oder die Beine vertreten wollen, ist es auf den Gängen recht voll. Man kann sich das Geschehen am besten vorstellen, wenn man an den Auto-Scooter vom Rummelplatz denkt nur eben ohne Auto. Da alle, die die Gänge entlang schleichen, mit mindestens einem Auge auf eines der Spielbretter schauen, eckt man ständig an. Ein Spieler aus Hongkong stoppt erst, als an Ausweichen nicht mehr zu denken ist, und eine Dame tritt mir anschließend in die Fersen und zieht mir so einen Schuh aus. Von all dem nahezu lautlosen Trubel bekommen die Akteure dennoch wenig mit, zu konzentriert sind sie auf das Geschehen, das sich vor ihnen entwickelt. Das deutsche Team spielt gegen die Ukraine auf dem Podium, Gustafsson ist vertieft in seine Eröffnung, und ich mache mich auf den Weg zur Garderobe, um Jacke und Handy auszulösen. Eine halbe Stunde später rollt der Zug, der mich nach Hamburg-Altona bringt, gemächlich am hellerleuchteten Congress-Centrum vorbei, in dem in diesen Tagen so viele Emotionen entstehen und unterdrückt, Hoffnungen erfüllt und enttäuscht, Freundschaften geschlossen und Eitelkeiten gepflegt werden. Warum die Partie Gustafsson gegen Morosewitsch nicht bereits früher mit Remis endete, habe ich nicht in Erfahrung gebracht. Ich werde in Hamburgs Schachklubs weiter fragen, und da wird man einem Laien wie mir eine solch einfache Frage wohl beantworten können. Alles andere als laienhaft präsentierten sich erneut die deutschen Herren auch am Mittwoch: Als es dunkel wurde, hatten sie auch dem Titelaspiranten Ukraine um den Spitzenspieler Wassili Iwantschuk eine Unentschieden abgetrotzt und bleibt somit in Reichweite der Medaillen. Gustafsson spielte erneut Remis. Diesmal stand das Ergebnis aber schon nach 37 Zügen fest. Ich hatte keine Fragen. Deutschland 2 verlor gegen Griechenland 1,5:2,5; Lichtblick war hier der 16-jährige Hamburger Niclas Huschenbeth, der seinen Gegner Halkios besiegen konnte, Deutschland 3 schlug Paraguay mit 3:1. Die deutschen Damenteams erwischten einen gebrauchten Tag alle drei unterlagen ihren Gegnern, Deutschland 1 mit 1,5:2,5 gegen Serbien. Die Hamburgerin Marta Michna steuerte ein Remis zum Ergebnis bei. Heute kommt es bei den Herren in der 7. Runde zur Partie Deutschland 1 gegen Rumänien ein Gegner auf Augenhöhe.

Schach-Olympiade (Teil 3)

Schluss mit dem „Schwarz-weiß"-Denken

Auf Armenien haben schon einige getippt, schließlich waren die Kaukasier bereits vor zwei Jahren in Turin ganz oben auf dem Siegertreppchen und haben durchweg Spieler im Team, die jeden Spitzenspieler schlagen können. Schaut man sich die Einzelergebnisse an, war es vielleicht an erster Stelle die mannschaftliche Geschlossenheit, die den Mannen um den Weltranglisten-Siebten Levon Aronian den Olympiasieg einbrachte. Lediglich am neunten Spieltag unterlagen Aronian und Co. den zweitplatzierten Israelis. Eine besonders beeindruckende Leistung zeigte Gabriel Sargissian an Brett drei: „He plays like God", beurteilte der russische Teamchef Alexander Motylev die Leistung des Armeniers, der auf eine Turnierleistung von 2869 Elo-Punkten kam (zum Vergleich: der Bulgare Veselin Topalev führt die aktuelle Weltrangliste mit 2791 Punkten an).

Favorit Russland landete auf einem enttäuschenden fünften Rang, und die deutschen Herren finden sich nach einem 2,5:1,5 Sieg gegen Litauen in der elften und letzten Spielrunde auf Platz 13 wieder. Unzufrieden mit der Platzierung sind sie indes nicht. Topspieler Arkadij Naiditsch: „Am Anfang lief es wirklich sehr gut für mich und uns. Es ist aber immer die gesamte Mannschaft, die gewinnt, nicht ich. Meiner Meinung nach haben David Baramidze und Daniel Fridman die herausragenden Ergebnisse bei uns eingefahren." Daniel Fridmann, bester Spieler des ersten deutschen Teams mit 7 aus 10 und einer Leistung von 2741 Elo-Punkten, sieht es ähnlich: „Es ist anfangs einfach gut gelaufen. Natürlich haben wir uns nach den fünf Siegen und den beiden Unentschieden gegen die Russen und Ukraine etwas mehr erhofft, als letztlich herausgesprungen ist." Der Hamburger Jan Gustafsson hat trotz des starken Beginns seines Teams keinen Gedanken an das Treppchen verschwendet: „Nein, dazu hatte ich gar keine Zeit, man bereitet sich auf den Gegner vor, isst und schläft, an eine Medaille habe ich nicht gedacht." Dennoch: Nachdem die Herrenriege in der „Eröffnung" überzeugt hatte und im „Mittelspiel" gegen die höher eingestuften Russen und Ukrainer mitunter glänzte, hatte doch einige unverhohlen auf einen Podestplatz spekuliert. Doch das Spiel gegen die Polen brachte (leider) die Wende: Ein Sieg wurde leichtfertig verschenkt. So zumindest sah es Naiditsch:

„Wir hätten dieses Match gewinnen müssen. Ich habe leider einen zweizügigen Gewinn ausgelassen." Auch Fridmann ist der Meinung, dass mit einem Sieg gegen die Polen die anschließende Partie gegen die Amerikaner hätte einen anderen Verlauf nehmen können: „Ich denke auch, dass der Kampf gegen Polen der Entscheidende war. Wenn wir da gewonnen hätten, hätten wir vielleicht auch einen etwas leichteren Gegner als die Amerikaner bekommen und dann wäre alles möglich gewesen". Leider zuviel hätte und wäre und zuwenig hat und ist. Die anderen beiden deutschen Teams landeten punktgleich auf dem 35. bzw. 42. Platz. Bemerkenswert: Georg Meier aus der zweiten Mannschaft hat mit 7 aus 9 und einer Leistung von 2779 das beste Ergebnis aller deutschen Akteure erzielt. Ein Zuschauer, den ich auf diese Leistung ansprach, bemerkte, er wäre schon mit 6 aus 49 mehr als zufrieden. Haha.

Bei den Damen konnten sich die Georgierinnen dank der besseren Zweitwertung gegen die Ukraine durchsetzen. Spitzenspielerin Maia Chiburdanidze zeigte eine Elo-Performance um 2700; ein Wert, den zur Zeit nur die Ungarin Judit Polgar erreicht, die mit ihrem Team, allerdings im Herrenklassement startend, auf Platz 8 landete. Platz drei belegte, wie auch bei den Herren, die Vertretung der USA. Deutschland 1 fand sich (trotz lediglich zweier Niederlagen) auf einem enttäuschenden 23. Rang wieder, und bei der abschließenden Pressekonferenz zeigten die Damen dann auch das, was so wenige bei Schachspielern vermuten: Emotionen.

Elisabeth Pähtz: „Man muss nur einen Blick in die Ergebnisliste werfen, wir haben alle fünf unter unseren Erwartungen gespielt. Wir haben nicht eine schlechte Stellung gedreht, nur gute verloren. Brett vier war ein Problem, wir haben anfangs praktisch nur zu dritt gespielt und später selbst angefangen etwas einzustellen." Ketino Kachiani-Gersinska sieht es ähnlich: „Wir hätten besser vier erfahrene Spielerinnen eingesetzt. Marta Michna musste elf Partien spielen. Mir macht es persönlich mehr Spaß, wenn man vorne mitspielen kann und ich denke, dass unseren beiden jüngeren Spielerinnen ganz einfach noch Erfahrung gefehlt hat." Klar, vorne mitspielen bringt mehr Spaß, nur lag das denn wirklich nur an der oder den anderen, dass nichts daraus wurde? Harmonie zumindest hört sich anders an. Youngster Melanie Oehme trotzte der Kritik: „Dass wir insgesamt nicht zufrieden sein können ist unbestritten, persönlich bin ich aber zufrieden. Ich habe die letzten vier Partien gewonnen und auch einige Elo-Punkte zugelegt." Da wird wohl noch einiges aufzuarbeiten sein.

Was bleibt hängen von der Schach-Olympiade in Dresden? Eine ambivalent bewertete Eröffnungsveranstaltung (die Meinungen reichten von „dröge" über „berührend" bis „sensationell"), viele spannende Wettkampftage mit hochklassigen Partien, im Gegensatz zu anderen Sportgroßveranstaltungen keine Zuschauerausschreitungen (womit auch nicht unbedingt zu rechnen war) und jede Menge Zahlen. Wie jedes sportliche Event kann auch die Schach-Olympiade über eine Fülle von Zahlen charakterisiert werden: Die Höhe des Budgets, erwartete (20.000) und letztlich anwesende Zuschauer (13.083), Züge der Aktiven pro Wertungsrunde, Veränderungen in den Elo-Werten, kalkulierter und vollzogener Würstchenverzehr im Cateringbereich, Neueintritte in den Deutschen Schachbund und natürlich die magischen Zahlenwerte, die die Tage mit Spannung füllten: 1 oder 0? Oder 0,5:0,5?

Doch damit nicht genug: 25.000 Liter Mineralwasser hatte ein Sponsor zur Verfügung gestellt, 24 Tonnen Essen (inklusive Würstchen) wurden ausgegeben, 24.000 Liter Kaffe getrunken, 475 Kilo (Dresdner?) Stollen verköstigt. 54.430 Personen wurden durch den Transportservice befördert, 25920 Übernachtungen durch die teilnehmenden Mannschaften gebucht und täglich die Daten von 520 Brettern im Internet übertragen. Gemäß Statistik schauten 52 Millionen unterschiedliche Besucher digital vorbei.

Bei einem Blick hinter diese offiziellen Zahlen finden sich aber auch andere, die Aufmerksamkeit verdienen: Der Taiwanese Men-Wei Ho war mit sieben Jahren der jüngste Spieler der Schacholympiade, William Hook mit 83 Jahren der älteste. Hook, der für die britischen Jungferninseln startet, erlebte seine 17.Olympiade, Ho war zum ersten Mal dabei. Wie er das in seinem Alter geschafft hat? Er hat die Männer, die mit ihm um den Platz konkurrierten, geschlagen. So einfach funktioniert das System Leistungssport: Sieg oder Niederlage (und gelegentlich auch mal Remis) danach richtet sich letztlich alles aus. So wie es im System Wirtschaft um zahlen und nicht-zahlen, im System Wissenschaft um wahr und nicht-wahr und im System Religion um glauben und nicht-glauben geht (so zumindest beschreibt es der Soziologe Niklas Luhmann in seiner Systemtheorie). Und da eben nur die sportliche Leistung über Sieg oder Niederlage entscheidet, half auch alles Daumendrücken nicht der kleine Ho blieb sieg- und remislos. Dennoch hatte er der Veranstaltung etwas Positives abzugewinnen: „Ich mag den Schnee", sagte er. Think pink.

Das Schlusswort der Veranstaltung blieb dem kalmückischen FIDE-Präsidenten Kirsan Iljumschinow vorbehalten. Die Organisation sei hervorragend gewesen, und eine Botschaft aus Dresden um die Welt gegangen: „Schach ist eine Religion des Friedens, der Sympathie und der Strategie." Schach als Religion, Aktive, die gottgleich spielen. Halleluja. Geht es nach den Funktionsträgern der FIDE, soll Schach zukünftig auch bei den Olympischen Spielen vertreten sein. Hier zumindest passt die Religion: Der Glaube kann Berge versetzen, und: Die Hoffnung stirbt zuletzt.

Schach-Olympiade (Teil 4)

Käffchen? Ein Nachschlag zur Schach-Olympiade

Mit Beginn des neuen Jahres werden Dopingkontrollen im Schach alltäglich. Sie sollen bei nationalen und internationalen Meisterschaften durchgeführt werden. Über Sinn und Unsinn ist ein heftiger Streit ausgebrochen.

Weihnachten steht vor der Tür, und was wünscht man sich da gemeinhin? Genau: besinnliche Feiertage. Die stehen auch und gerade den Schachinteressierten im Land bevor, denn das Präfix „be" bedeutet im allgemeinen „etwas mit etwas versehen" im vorliegenden Fall eben mit Sinn. Und genau den (oder zumindest einen tieferen) sprechen viele den Dopingkontrollen im Schach(sport) ab und sehen ihre Persönlichkeitsrechte gefährdet.

Wir kennen es nun schon, erleben es Jahr für Jahr nach großen sportlichen Wettkämpfen. Wieder einmal hat ein Athlet etwas geschluckt oder gespritzt, was auf der Liste der verbotenen Substanzen steht. Und schwupps ist die Medaille weg. Das heißt, weg ist sie natürlich nicht, nur bekommt sie nun ein anderer umgehängt. Manchmal unmittelbar nach dem Wettkampf, manchmal auch ein paar Jahre später. Dabei weiß man oft gar nicht, was man diesen Spätberufenen antut, handeln doch viele Menschen nach dem „Saure-Trauben-Prinzip" wenn etwas nicht geklappt hat, zählt man schnell die Punkte auf, warum das doch auch gut so war und kommt zu dem Schluss: Hat nicht sollen sein, ist vielleicht sogar besser so.

Und dann bekommt der oder die, weil dieser oder jene das eine oder andere von der NADA verbotene Mittelchen zu sich genommen hat, doch noch rundes oder eckiges Edelmetall postalisch zugesandt. Ärgerlich, oder? Doch was hat das alles mit der Schach-Olympiade zu tun? Viel, denn der ukrainische Topspieler Wassili Iwantschuk entzog sich im Laufschritt einer Dopingkontrolle und muss nun möglicherweise dem Wettkampfsport für zwei Jahre entsagen solange könnte er, gemäß den Statuten, gesperrt werden. Was war geschehen?

Der Weltranglistendritte Wassili Iwantschuk und sein Team hatten bis zur letzten Runde gegen die USA eine Medaille vor Augen, und dann das: Die Ukrainer verloren mit 0,5:3,5 und landeten auf dem undankbaren Blech-Rang. Spitzenspieler Iwantschuk war gerade dabei, sein verlorenes Spiel gegen den Amerikaner Gata Kamsky „aufzuarbeiten", als einer der Schiedsrichter um Urin bat: Dopingkontrolle. Ob der ukrainische Großmeister nicht konnte oder nicht wollte, ist nicht zweifelsfrei belegt.

Fakt ist: Er hat nicht. Und daher droht ihm nun nach den international gültigen Dopingkontrollregeln, die auch der Schachweltverband Fide akzeptiert, neben der Sperre gegen den Spieler auch der Abzug aller Punkte des ukrainischen Teams. Kuriose Konsequenz: Da bei Schach-Olympiaden nicht „jeder gegen jeden" spielt, hätten die Amerikaner im Falle der Streichung der ukrainischen Ergebnisse im letzten Spiel einen Pyrrhussieg errungen gewonnen und (aufgrund der Streichung) doch verloren. Bestraft würde somit nicht nur der Spieler und sein Team, sondern auch der Sieger des Duells. „Lachende" Dritte wären die Ungarn um Peter Leko und Judit Polgar. Auch Deutschland I würde von einer Disqualifikation profitieren und vom 13. auf den 9. Platz vorrücken und somit das ausgegebene, sportliche Ziel, die einstellige Platzierung, doch noch erreichen.

So viel zur Sachlage, weiter mit Interpretation. Wie lässt sich der Vorgang, mit dem sich nun die Verbandsgerichte beschäftigen (müssen), bewerten: Ist es eine Nachlässigkeit, ein Versehen, ein Vergessen oder ein Dopingskandal, der die Schach-Welt erschüttert? Ist die Verweigerung die einzige vernünftige Antwort auf die Forderungen nach Dopingkontrollen im Schach oder der größte Skandal in der über hundertjährigen Turnierschachgeschichte? Die Wahrheit liegt hier nicht, wie sonst so oft, in der Mitte.

Entscheidend für eine Bewertung, was sich nun gerade vor unseren Augen in der Schachwelt vollzieht, ist der Referenzrahmen, der als Bewertungsgrundlage dient: Definiert man Schach als Sport und akzeptiert das Ziel der FIDE-Funktionäre, aus der Disziplin eine olympische Sportart machen zu wollen, so müssen die Aktiven die Anti-Doping-Richtlinien und Gesetze befolgen. Ist es aber kein Sport (oder richtiger: soll es kein Sport sein, denn schließlich handelt es sich dabei letztlich um eine Begriffsdefinition auf der Grundlage mehr oder weniger willkürlich ausgewählten Parameter wie Wettkampfcharakter, Produktivität, Gegnerschaft, etc.), könnten die Spieler ihren bisherigen Nahrungs- und Trinkgewohnheiten weiter nachgehen.

Ist es Sport, liegt ein Verstoß eines der bekanntesten Protagonisten der Schachszene vor. Ist es kein Sport (qua Definition), hätte das Verhalten Iwantschuks lediglich eine Binnenwirkung: Die Schachwelt müsste sich mit der Frage beschäftigen, wer zukünftig was wann einnehmen darf, oder ob es wieder so sein soll wie vor der Einführung der Dopingbestimmungen und Kontrollen. Die Beantwortung dieser Frage wäre dann nur im und für das System „Schach" von Bedeutung.

In der aktuellen Diskussion lassen sich viele Stimmen vernehmen, die vehement bestreiten, Doping im Schach mache keinen Sinn, Kontrollen seien demnach Unfug. Und je öfter wir hören oder lesen, dass dem so sei, desto stärker ist man versucht, die durchaus begründeten (oder zumindest begründbaren) Vermutungen als Tatsachen zu akzeptieren. So kann Großmeister Robert Hübner nicht nachvollziehen, in welcher Form Doping die Entscheidung für oder gegen einen Zug in gegebener Stellung beeinflussen könnte.

Mediziner zumindest können Substanzen benennen, die die Konzentrations- und Leistungsfähigkeit steigern können: Der Wirkstoff Modafinil, als Mittel gegen Narkolepsie eingesetzt, macht wach und aktiv, Fluoxetin als Wirkstoff in Antidepressiva vertreibt negative Emotionen und wirkt motivationsfördernd, und Methylphenidat, als Wirkstoff gegen das sogenannte Aufmerksamkeitsdefizit- syndrom eingesetzt, fördert die Konzentration und Leistungsfähigkeit.

Eine Reihe von Wirkstoffen wird dabei nicht nur zur Bekämpfung spezifi- scher Krankheitsbilder eingesetzt, sondern hat bereits den Weg in den deutschen Büroalltag gefunden eingenommen, um Stresssituation und hohe Belastungen auszugleichen. Dass entsprechende Substanzen eine Wirkung auf die Leistungs- fähigkeit haben, ist nicht nur offensichtlich, sondern unbestritten nicht nur Ärzte, auch Eltern von Kindern mit ADS-Syndrom können hier umfassend Auskunft geben. Die Frage ist vielmehr, ob diese Wirkstoffe auch einen Schachspieler zu einer planbaren Leistungssteigerung befähigen. So kann die Einnahme von Modafinil mit erheblichen psychischen Nebenwirkungen einhergehen Manien, Wahnvorstellungen, Halluzinationen. Und schon warten auf dem Spielbrett neben weißen Springern auch weiße Elefanten auf den nächsten Zug.

Aber auch jenseits rezeptpflichtiger Medikamente gibt es bereits seit Jahren Diskussionen um Erlaubtes und Verbotenes. So wurden vor einigen Jahren extrem hohe Koffeinwerte eines Radsportlers mit der Einnahme mehrerer Tas- sen (es hätten Kannen sein müssen) Kaffee unmittelbar vor dem Wettkampf begründet. Hier stellt sich aus medizinischer Sicht die Frage, ob exzessiver Kaffeekonsum einem Radsportler einen Wettbewerbsvorteil verschafft. Wäh- rend der Schach-Olympiade habe ich einige (geleerte) Kaffeetassen neben den Spielbrettern gesichtet. Stünde Koffein auf der Dopingliste, wäre ich nun nicht nur Zeuge der Anklage, sondern die Sportart dopingverseucht. Definiert man Schach als Sport, gäbe es zumindest in Bezug auf die Einnahme von entsprechenden Substanzen keine Grauzone, sondern klare Entscheidungen nach Aktenlage: Diese Substanz ist erlaubt, jene verboten.

Und, wie es der Soziologe Max Weber im Zusammenhang mit der Funktionsweise der Bürokratie einst formuliert hat: Der Handlungsvollzug wird durch den Dienst nach Vorschrift bestimmt. Iwantschuk hat die Abgabe einer Probe verweigert, was folglich mit einer Sperre zu bestrafen ist. Dennoch scheinen an einer Verurteilung Iwantschuks nur wenige zu glauben, obschon sich im Falle eines Freispruchs alle Verweigerer auf den so geschaffenen Präzedenzfall berufen könnten. Uns bleibt: Abwarten und Tee trinken.

German Masters im Beachvolleyball

Große Baggerparty in Berlin

Was haben Marilyn Monroe und John F. Kennedy gemeinsam? Wissen sie es? Es verband sie ein gemeinsames Hobby, beide gehörten in den 1960er Jahren an den kalifornischen Stränden zu den Fans der Sportart Beach Volleyball. In Santa Monica hatte in den wilden 1920ern die Sportart den Sprung aus der Halle an die Strände geschafft. Mittlerweile gibt es neben nationalen Wettkämpfen auch länderübergreifende Turnierserien. So gastierten am vergangenen Wochenende die besten Teams Europas bei den German Masters auf dem Washingtonplatz in Berlin.

Was der Ottonormalverbraucher aus der Disco kennt, gehört zum Alltag der deutschen Beach-Volleyballelite: das Baggern. Einige Teams waren schon im April auf der World-Tour gestartet, nun panierten sich die Topteams der deutschen Herren- und Damenriege im feinen Sand vor dem Berliner Hauptbahnhof: Feiner Nieselregen und hohe Luftfeuchtigkeit hatten den feinen Quarzsand solide verdichtet. Kein Problem für die allzeit gebräunten Akteure des Beach-Zirkus, doch Stimmung wollte bei dem phasenweise böigen Wind und den spontanen Platzregen nicht aufkommen. Am Donnerstag bereits hatten einige Teams in der Qualifikation gegen das Wetter und ihre Kontrahenten um die letzten freien Plätze im Hauptfeld gekämpft, am Freitag starteten dann die Spiele im Hauptfeld. Vier deutsche Damen- und drei Herrenteams waren mit von der Partie.

Als sich am Freitag gegen 11h die Sonne schüchtern zeigte und Sambarhythmen zum Einschlagstakkato der Akteure erklangen, träumte so mancher (der noch wenigen Besucher) vom Sommer, Strand und Urlaubsflirt. Letzteres wurde durch die Tanz-Formation der Berlin City Dancers verstärkt, einer Gruppe spanischer Frauen, die in den Spielpausen knappst bekleidet im Stile amerikanischer Pausenanimationen recht aussagekräftig die Musik interpretierten.

Auch die an 1 gesetzten deutschen Damen Kathrin Holtwick und Ilka Semmler waren in ihrem Auftaktmatch heiß und siegten gegen die Russinnen Vasina/Boyko standesgemäß 2:0 (21:15, 21:8). Die amtierenden Europameisterinnen Sara Goller und Laura Ludwig hatten es in ihrem ersten Spiel auf dem Center Court mit Keizer/van Irsel aus den Niederlanden zu tun; „nur" an Nummer 15 gesetzt, aber unangenehme Gegnerinnen. Unkonventionell und unbeugsam. Und so hieß es über die Spielstände 5:2, 9:4, 13:8 und schließlich 21:15 im ersten der zwei Gewinnsätze für das Duo aus Holland. Head-Coach Olaf Kortmann bilanzierte zehn unforced errors bei seinen Damen, und Sara Goller machte ihrem Konterfei auf dem Turnierplakat, das sie im Angriff zeigte, alle Ehre. Konzentriert, aber ein wenig grimmig. Das konnte nur besser werden, und wurde es auch. Und so kämpften sich die dreifachen Deutschen Meister (2006-8) mit starken Aufschlägen und einer überragenden Feldabwehr von Laura Ludwig zurück in's Match und triumphierten letztlich nach 51 Minuten mit 2:1 Sätzen (15:21, 21:15, 15:10). Auf dem Nebencourt unterlagen unterdessen die Ex-Europameisterinnen Steffi Pohl und Okka Rau gegen die Belgierinnen van Breedam/Mouha hauchdünn mit 1:2 (21:19, 19:21, 12:15). Nach dem verlorenen Match ging es für die beiden in den Verliererpool, aus dem man sich ebenfalls noch in's Finale durchkämpfen kann. Bei der zweiten Niederlage ist es dann aber auch dort an der Zeit, adieu zu sagen. Werden die ersten beiden Spiele verloren, kann das Turnier also sehr zeitnah zu Ende gehen. „One-Two-Barbecue" nennt das der Beacher.

Bei den Frauen ereilte eben jenes Schicksal zwei deutsche Teams: Geeske Banck/Anja Günther schieden nach einer deutlichen Schlappe gegen die Norwegerinnen Nila/Ingrid und einer Drei-Satz-Niederlage gegen die Schweizerinnen Kuhn/Zumkehr aus, Pohl/Rau verloren auch ihr zweites Spiel gegen die Griechinnen Arvaniti/Tsiartsiani und mussten sich ebenfalls mit Platz 13, 1200 Euro Preisgeld und 180 Ranglistenpunkten begnügen.

Ähnlich erging es den an Nummer 9 gesetzten Deutschen Jonathan Erdmann/Kay Matysik. Nach der Erstrundenniederlage gegen Fijalek/Prudel aus Polen und einem dramatischen 1:2 gegen Nicolai/Varnier (19:21, 21:15, 18:20) war das erst seit wenigen Wochen in dieser Formation spielende Duo bereits nach zwei Spielen zum Sandburgenbauen verdammt. Vier Matchbälle konnten die Berliner gegen die starken Italiener nicht nutzen, bevor das Leben sie in Form eines wuchtigen Angriffsschlags des schlaksigen Paolo Nicolai bestrafte.

Besser machten es Julius Brink und Jonas Reckermann, die im Monat Juni bereits in Rom den Sand durchwühlt und das Weltserienturnier in der Ewigen Stadt gewonnen hatten. Sie waren an eins gesetzt und zogen nach Siegen gegen die Nationalteams aus Belgien (Deroey/Deroey), der Tschechei (Kubala/Benes) und Spanien (Herrera/Gavira) ohne Satzverlust in das Halbfinale ein. Dort warteten die an zwei gesetzten Deutschen David Klemperer und Eric Koreng, die nach der Drittrundenniederlage gegen die Schweizer Formation Heuscher/Heyer den Umweg über die Looserrunde nehmen mussten und hier nach einem Sieg gegen Varnier/Nicolai das Semifinalticket buchten. Bereits in der ersten Runde hatten die Deutschen einige Schwierigkeiten, die Klemperer auch auf die Rahmenbedingungen des Wettkampfes zurückführte: „Es ist der unruhigste Centre Court, auf dem ich je gespielt habe, aber zum Glück sind sie alle für uns." Im Halbfinale waren die Sympathien nun gleich verteilt, das sachkundige Berliner Publikum bejubelte spektakuläre Aktionen auf beiden Seiten und litt bei unglücklichen Punktverlusten mit den Unterlegenen. Erst in der Mitte des Entscheidungssatzes konnten sich die Ranglistenführenden Brink/Reckemann ein wenig absetzen und konsequent ihre Punktchancen nutzen (21:16, 16:21, 15:8) – der sechste Sieg im sechsten Duell der beiden Teams in 2009. Im Finale kam es dann zur Neuauflage des Finals der Spanish Masters wenige Wochen zuvor. Dort konnten Heuscher/Heyer das deutsche Duo Brink/Reckermann in drei Sätzen bezwingen, nun war Revanche angesagt. Und so konnten die Deutschen im dritten Anlauf auf der diesjährigen Europatour ein Turnier gewinnen, schlugen die Kontrahenten aus der Schweiz in einem dramatischen Finale mit 2:1 (21:16, 26:28, 15:13) und sicherten sich die Siegprämie von 11000 Euro.

Durchweg souverän agierten die topgesetzten deutschen Damen: Sowohl Holtwick/Semmler als auch Goller/Ludwig gewannen ihre Zweit- und Drittrundenpartien und standen somit im Halbfinale. Hier trafen Goller/Ludwig auf die Norwegerinnen Ingrid/Nila und siegten nach hartem Kampf mit 2:1 (15:21, 21:16, 15:11). Holtwick/Semmler rangen nach anfänglichen Schwierigkeiten die zunächst starken und dann stark abbauenden Belgierinnen mit 2:1 (24:26, 21:18, 15:2) nieder. Im Finale wollten die beiden deutschen Damenduos dann zeigen, was die Sportart so attraktiv macht: Zielgenaue Aufschläge, wuchtige Angriffe, präzise Block- und spektakuläre Abwehraktionen. Alle waren bereit – bis auf Ilka Semmlers Knie. Das schmerzte bereits im Halbfinale, am Sonntag riet dann der Turnierarzt zur Schonung und Absage des Finalspiels. Traurig waren darüber nicht nur die Zuschauer und die Aktiven; auch die Funktionäre waren enttäuscht, wollte doch nach 15 Jahren Beach-Turnier in Berlin nun auch die ARD-Sportschau erstmals von den Damen-Finals berichten.

Und so gewannen Goller/Ludwig kampflos das German Masters, und bei der Siegerehrung sah man dann auch Sara Goller strahlen. Wie im übrigen auch

Henning Grieneisen (24). Der Fußball-Profi vom VfL Osnabrück hatte auf der Tribühne seiner Freundin Laura Ludwig bereits seit Freitag die Daumen gedrückt. Und war nach dem Halbfinale fast genauso happy wie seine Freundin: „Aufgrund unserer sportlichen Aktivitäten ist es schwierig, sich regelmäßig zu sehen. Daher genieße ich die Sommerpause im Fußball und begleite Laura zu einigen Turnieren. Und wenn dann noch das Wetter stimmt, die Leute mitgehen und am Ende Laura und Sara auf dem Siegertreppchen stehen, war es ein perfektes Wochenende."

Alles in allem also eine deutsche Erfolgsgeschichte im Schatten des Berliner Hauptbahnhofs. Mal was Neues an diesem Ort. Ganz unerwartet freilich waren die Siege nicht, schließlich sind die Deutschen, Herren wie Damen, top in Europa – und mittlerweile auch in der Welt. So führten die für die alte Dame Hertha spielenden Sara Goller und Laura Ludwig nach den ersten beiden Weltserienturnieren die Weltrangliste an – die Position an der Sonne war in den letzten Jahren nahezu ausschließlich den amerikanischen und brasilianischen Teams vorbehalten. Fazit: Die deutschen Teams sind gut gerüstet für die Beach Volleyball Weltmeisterschaft am kommenden Wochenende im norwegischen Stavanger. Wir dürfen gespannt sein.

Leichtathletik-WM in Berlin (Teil 1)

Der Traum vom Fliegen

Haben Sie schon einmal geträumt, sie könnten fliegen? Ich weiß, dass es viele Menschen träumen. Sie springen von einer Klippe und denken: „Oh, mein Gott, ich stürze in den Tod." Doch dann breiten sie die Arme aus und stellen fest, dass sie fliegen können. Ich habe nie geträumt, fliegen zu können. Ich konnte schnell laufen. So schnell, dass die Häuser links und rechts an mir vorbeiflogen als raste ich mit einem Ferrari über die Autobahn.

Ähnlich muss sich der Jamaikaner Usain Bolt fühlen, wenn er zum Sprint ansetzt. Am Sonntag Abend um 21.40 Uhr benötigte er auf der blauen Kunststoffbahn im Berliner Olympiastadion 9,58 Sekunden für die Distanz von 100 Metern und sicherte sich damit nicht nur den Weltmeistertitel, sondern auch einen Platz in der Hall of Fame der Leichtathletik.

Das 100 Meter Finale war sicherlich eins der Highlights der WM stilisiert worden, schließlich trafen zwei Protagonisten aufeinander, die verschiedener nicht sein könnten: Der introvertierte, leise sprechende und diszipliniert lebende Tyson Gay und sein Widerpart, der extrovertierte Showman und Partyheld Usain Bolt. Die beiden waren zudem die Zeitschnellsten dieses Jahres, und als ob das nicht bereits Brisanz genug wäre, stammt Gay aus den USA und Bolt aus Jamaika – zwei Nationen, die sich seit Jahren auf der Kurzbahnstrecke harte Fights liefern.

Die 100 Meter Strecke ist auch deshalb so populär, weil nahezu alle Teilnehmer eine Vita mitbringen, die Stoff für Hollywood liefern könnte. Der Vater des einen arbeitet als Schlachter auf Jamaika und will trotz des Geldes seines Sohnes nicht seinen geliebten Job, sondern weiterhin Hühnchen an den Nagel hängen, ein anderer hat eine zweijährige Dopingsperre hinter sich und gilt nach seiner schonungslosen Beichte als Geächteter in der Szene, der nächste konnte sich zu Beginn seiner Karriere keine Laufschuhe leisten und rannte die ersten nationalen Rekorde barfuß. Und so schillernd die Geschichten und Lebensläufe der Akteure, so faszinierend sind auch ihre Rituale. Manche könnte man schon als Ticks bezeichnen, die im Grenzbereich zum Tourette-Syndrom liegen: Dem Bekreuzigen muss der Kuss und der gehobene Zeigefinger folgen, der letzte Schluck aus der Wasserflasche muss nach der ersten Aufforderung des Starters erfolgen, die Startposition einzunehmen, die Arme müssen gestreckt in den Himmel gereckt werden und dabei eine Danksagung an den Allerheiligsten erfolgen. Erst wenn dieses Pensum abgespult ist, besteht die Chance, die Bestleistung abzurufen. Eine self-fullfilling prophecy: Wird die Bestzeit dann tatsächlich erreicht, bringen es die Athleten mit dem Ritual in Verbindung. Klappt es nicht, sind Faktoren außerhalb des Einflussbereiches verantwortlich. Unabhängig davon, ob die Bestleitung erzielt wurde, darf man es sich - und dieses Ritual pflegen nahezu alle Top-Sprinter - nach einem Rennen auf gar keinen Fall anmerken lassen, dass der Lauf Kraft gekostet hat. Läuft man 100 Meter volle Kanne, ergibt sich eine Sauerstoffschuld. Wenn man in´s Ziel kommt, muss man hyperventilieren, bis die Bringschuld erbracht ist. Das ist auch bei Profis nicht anders. Schaut man sich aber die Sprinter nach der Zielankunft an, sieht man, wie bemüht sie sind, ihre Anstrengung zu verbergen. Da blähen sich die Nasenflügel auf, nur um den Mund geschlossen halten zu können – Hauptsache der Kontrahent sieht, dass ich hier alle im Dauerlauf schlagen kann und für die nächste Runde noch einiges in Reserve habe. Ich bin stark, sehr stark. Und du: nicht. Das hat etwas Archaisches, und vielleicht ist die Disziplin auch deshalb so beliebt. Und wenn es einer seinen Kontrahenten so richtig zeigen will, dann trudelt er schon nach 90 Metern aus und wirft einen Blick nach rechts und links, mit dem fragenden Blick im Gesicht: „Wo seit ihr? Warum kommt ihr denn nicht?" Die Deutschen Sprinter fallen hier aus dem Rahmen, denn sie atmen nach dem Zieldurchlauf durch den Mund (und zwar heftig). Zwar trudeln sie gelegentlich auch nach 90 Metern aus, was aber leider keine beabsichtigte Aktion darstellt, sondern ihrem Leistungsvermögen entspricht. Alle deutschen Starter schieden im Vor- bzw. Zwischenlauf aus. Im Finale trafen sich dann die üblichen Verdächtigen, aber es gab nur einen, der die Massen elektrisierte: Besagter Usain Bolt. (www.youtube.com/watch?v=p3jt2-9-3ds). Dabei hatte Jean-François Toussaint vom Biomedizinischen und Epidemiologischen Institut in Paris doch für den 100 Meter-Lauf eine absolute Bestmarke von 9,726 Sekunden errechnet. Wissenschaftlich wasserdicht. Am 31. Mai 2008 lief Bolt 9,72, am 16. August 2008 9,69 und nun 9,58 Sekunden. Dies lässt nur eine Schlussfolgerung zu: Usain Bolt ist kein Mensch.

Und schon sind wir bei einem Thema, das ebenfalls das erste Wochenende der Leichtathletik-Weltmeisterschaft beherrschte: Wer hat gedopt, gespritzt, geschluckt, gecremt? Gibt's wieder etwas Neues auf dem Markt, was nicht entdeckt werden kann? Haben die Panscher und Hehler Matschiner, Herrera und Co. einen weiteren Namen ihrer Kundschaft preisgegeben? Die Pessimisten sagen, früher hätte es noch Helden im Sport gegeben. Vor dem Doping. Das stimmt natürlich nicht, denn Doping gab es auch zu der Zeit der vermeintlichen Helden. Nur wusste man da noch nicht, warum einige Damen tiefer singen als die Herren, sich ihre Zahnreihen verformen und sich eine zweite Pubertätswelle über Aknepusteln den Weg aus ihrem Körper bahnt.

Diskuswerfer Robert Harting hatte vor dem WM laut darüber nachgedacht, Doping zu legalisieren, war aber von den Funktionären augenblicklich abgewatscht worden – und relativierte seine Aussagen. Dennoch ist das Thema (auch) in dieser Sportart allgegenwärtig. Als der Russe Bortschin im 20 km Gehen siegt, titelt sport1: „Ex-Doper Bortschin gewinnt erstes Berliner Gold" (www.sport1.de/de/leichtathletik/leichtathletik_wm/artikel_140402.html). Die Sperre liegt nunmehr vier Jahre zurück, und so fragt sich der Leser schon, warum die Redaktion gerade diesen Zusatz gewählt hat. Auch im ZDF wabert (erneut) der Dopingverdacht durch nahezu sämtliche Kommentare. Sportreporter und Ex-Leichtathlet Poschmann kommentiert das 100 Meter-Finale der Männer, und als die Läufer nach dem Signal „on your marks" ihre Positionen einnehmen und es mucksmäuschenstill im Berliner Rund wird, verkündet Poschmann mit Grabesstimme, nun brodele das Adrenalin in den Adern. „Und wer weiß, was sonst noch alles." Noch während ich dies schreibe, frage ich mich, was Sportreporter reitet, solche Momente kaputt zu machen. Ja, vielleicht hat im Starterfeld einer gedopt. Vielleicht auch mehrere. Vielleicht werden wir es erfahren, vielleicht auch nicht. Aber im Moment eines der größten Leichtathletik-Ereignisse des Jahres ist mir das ziemlich egal. Ich will das Rennen sehen. Und wünschte mir bei der nächsten Veranstaltung einen Kommentator, der diese Leidenschaft teilt.

Betrüblich ist auch der Zuspruch, den die Leichtathletik am ersten Wochenende erfährt: Bislang ist lediglich ein Wettkampftag ausverkauft (nächster Samstag), und selbst zur Zeit des Finales über 100 Meter ist das Stadion, in das ungefähr 56.000 Menschen passen, nicht ganz gefüllt. Das ist bedauerlich, bei einer Weltmeisterschaft in einer Millionenmetropole mit entsprechender Medienpräsenz. Schauen wir über den Tellerrand der deutschen Printmedien hinaus, finden wir zudem eine äußerst spärliche Berichterstattung. In der New York Times lesen wir unter der Überschrift „Bolt Shatters 100-Meter World Record" lediglich einen umfangreichen Artikel über das 100 Meter Finale (www.nytimes.com/2009/08/17/sports/global/17track.html?ref=sports). Ein Wort finden wir in dem Artikel vergeblich: Berlin. Auch die englische Times titelt mit „Usain Bolt runs 9.58secs to smash world record in 100 metres" und reflektiert, ob der Jamaikaner nun zu den Top-Stars der Weltsportszene gehöre. Über Berlin und die Veranstaltung kein Wort. (www.timesonline.co.uk/tol/sport).

Was kann, was muss anders werden, um die Sportart populärer zu machen? Kostenloser Eintritt wie beim Beach-Volleyball? Helfen können in jedem Fall Top-Leistungen der (deutschen) Athleten. Wer würde den Namen Baumann schon kennen, hätte er 1992 nicht im olympischen 5000 Meter Finale das Feld auf den letzten 100 Metern von hinten aufgerollt und all die hochgehandelten Schwarzafrikaner hinter sich gelassen?

So gesehen haben die deutschen Leichtathleten die Chance bislang nur bedingt genutzt, die Sportart nach vorne zu bringen; bei dem Know-how des trainierenden und betreuenden Personals ist es schon erstaunlich, dass so wenige deutsche Athleten beim Saisonhöhepunkt an Ihre Bestleistungen herankommen. Insbesondere die deutschen Sprinter haben enttäuscht, und auch die beiden Kugelstoßerinnen, die neben Silbermedaillengewinnerin Nadine Kleinert die deutschen Farben vertraten, warfen sich bei Ihren Versuchen die Kugel auf die Füße.

Emotionaler Höhepunkt des Wochenendes waren die fast zeitgleich errungenen Silbermedaillen von Siebenkämpferin Jennifer Oeser und Kugelstoßerin Nadine Kleinert. Als sie bei ihrer Ehrenrunde aufeinandertrafen und sich umarmten, war sie das erste Mal da: die Gänsehaut. Oeser hatte wenige Minuten vorher eine Medaille bereits so gut wie sicher, nur stürzen durfte sie beim abschließenden 800 Meterlauf nicht. Und dann trat ihr ausgerechnet Mannschaftskollegin Julia Mächtig mächtig in die Hacken, so dass Oeser zu Fall kam. Die gebürtige Brunsbüttlerin rappelte sich hoch und nahm die Verfolgung der Spitzengruppe auf, überholte Kontrahentin um Kontrahentin und krönte ihre Aufholjagd schließlich mit der Silbermedaille. Einige wunderten sich, dass die frischgebackene Vize-Weltmeisterin nicht nach dem Überqueren des Zielstrichs jubelnd die Arme in die Höhe riss. Ich weiß, warum sie es nicht tat. Und sie können es auch erfahren, wenn sie wollen. Gehen sie mal in das nächstgelegene Leichtathletikstadion und laufen die Hälfte der Strecke, die Oeser zu absolvieren hatte, also eine Stadionrunde, so schnell sie können. Dann werden sie wissen, warum der Jubel zeitverzögert einsetzte.

Jubeln indes wollen wir auch noch in den nächsten Tagen, schließlich sind 47 Goldmedaillen zu vergeben. Und die eine oder andere davon sollte in Deutschland bleiben.

Leichtathletik-WM in Berlin (Teil 2)

Tränen, Triebe, Traumata: Ein Fazit zur Leichtathletik-WM

Aus der Totale sieht das Berliner Olympiastadion selbst am Abschlusstag wie ein unvollendetes Puzzle aus. Viele Sitzreihen sind nur spärlich besetzt. Dabei hatte die Leichtathletik-Weltmeisterschaft alles zu bieten, was das Zuschauerherz begehrt: Packende Duelle, häufig mit deutscher Beteiligung, spektakuläre Wettkampfverläufe und viel Emotionen.

Tränenreich begann die WM-Woche, und mit einer kleinen Sensation: Die Königin der Lüfte, die russische Stabhochsprungweltrekordlerin, Olympiasiegerin und amtierende Weltmeisterin Jelena Gadschijewna Issinbajewa konnte ihren Titel nicht verteidigen. Für viele eine der größten Überraschungen der WM, und dennoch nur eine kleine Sensation. Issinbajewa hatte hoch gepokert, da ist Scheitern inbegriffen. Im Finaldurchgang begann sie erst, als bis auf eine Mitbewerberin bereits alle anderen ausgeschieden waren. Warum hat sie das getan, haben sich viele im Anschluss an den Wettbewerb gefragt. Ein Blick in die Psyche der Athletin könnte Aufschluss geben: Issinbajewa hat in ihrer Sportlerkarriere bereits alles erreicht, und da verlangt das Ego nach mehr. Ist der erste 8000er Gipfel bestiegen, muss der zweite ohne Sauerstoffgerät erklommen werden, der dritte dann über eine gefährliche Route und beim vierten zuvor der Nord- und Südpol an einem Wochenende erreicht werden. Was nun kann eine Athletin reizen, die in ihrer Disziplin bereits alles erreicht hat? Bei einer Weltmeisterschaft mit nur zwei Sprüngen den Titel holen - einen im Vorkampf über die Qualifikationshöhe, einen im Hauptkampf - den zum Sieg. Was wäre das für eine Demonstration von Stärke und Überlegenheit. Issinbajewa hatte den Vorkampf mit nur einem Sprung abgeschlossen, und auch im Hauptkampf hätte ein gelungener Erstversuch über die 4,75 Meter zum Titel gereicht. Vielleicht erklärt das, was passiert ist. Ob nun später in den Geschichtsbüchern stehen würde, sie sei vier- oder fünfmal Weltmeisterin geworden, schien ihr möglicherweise unerheblich. Aber einen Weltmeistertitel mit nur einem einzigen Sprung im Finale zu erringen – das war möglicherweise für Issinbajewa ein attraktives Ziel. Gesagt hat sie es indes nicht. Nur: geweint.

Zu Tränen gerührt war auch Hochsprung-Weltmeisterin Blanca Vlasic. Im Wettbewerb unterstützten die Zuschauer nicht nur die deutsche Goldhoffnung

Ariane Friedrich, sondern auch sie, der Deutschen stärkste Rivalin, die in einem spannenden Finale schließlich vor der Russin Anna Chicherova gewann. Friedrich holte Bronze, zuvor hatten Diskuswerfer Robert Harting und Speerwerferin Steffi Nerius die beiden Goldmedaillen für Deutschland erkämpft. Auf die Wegwerffraktion (Diskus, Speer, Hammer) war auch in Berlin wieder Verlass. Immerhinque.

Diskuswerfer Harting machte dabei nicht nur sportlich von sich reden. Denn was der gluteus maximus bei den Hochspringern, ist das Mundwerk bei Robert Harting. „Wenn der Diskus auf dem Rasen aufspringt, soll er gleich gegen eine der Brillen springen, die die Doping-Opfer hier verteilt haben. Aber ich bin kein Mörder, ich will nur, dass sie wirklich nichts mehr sehen", erklärte Harting nach der Quali in der Mixed-Zone. Harting bezog sich mit dieser Aussage auf die Aktion des Dopingopfer-Hilfe-Vereins, der während der WM 20.000 Papp-Brillen verteilte, um auf den ihrer Meinung nach laxen Umgang mit dem Thema Doping sinnbildlich aufmerksam zu machen. Mit seiner Ankündigung schien Harting eindrucksvoll zu belegen, dass der Sinnspruch „mens sana in corpore sano" Ausnahmen von der Regel gestattet. Denn in Hartings gesundem Körper will der Geist scheinbar nicht immer mitziehen. Obwohl die allseits bekannte Redewendung lediglich ein verkürztes Zitat aus den Satiren des römischen Dichters Juvenal ist, der schreibt: „Orandum est, ut sit mens sana in corpore sano." Zu deutsch: Beten sollte man darum, dass in einem gesunden Körper ein gesunder Geist sei. Harting schreibt auf seiner Homepage (www.derharting.de), er sei nicht religiös. Sollten wir für ihn beten? Es täte ihm alles schrecklich Leid, was er so in den letzten Tagen vor und während der WM verbal herausgehauen habe, bekundete der 2,01 Meter Hüne in einer nach dem Titelgewinn einberufenen Pressekonferenz. Er sei kein Vorbild gewesen und wolle sich entschuldigen: „Ich kann kein Deutsch." Ob es ihm wirklich Leid tut, wissen wir nicht. Wir wissen aber, dass er in jedem Fall gelogen hat, denn er spricht deutsch, und das sogar ausgezeichnet. Das merkt man spätestens, wenn man die Texte liest, die er auf seine Homepage gestellt hat. Zudem erfahren wir auch aus seiner Vita, dass Robert Hartung Abitur gemacht hat, und dass zu seinen Hobbies die Malerei zählt. Einige seiner abstrakten Werke sind ebenfalls auf der Homepage zu bewundern. In den Medien wurde seine Entschuldigung als authentisch wahrgenommen und als Akt der Versöhnung interpretiert. Problembär Harting, so der Tenor, habe eingesehen, dass er einen Fehler begangen habe. Aber wenn er nun doch gar nicht so unbedarft ist, wie er sich gibt und die Medien ihn darstellen? Schauen wir uns seine Aussagen und die Kritik, die dahinter steht, doch einmal etwas genauer an. Im Kern sind es zwei Tatbestände, die Hartings Äußerungen provoziert haben: Zum einen ist es die Kündigung seines langjährigen Trainers Werner Goldmann seitens des DLV; Goldmann hatte als Trainer in der DDR seinen Athleten wissentlich Dopingmittel mit der Aussage, es handele sich um Vitamine, verabreicht und Schädigungen seiner Schützlinge billigend in Kauf genommen. Zum anderen war es eine Kritik an der Arbeit der Verbandsfunktionäre, die in der Aussage Hartings kulminierte, „den Clemens Prokop brauche kein Mensch". Dabei ist niemand im DLV so aktiv wie der promovierte Jurist Prokop: Er ist u.a. Präsident des Deutschen Leichtathletik-Verbandes, Gesellschafter der WM-Organisation, Präsident des WM-Organisationskomitees und Vorsitzender des WM-Aufsichtsrats. Ein Vorteil dieser Ämterhäufung besteht nicht zuletzt in der Möglichkeit - wie Journalist Jens Weinreich auf seiner Homepage schreibt - „etwaige Interessenskonflikte atomisieren" (http://jensweinreich.de). Hört sich doch brauchbar an, oder?

Dass Harting im Fall Goldmann besondere Emotionalitäten mitbringt, ist menschlich verständlich – schließlich ist „Goldi" seit vielen Jahren sein Trainer und Mentor, kennt dessen Stärken und Schwächen wie kein Zweiter. Und schließlich hat jede Medaille zwei Seiten, und in einem Konflikt ist es in der Regel so, dass jede Partei eben eine Seite der Medaille besonders betont. Die Dopingopfer dokumentieren die körperlichen wie psychischen Folgen des systematischen Dopings, für das Goldmann steht (und für viele nicht ausreichend mit der Zahlung von 4000 Euro bestraft wurde), während die Sportler, die am 12.01.2009 eine Erklärung verfassten, um die Wiedereinstellung Goldmanns zu erwirken, betonen die Zeit, die mittlerweile vergangen sei und die vielen guten Dinge, die Goldmann seit der Wende für seine Athleten bewirkt habe (www.taz.de/1/sport/artikel/1/taeter-wird-opfer). Der Leichtathletik-Verband hat sich hier den Standpunkt der Doping-Opfer zu eigen gemacht und den Vertrag Goldmanns als Bundestrainer seinerzeit nicht verlängert. Ob Goldmann mittlerweile selbst Opfer ist und wie ein angemessener Umgang mit der Geschichte auszusehen hat, ist ein hoch emotionales Thema, das Harting wieder in die (breite) öffentliche Diskussion eingebracht hat. Über das „wie" mag man streiten, aber gut, dass es nun wieder Thema ist. Denn der Sensationsfund eines

Briefes zeigt, dass es im DDR-System auch anders ging – und auch Trainer Rückgrat bewiesen (www.sueddeutsche.de/sport/355/484788/text).

Überdenkenswert ist auch Hartings Kritik an Verbandsfunktionären im Allgemeinen und Clemens Prokop im Besonderen. In der Tat sind die Handlungslogiken und Entscheidungsprozesse im DLV – angefangen bei der Preispolitik über das Akkreditierungsprozedere (denen sich die Kollegen der taz widersetzten und die Veranstaltungen boykottierten) bis hin zu den mitunter unverständlichen Nominierungskriterien für die WM zumindest fragwürdig. Harting hat ein Fass aufgemacht, das viele aus unterschiedlichen Motiven gerne zunageln wollen. Fragen, wie man mit der Vergangenheit umgehen und wer mit welchen Mitteln die Richtung für die Zukunft bestimmen soll. Harting ist aber kein Sportpolitiker und auch kein Journalist, er ist Sportler und muss sich auf das konzentrieren, was er am besten kann – die 2-Kilo-Scheibe in den Wind legen. Gefordert sind andere.

Ein anderes Biest hat derweil die US-amerikanische Presse ausgemacht: den Jamaikaner Usain Bolt. „Who beats the Beast?" können wir dort lesen – und nach der 4x100 Meter-Staffel die Frage auch antworten: „No one." Und das ist auch gut so. Warum? Die ewig coolen, in Gang und Gestus an Gangsta-Rapper erinnernden US-Kurstreckenläufer, die selbst nach souveränen Siegen kein Lächeln erkennen lassen, weil Emotionen zeigen eine Schwäche bedeutet, ja diese Typen schauen nun regelmäßig auf den Rücken eines Jamaikaners, der den Spaß in die Disziplin zurückgebracht hat. „Ich bin ein Berlino" stand auf dem Trikot vom Witz-Bolt, als er am Donnerstag in den Innenraum zum 200 Meter-Finale mit seinen Kollegen einmarschierte – und dabei ein Schwätzchen mit einem Konkurrenten hielt. Nach dem Startschuss rannte er mal wieder alle in Grund und Boden - natürlich in neuer Weltrekordzeit: 19,19 Sekunden - einen Tag vor seinem 23. Geburtstag. Und als dann das Olympiastadion ein Geburtstagsständchen anstimmte, schien er sogar ein wenig gerührt, der große Dominator. Erschreckend nur der Kommentator eines BBC-Kollegen, der meinte, die Briten würden wohl kein „Happy Birthday" anstimmen, wenn ein Deutscher bei einer solchen Veranstaltung in England auf dem Siegertreppchen stünde.

Auf seine Fabelzeit angesprochen, sagt Bolt, er sei überrascht, habe er sich doch ein wenig müde gefühlt. Ob er denn keine Grenzen kenne. „You have to ignore them", antwortet Bolt mit einem breiten Grinsen im Gesicht. Endlich mal einen Antwort, die rockt. Kein affektiertes und überhebliches Gehabe, sondern

Reggae. In Anlehnung an Bob Marleys Klassikers „Iron – like a lion – in Zion"
könnte der Song der WM „Usain Bolt – ja der holt – nur noch Gold" heißen.
Dass die Jamaikaner die Kurzstrecken seit den Olympischen Spielen in Peking
dominieren, muss dabei nicht unbedingt mit unerklärlichen Leistungssteigerun-
gen zu tun haben. Schließlich haben die USA in den letzten Jahren Spitzensprin-
ter aus der Karibik mit Stipendien an ihre Hochschulen gelockt und sie mit der
amerikanischen Staatsbürgerschaft ausgestattet, so dass sie für die USA Medaill-
len holten. Bolt hingegen blieb (wie nun auch andere) in Marley-Country. Und
werden zum Alptraum der erfolgsverwöhnten Amerikaner. Wie tief der Frust
sitzt, zeigt sich nach den Siegen der US-Staffeln, als einige der Sprinter die
typischen Victory-Zeichen des Jamaikaners imitieren.

Sex sells, auch im Sport. Und so hatte eine Geschichte, die die Klatschseiten
der Blätter füllte, im übertragenen Sinn auch etwas mit Sex zu tun. Besser: mit
dem Geschlecht. So fragten sich Funktionäre wie Journalisten nach dem souveränen 800 Meter-Sieg der Südafrikanerin Caster Semenya, ob es sich bei der
Person auch wirklich um eine Frau handele. Und wenn schon dem äußeren
Anschein nach, so doch vielleicht um eine, in dessen genetischen Code sich ein
Y-Chromosom geschlichen hat? War das eine erbärmliche Zurschaustellung
eines jungen Menschen, die im übrigen auch unverzeihlich bleibt, sollte es sich
tatsächlich um einen Mann handeln. Hätte man diesen Test nicht diskret durchführen können? Wenn sie ein er ist, wäre es ohnehin noch medial ausgeschlach-
tet worden. Doch der Leichtathletik-Weltverband IAAF ging an die Öffentlichkeit, die ja schließlich ohnehin schon stutzig geworden ist: die tiefe Stimme, die
maskulinen Gesichtszüge, die Muskelberge und letztlich auch die fantastische
Zeit, die dieser Mensch gerannt ist. Bilden Sie sich ihr eigenes Urteil unter
www.youtube.com/watch?v=G-bqET22vEU&feature=related. Aber eine Frage
hätte ich dann doch noch: Warum muss die amerikanische Weitsprung-
Weltmeisterin Brittney Reese nicht auch zum Test? Schließlich betreibt sie die
Sportart erst seit zwei Jahren (und gewinnt mit fantastischen 7,10 Metern), und
physiognomisch   betrachtet   ist   auch   einiges   denkbar
(www.usatf.org/athletes/bios/Reese_Brittney.jpg). Warum also muss die Afrika-
nerin zum Text, die Amerikanerin aber nicht? Wer hat hier welche Kriterien
entwickelt? Und wieder: Wer bestimmt in diesem Verband, was gemacht wird?
Welche Motive stecken dahinter? Die Leichtathletik-Weltmeisterschaft in

Deutschland ist am gestrigen Sonntag nach neun ereignisreichen Tagen zu Ende gegangen. Eine Reihe von Fragen sind geblieben.

Analysen

Fußball und Emotionen
Warum wird Hoffenheim gehasst?

Handball und Euphorie
Die Vereine müssen Erlebnisse anbieten

Fußball und Emotionen

Warum wird Hoffenheim gehasst?

Was ist eigentlich damit gemeint, wenn wir etwas hassen? Kann man einen Verein hassen? Oder hasst man die Repräsentanten des Vereins, die Funktionäre, Spieler, das Präsidium? Oder gar den Ort? Oder ist es auch der Ort und das, was man mit ihm verbindet, ein Verstärker des Hasses? Dann: Woher weiß man eigentlich, dass es sich um Hass handelt? Hasst man einen Verein bereits, wenn man ihm den Sieg nicht gönnt? Oder erst, wenn man dem Verein alles sportliche Pech dieser Welt wünscht? Oder erst dann, wenn der Name „Hoffenheim" fällt und man augenblicklich schreien will? Die Frage, die sich stellt, lautet also: Welche Indikatoren deuten darauf hin, ob gehasst wird, und wenn ja, wer oder was?

Bevor der Frage nachgegangen werden kann, müsste zunächst geklärt werden, ob dieser Verein wirklich mehr Hass auf sich vereint als andere – also signifikant mehr. Das ist eine Frage, die nur empirisch zu beantworten ist. Schließlich könnte ich bei den Heimspielen des HSV viele St.Pauli-Hasser finden – und umgekehrt. Das heißt aber noch nicht, dass das die beiden Vereine sind, bei denen sich die Fans gegenseitig am meisten hassen müssen.

Dass es dieses „mehr" an Hass gegenüber der TSG Hoffenheim oder seiner Angestellten gibt, ist also zunächst eine Vermutung, oder wissenschaftlich formuliert eine Hypothese, die man belegen oder widerlegen müsste. Gegen wir nun einmal davon aus, dass die Hypothese zutrifft, also das vergleichsweise viele Menschen mit der TSG Hoffenheim besonders viele, negative Emotionen verbinden, die als Hass interpretiert werden können. Dann könnten zwei unterschiedliche Phänomene zu diesem Effekt beigetragen haben und noch immer beitragen: zum einen wären es sportliche bzw. sportbezogene, zum anderen gesellschaftliche Ursachen.

Zunächst zu den sportbezogenen: Der Hass geht, so ließe sich vermuten, hauptsächlich von Fußballfans aus; warum sollten sich derartige Gefühle gegen Hoffenheim auch bei Menschen entwickeln, die mit Fußball nichts zu tun haben. Diese Menschen, die den Hass entwickeln, sind also Fans eines Vereins und der heißt eben nicht TSG Hoffenheim. Im Gegenteil: Die TSG Hoffenheim ist womöglich ein direkter Konkurrent des eigenen Vereins, mit dem sich der Fan identifiziert, und so wird die TSG als eine Gefahr wahrgenommen, da hier offensichtlich eine gut funktionierendes System der Leistungsmaximierung auf unterschiedlichen Ebenen errichtet worden ist. Nun hatte der eigene Verein gerade Ambitionen zu Höherem, oder sich ausgerechnet, Hoffenheim im Abstiegskampf hinter sich lassen zu können, und da kommt dieser Investor daher, kauft sich eine Millionentruppe zusammen und verhindert, dass der Traum, der mich als Fan mit meinem Verein und vielen anderen Getreuen verbindet, nun vielleicht ausgeträumt ist. Und das alles wegen dieser Retortenmannschaft, die scheinbar aus dem Nichts kam und irgendwann dort wieder verschwinden wird. Zudem scheint diese Mannschaft wie auch die Fans all das zu bekommen, auf das ich und mein Verein schon lange wartet ein schmuckes Stadion, attraktiven Offensivfußball, ein Fußballlehrer mit heißem Herz (siehe den Abgang auf Schalke mit der Verabschiedung in der Halbzeitpause bei den Fans) und kühlem Verstand („Fußball-Professor"), und mein Verein muss wieder mal kleinere Brötchen backen, und ich 90 Minuten Mauertaktik ertragen und in der zugigen Südkurve stehen.

Hier kommt nun auch die gesellschaftliche Ebene ins Spiel, die eine Portion Sozialneid beinhaltet die haben alles, was wir gerne hätten, und bekommen es sogar noch nachgetragen, um es höflich zu formulieren. Die Welt ist ungerecht, die Reichen bestimmen, wo's langgeht, das Fußvolk muss sich fügen (und auf einen Scheich hoffen). Sollte sich also dieser Hass gegen Hoffenheim etablieren, so ist das also auch immer das Ergebnis einer Mentalität, die zunächst nicht die (Lebens-)Leistungen anderer anerkennt, sondern misstrauisch hinterfragt, wie der Reichtum und der Erfolg eigentlich erreicht worden sind (was immer auch unterstellt, es könne hier nicht mit rechten Dingen zugegangen sein). Das amerikanische „Wow, thats great, fantastic, we try to do the same!" gibt es in Deutschland eben in erheblich geringerer Ausprägung; wesentlich häufiger finden wir das „Schweinerei, wie kann das angehen, ungerecht und fies!" vor. Und genau hier wären wir wieder bei der Diskussion, wie man es schaffen kann, das halbvolle und nicht das halbleere Glas zu sehen. Oder wie der Rheinländer sagt: „Man muss auch jönne könne."

In diesem Zusammenhang können wir ein weiteres Phänomen beobachten, dass nicht nur auf den Sport beschränkt ist: Der Mensch zählt (sich) lieber zu denen, die auf der Sonnenseite des Lebens stehen, also auf der Seite der Gewinner. Michael Schumacher hat(te) sicherlich auch so viele Fans, weil man wusste, dass man nach einem Rennen oftmals jubeln konnte; Heinz-Harald Frenzen oder Michaels Bruder Ralf hatten bzw. haben weitaus weniger Anhänger hinter sich vereinen können. Und die TSG Hoffenheim trägt nun mit ihren sportlichen Erfolgen einiges dazu bei, dass sich viele Fans unterschiedlicher Vereine am Samstag Nachmittag nicht mehr auf der Sonnenseite des Lebens wieder finden. Und die Seiten wechseln ist beim Fußball, zumindest bei den Fans, eben nicht so leicht.

Dazu kommt natürlich auch der alte Wettstreit zwischen David und Goliath, der Underdog ohne großes Geld und Top-Spieler, der gegen den Riesen Hoffenheim antritt, und der in diesem Kampf mit seinen Lanzenträgern gegen die riesigen Windmühlenblättern der Unterstützung vieler bis dato objektiver Fans sicher sein kann. Aus dieser Unterstützung bzw. Parteinahme kann dann Hass werden, wenn der Riese ständig siegt, der David permanent gedemütigt wird und letztlich die Hoffnung verliert, etwas gegen den Goliath ausrichten zu können.

Doch dieser Hass, der sich aufstaut und in der einen oder anderen Äußerung oder auch Handlung kulminiert, kann sich auch schnell wieder verflüchtigen. Wird deutlich, dass Hoffenheim viel Energie, Arbeit und Geld in den Nachwuchs steckt (der auch für Deutschland spielberechtigt ist), sich sozial engagiert, Arbeitsplätze im Bereich Merchandising und Verwaltung schafft, dann kann die öffentliche Meinung auch schnell kippen, und all das, was vorher zu extrem negativen Emotionen geführt hat, relativiert werden: Sie wollen halt Erfolg haben, hätte jeder andere, der die finanziellen Möglichkeiten hat, doch auch gemacht, spielen doch einen tollen Fußball und bereichern die Liga usw. Es ist halt wie mit dem Deutschen, der morgens an den Hotelpool kommt, und alle Liegen bereits mit Handtüchern der englischen Badegäste belegt sieht. Der Deutsche schimpft und findet viele Gründe, um deutlich zu machen, wie unverschämt und unangemessen dieses Verhalten sei. Am nächsten Morgen, als der Engländer seinen angestammten Platz belegen will, ist der belegt mit dem Handtuch des Tags zuvor fluchenden Deutschen, der nun ebenso viele Gründe findet, warum man genau so handeln muss, wie er es getan hat.

Am schnellsten aber verfliegt der Hass, wenn sich ein anderer Verein, bewusst oder unbewusst, entscheidet, Hassobjekt zu werden und beispielsweise der Millionenofferte eines arabischen Scheichs erliegt, der nun als erste Amtshandlung ein Mitglied seiner Familie in die Startelf bugsieren möchte und zum Ausgleich drei (oder mehr) brasilianische Ballkünstler verpflichtet. Wenn dann diese

Truppe das eigene Team im heimischen Stadion in Grund und Boden spielt, ist ein neues Feindbild schnell gezeichnet. Das darf ja wohl nicht war sein, würde man die Fans des unterlegenen Vereins vermutlich reden hören, was für eine Riesenschweinerei, zusammengekaufte Söldnertruppe. Und beim Rückspiel könnten wir diese Fans, nun auf des Gegners Platz, vielleicht skandieren hören: Wir haben euch was mitgebracht: Hass, Hass, Hass.

Handball und Euphorie

Die Vereine müssen Erlebnisse anbieten

Kennen Sie Florian Kehrmann? Dieser Mann ist in der Lage, mit einer einzigen Armbewegung 19 000 Menschen in Ekstase zu versetzen. Kehrmann ist nicht der deutsche David Copperfield. Er ist Handballspieler.

Deutschland befindet sich zum zweiten Mal innerhalb weniger Monate im sportlichen Ausnahmezustand. Nach dem Sommer- folgte ein Wintermärchen, dessen Geschichte schnell erzählt ist: Eine Handballmannschaft, die von den Einzelspielern nicht zu den Top-Teams der WM zu zählen war, erfährt insbesondere in kritischen Situationen Unterstützung von einem zusätzlichen Mann – dem Publikum. Und mit eben jener Verstärkung hat das Team Fahrt aufgenommen, eilt von Erfolg zu Erfolg – und schließlich zum Titel.

Schnitt: Montag, 5. Februar 2007. Die WM ist zu Ende, die schwarz-rotgoldene Schminke von den Wangen gewaschen, und die Fahnen werden wieder auf dem Dachboden verstaut; dort, wo die Auto-Flaggen seit Sommer Staub ansetzen. Schade, Deutschland, alles ist vorbei. Und der Soziologe fragt sich: Was bleibt?

Eine WM im eigenen Land bedeutet, unabhängig von der Sportart, einen Zuwachs an Popularität. Ökonomisch betrachtet stellt sich die Frage: Wie kann der Handball jenen Popularitätsschub nutzen? Aussagen über die heterogene Gruppe der in der Spitze über 15 Millionen Fernsehzuschauer, die die deutschen Spiele verfolgt haben, wären unseriös, sodass generelle Aussagen über die Effekte einzelner Maßnahmen und Strategien einer Kaffeesatzleserei gleichkämen. Dennoch gibt es Verbindendes. So wissen wir aus zahlreichen Untersuchungen, dass Begeisterung ansteckend ist. Hier gilt es anzusetzen und eben jene positiven Emotionen in den Handball-Sparten zu erzeugen, die Eltern dazu bewegt, ihre Kinder im Verein um die Ecke anzumelden. Oder Jugendliche motiviert, sich auch bei Regen mit dem Fahrrad auf den Weg in die Halle zu machen.

Um Begeisterung zu erhalten wie zu erzeugen bedarf es mehrerer Zutaten: Zunächst nehme man eine Sportart mit kurzweiligem Spiel, vielen Toren und spektakulären Aktionen. Hinzu gebe man: Erfolg. Wäre das deutsche Team früh ausgeschieden – die WM wäre an den meisten unbemerkt vorbeigegangen. Zudem verstärke man die Erinnerungen an die Emotionen des Fußball-Sommers und würze alles mit einer Prise Patriotismus. Eine weitere Ingredienz des Erfolgs ist die Art der medialen Aufbereitung. Klischees sind dabei willkommen. Und schließlich ist die Darstellung von Einzelschicksalen ein wichtiger Faktor, um Emotionen zu provozieren.

Die Medien haben es vorgemacht, wie es gelingt, Menschen zu begeistern, die zuvor nicht zu den Fans einer Sportart zählten. Wie man aus einsilbigen Schweigern Philosophen, aus Abwehrrecken eine Boy-Group und aus Menschen Helden macht. Man mag zu diesen Inszenierungen stehen, wie man will: Der Handball-Sport muss, will er die Stimmung im Land für sich nutzen, lernen Emotionen anzubieten.

Emotionen sind es, die die Menschen an andere wie auch an Dinge binden: Aktivitätsbezogene, die entstehen, wenn man sich auf ein Spiel einstimmt. Bindungsemotionen, die Zuschauer in der Nähe einer Arena empfinden. Beziehungsemotionen, die sich im Spielverlauf entwickeln. Ein emotionales Klima, das sich über ein Wir-Gefühl entwickelt und dazu führt, dass sich eine Gruppe Menschen als Gemeinschaft empfindet. Die Vereine müssen auf jene Bedürfnisse setzen, die sich auch die Medien zu Eigen machen: Der Mensch sucht in seiner Freizeit Abwechslung, Zerstreuung, Unterhaltung, Spaß und Spannung.

All das hat die Handball-WM geboten. Der Homo ludens, der spielende Mensch, ist ständig auf der Suche nach positiven Emotionen. Und so müssen die Vereine das emotionale Klima nutzen und Erlebnisse anbieten: Patenschaften initiieren, Profis zu Besuchen vor Ort animieren, Angebote machen. Vor allem: Präsent sein – in der Schule, in den Sportausschusssitzungen, auf den Stadtfesten, in den Vereinsheimen. Die persönliche Ansprache und die Perspektive sind es, die Menschen auch ohne biographische Bindung zum Handball bringen.

Interview

„*Vereine sind der soziale Kitt in unserer Gesellschaft*"
Abendblatt-Reporter Rainer Grünberg im Gespräch mit dem Soziologen Markus Friederici

„Vereine sind der soziale Kitt in unserer Gesellschaft"

Abendblatt-Reporter Rainer Grünberg im Gespräch mit dem Soziologen Markus Friederici

ABENDBLATT: *Herr Friederici, Sie spielen Volleyball und Fußball. Ist Ihnen bewusst, wie sinnlos Sie Ihre Zeit verbringen?*

MARKUS FRIEDERICI: Wenn Sie diese Rückschlüsse aus Professor Klaus Heinemanns und meinem Artikel ziehen sollten, der sich mit der Sinnlosigkeit des Sports beschäftigt, haben Sie ihn gründlich missverstanden. Das Sinnlose bezieht sich auf die Willkürlichkeit, mit der Regeln im Sport festgelegt werden. Passives Abseits im Fußball zum Beispiel ist Veränderungen unterworfen, im Volleyball darf der Ball plötzlich mit dem Fuß gespielt werden – alles Ausdruck einer Beliebigkeit, die verdeutlicht, dass Sport nur zum Selbstzweck betrieben wird.

ABENDBLATT: *Und was ist mit den unbestreitbaren positiven Effekte des Sports?*

FRIEDERICI: Als da wären?

ABENDBLATT: *Gesundheitsprophylaxe, Sport als Wirtschaftsfaktor, Auffangbecken für Jugendliche.*

FRIEDERICI: Fragen Sie in Bezug auf die Gesundheitsvorsorge mal Orthopäden, fragen Sie Naturschützer zu den Folgen Olympischer Spiele für die Umwelt, und fragen Sie Pädagogen nach Effekten, die auftreten, wenn in Sportgruppen einzelne Jugendliche ausgegrenzt werden.

ABENDBLATT: *Sie wollen nicht ernsthaft behaupten, Sport sei schädlich für die Gesellschaft.*

FRIEDERICI: Ich will nur darauf hinweisen, dass es eine Kehrseite gibt, auch in Bereichen, die gemeinhin ausschließlich positiv besetzt sind, und dass man diese Kehrseite in Konzepte einbeziehen muss. Für mich erfüllt der Sport in der modernen Gesellschaft eine zentrale Funktion, die häufig unterschätzt wird. In Zeiten sich auflösender, komplexer Familienstrukturen und von Prozessen der Individualisierung bedarf es anderer Quellen, um Gemeinschaftssinn zu erzeugen.

ABENDBLATT: *Und Soziologen können den Vereinen helfen?*

FRIEDERICI: Im vergangenen Semester habe ich ein Seminar zum Thema „Vereinsberatung" angeboten. Das Abendblatt berichtete und forderte Vereine auf, sich zu melden. In den ersten 14 Tagen gingen bei mir 100 Anfragen ein, und bis heute fragen Vereine nach. Der Beratungsbedarf ist also immens hoch. Sie können aber nicht die ganze Palette abdecken. Gibt es zwischenmenschliche Probleme, ist ein Psychologe oder Supervisor gefragt, mit den gruppendynamischen Effekten sollte sich ein Pädagoge auseinandersetzen. Aber wenn es um die Verbesserung von Kommunikationsstrukturen geht, um Konzepte, freiwilliges Engagement zu verbessern oder ein aktives Emotionsmanagement zu betreiben, dann sind Soziologen gefragt.

ABENDBLATT: *Bislang schienen Vereine in der Lage, ihre Probleme selbst zu lösen.*

FRIEDERICI: Überall, wo Menschen zusammentreffen, die unterschiedliche Ziele verfolgen, gibt es Konflikte. Die müssen nicht immer negativ sein, müssen aber gelegentlich von einem Dritten moderiert werden, damit sich nichts festfährt. In der Regel gibt es in Vereinen Personen, die als Schlichter eingreifen. Gibt es sie nicht, verfestigen sich Strukturen, die oft den Spaß an freiwilligem Engagement verhindern.

ABENDBLATT: *Sie haben inzwischen mehrere Vereine beraten. Welche Probleme traten in den Klubs am häufigsten auf?*

FRIEDERICI: Fehlendes Engagement, Mitgliederschwund, Machtspiele, Motivationsverlust, fehlende Perspektiven und Ideen sowie eine defizitäre Außendarstellung.

ABENDBLATT: *Sie würden dann ein Team zusammenstellen, das sich den finanziellen, menschlichen wie strukturellen Problemen eines Vereins annimmt. Aber: Wer soll das bezahlen?*

FRIEDERICI: Zur Zeit werden in der Gesellschaft zwei zentrale Themen problematisiert: die hohe Arbeitslosigkeit und der Verlust an Solidarität. Für Maßnahmen gegen Arbeitslosigkeit stehen Gelder zur Verfügung. Für Maßnahmen aber, die unsere Vereine stärken, Orte, an denen Solidarität erzeugt wird, gibt es in der Regel nur wenig finanziellen Handlungsspielraum. Das halte ich für gefährlich. Wenn Vereine der soziale Kitt einer Gesellschaft sind, kann man sich ausmalen, was passiert, wenn dieser Kitt in schwierigen Zeiten weiter zu bröckeln beginnt.

ABENDBLATT: *Gefahr für Vereine droht nicht nur von innen, sondern auch von Fitness-Centern und Wellness-Oasen.*

FRIEDERICI: Natürlich muss auch der Verein Trends aufnehmen und in Angebotsstrukturen verwandeln. Wenn Jugendliche sich nach Musik bewegen wollen, die von Fitness-Aerobic abweicht, und sie sich dazu nicht immer zur gleichen Zeit treffen möchten, dann sollte man nach Wegen suchen, auf die Jugendlichen zuzugehen. Die Frage ist, ob Verein wie Fitness-Center prinzipiell das gleiche Klientel ansprechen. Das würde ich verneinen. Im Fitness-Studio geht es primär darum, am Körper zu arbeiten. Im Verein zählt eher das Messen mit anderen, aber auch das Miteinander, der Austausch und das Ausleben von Frustrationen durch Bewegung. Traditionell erfüllt der Sport einen kathartischen Effekt: Menschen können durch Bewegung und Einsatz Aggressionen kanalisieren. Im Fitnessbereich ist das etwas anderes: Hier streben Menschen dem Idealbild eines glorifizierten Körpers nach, den straffen Beinen, dem runden Po, dem beeindruckenden Bizeps. Entspricht das Bild im Spiegel nicht dem Idealbild, werden eher Frustrationen aufgebaut, so dass hier der Sport seine eigentliche Funktion verliert.

ABENDBLATT: *Sie sind Mitglied bei Altona 93. Was gibt Ihnen der Klub außer Trainingszeiten?*

FRIEDERICI: Vereinsleben, Solidarität, Gemeinschaftsgefühl.

ABENDBLATT: *. . . und Vereinsmeierei?*

FRIEDERICI: Auch das. Und ich sage Ihnen: Das muss es auch geben, und wenn der Verein an sich intakt ist, hält er das aus. Menschen schließen sich in Gruppen zusammen, um das, was sie gern tun, noch intensiver ausleben zu können. Und das, was da im Kleinen passiert, hat viel Ähnlichkeit mit dem, was auf der großen Bühne geschieht. Nicht umsonst wird vom Sport als Mikrokosmos der Gesellschaft gesprochen.

ABENDBLATT: *Und was ist dann das Äquivalent zum Wettkampf am Wochenende? Das Aufeinandertreffen zweier Straßengangs?*

FRIEDERICI: Schauen Sie sich die Charakteristika des Sports an. Wettkampf, Gegnerschaft, Sieger und Verlierer, Strategie. Alles Charakteristika, die auch für den Krieg gelten.

ABENDBLATT: *Was aber wohl nicht heißen soll, dass Sporttreiben vor Kriegen schützt.*

FRIEDERICI: Das wäre zu einfach. Aber im Zuge der Zivilisation haben sich auch die Sitten gravierend verändert. In der Regel spuckt niemand mehr beim Essen auf den Tisch, und auch das Prinzip „Auge um Auge" ist durch ein modernes Strafrecht ersetzt worden. Dennoch ist der Mensch ein Wesen, das Frustrationen aufbaut, die es zu kanalisieren gilt. Und der Sport bietet da hervorragende Möglichkeiten.

ABENDBLATT: *. . . um sich beim Boxen gepflegt zu verprügeln.*

FRIEDERICI: Auch das. Soziologisch ist das interessant. Würde sich dasselbe Szenario zur gleichen Zeit hundert Meter weiter an einer Tankstelle abspielen, würden die Protagonisten verhaftet. Aber um beim Boxen zu bleiben und dem, was Soziologie leisten kann: Stellen Sie sich vor, Migranten aus Kasachstan möchten ihre traditionell betriebene Sportart fortsetzen. Sie werden bei einem Kreissportverband vorstellig und bitten um die Gründung ihres Vereins. Wie kann hier angemessen reagiert werden? Aus vielen Gesprächen weiß ich, dass in solchen Fällen auf bestehende Vereine verwiesen wird, nach dem Motto: „Gemeinsames Sporttreiben fördert die Integration." Nur: Es gibt mittlerweile Untersuchungen, die belegen, dass eine Integration eher gelingt, wenn die Migranten die Möglichkeit haben, ihre kulturellen Gewohnheiten weiter in ihrer Gemeinschaft auszuleben, und über diese Freiheit so viel Selbstbewusstsein entwickeln, dass die Integration in die Aufnahmegesellschaft insgesamt leichter fällt.

ABENDBLATT: *Und was raten Sie nun dem Kreissportverband?*

FRIEDERICI: Nichts, denn ich werde nicht gefragt.

ABENDBLATT: *Warum melden Sie sich nicht zu Wort?*

FRIEDERICI: Mache ich doch gerade. Aber es ist nicht so leicht, wie Sie denken. Schauen Sie sich die Talkrunden im Fernsehen an, die über den Sport und seine Entwicklung diskutieren: Verbandsfunktionäre, Politiker, Schauspieler und Journalisten. Nicht, dass ich einzelnen Gruppen ihre Kompetenz absprechen möchte. Aber gelegentlich wird da mit Plattitüden gehandelt, da fallen mir die Haare aus. Um den wahren Ursachen bestimmter Entwicklungen auf die Spur zu kommen oder tragfähige Konzepte zu entwickeln, bedarf es eines komplexen Instrumentariums. Natürlich hören die Menschen gern, wenn Dinge zugespitzt werden. Aber die Wirklichkeit ist vielschichtig, und mitunter muss man länger zuhören und nachfragen, um sie zu verstehen. Aber auch die Wahrheit kann spannend sein.

Wissenschaft

Klaus Heinemann / Markus R. Friederici

Einheit und Vielfalt des Sports. Ein historische und kulturanthropologische Analyse

Markus R. Friederici / Klaus Heinemann

Schöne, neue Computerwelt. Über die emotionalen Folgen der Computernutzung in Sportvereinen

Klaus Heinemann / Markus R. Friederici

Einheit und Vielfalt des Sports

Ein historische und kulturanthropologische Analyse

1. Über das Besondere „des" Sports

Es gibt eine Reihe von Autoren, die das Besondere „des" Sports in modernen Gesellschaften beschreiben – so etwa Gutmann (1978), v. Bottenburg (2001) und Maguire (2004). Zwar „entdeckt" und klassifiziert jeder Autor unterschiedliche, für den Sport konstitutive Variablen, und dennoch ist allen Ansätzen eines gemein: der Sport in modernen Gesellschaften lässt sich durch einheitliche Merkmale charakterisieren – betont wird das jeweils Gemeinsame.

Der Denkansatz und die Argumentationslinie unseres Beitrags ist jedoch eine völlig andere: Im folgenden geht es nicht um die Begründung des Sports als universelles Phänomen - was er nach unserer Einschätzung letztlich nicht ist -, sondern um eine Ausleuchtung seiner kulturspezifischen Unterschiede und seiner gesellschaftlichen, historischen, organisatorischen und politischen Vielfalt. Eine solche Betrachtung bringt ein äußerst spannendes Ergebnis zu Tage: „Den" Sport gibt es und kann es nicht geben, und die Ziele, die im Handlungsfeld „Sport" definiert werden, sind, analytisch betrachtet, sinn- und nutzlos.

Diese zugegeben äußerst provokative These soll zunächst begründet werden: In vielen, vor allem angelsächsischen Büchern über die Entstehung des modernen Sports wird darauf aufmerksam gemacht, dass „Sport" ein englischer Begriff sei, eben weil der Ursprung des Sports (respektive das, was darunter verstanden wurde) in England läge. Der Begriff „Sport" und damit auch jene Aktivitäten, die dieser Begriff repräsentiert, wurde von den meisten europäischen Sprachen (mit gelegentlich lokalen Modifizierungen wie etwa „deporte" auf spanisch oder „esport" auf katalanisch) übernommen. Folgt man dieser Interpretation, so hat seit dem 19. Jahrhundert eine Kolonialisierung Kontinentaleuropas durch den englischen Sport stattgefunden. Zwar habe es - so behauptete unlängst ein renommierter englischer Kollege - vor allem in Deutschland eine kurze Zeit Zellen des Widerstands gegen eine solche Kolonialisierung gegeben, die aber schnell unschädlich gemacht werden konnten.

Die Erklärungskraft einer solchen „Wortgeschichte" bleibt gering, denn die Kolonialisierungsthese ist falsch. Dass allenthalben von „Sport" gesprochen und in allen Erdteilen Fußball gespielt wird bedeutet noch nicht, dass das Bild des Sports gleichzusetzen ist mit dem ursprünglichen Sinn der englischen Begrifflichkeit – so wie ja auch der Finanzwissenschaftler wenig Gewinn aus der Kenntnis ziehen kann, dass der amerikanische Begriff „Dollar" seinen Ursprung in dem deutschen Wort „Taler" hat.

Der Sport hat trotz aller Globalisierungstendenzen und Bestrebungen hin zu einer europäischen Integration seine kulturelle Vielfalt nicht nur bewahren, sondern - was die wachsende Bedeutung traditioneller Sportarten zu bestätigen scheint[1] - noch verstärken können. Für diese These spricht eine Vielzahl interkulturell vergleichender Untersuchungen und Darstellungen von Sportkulturen in verschiedenen Ländern und Gesellschaften.[2] Alle diese Befunde belegen eine Vielfalt der Sportkulturen in den Ursprüngen ihrer Entwicklungen, in den ihnen zugrundeliegenden „Philosophien" und Ideologien, ihren (funktionalen) Rechtfertigungen, in der Ausgestaltung der Sportarten, in dem Umfang des Sportengagements und den sozio-biographischen Merkmalen der Sporttreibenden, in ihren organisatorischen Strukturen, im Verhältnis zum Staat und vielem mehr.

Deshalb kann es nicht darum gehen, über „den" Sport zu sprechen, sondern diese Vielfalt des Sports ebenso wie seine Resistenz gegenüber allen Tendenzen der „Homogenisierung" zu erklären. In diesem Betrag geht es also nicht um eine (erneute) Darstellung typischer Merkmale „des" modernen Sports; vielmehr soll gezeigt werden, wie aus den eingangs genannten Merkmalen, die gleichsam das Rohmaterial bzw. die chemischen Elemente des Sports darstellen, eine Vielzahl ganz unterschiedlicher Sportkulturen entstehen konnte – in dem eben jene Merkmale unterschiedlich interpretiert, miteinander verbunden, ausgestaltet und in die jeweilige Kultur einer Gesellschaft eingebunden wurden. Die Voraussetzung dieser Entwicklung liegt in den beiden genannten, zentralen Merkmalen des Sports: Ist er „sinnlos" und stellen die Regeln lediglich Rituale dar, kann dem Sport in jeder Gesellschaft ein „eigener" Sinn mit „eigenen" Regeln zuge-

---

[1] vgl. auch die Arbeiten von Renson (1998)

[2] Erwähnt seien als kleine Auswahl die Sammelbände von Lüschen / Rütten (1996), Chalip / Johnson / Stachura (1996), Heinemann / Schubert (2001), Heinemann (1999; 2003)

schrieben werden; und wird der Körper zu einem „bloßen" Instrument degradiert, ist (und bleibt) dieses Instrument für die verschiedensten Zwecke und „Sinnzuweisungen" offen.

Wir werden nun im Folgenden diese beiden Merkmale erläutern und zeigen, wie sich daraus die vielfältige Kulturen des Sports konstruieren ließen. An- und abschließend werden wir zeigen, dass mit der Entwicklung von Sportkulturen ein Prozess der (Selbst-)Zerstörung nicht nur von ethischen Basisregeln des Sports, sondern grundlegender, allgemein anerkannter, ethischer Grundlagen moderner Gesellschaften einhergeht.

2. Das „Rohmaterial" des modernen Sports

2.1 Die Sinnlosigkeit des Sports

Im Sport geht es nicht darum, sinnvolle Ziele zu erreichen, sondern beliebig gesetzte, „sinnlose" (man kann auch sagen „wertlose") Ziele im Rahmen von ebenfalls beliebig festgelegten Regeln möglichst zweckmäßig zu verwirklichen. Was ist damit gemeint?

Die Festlegung der Ziele und Aufgaben, die im Sport erreicht bzw. bewältigt werden sollen, ist willkürlich. Man kann einen 1000 Meter-Lauf veranstalten, aber auch einen internationalen Lauf über 1200 Meter starten; man kann vier oder acht Leute in einem Boot rudern lassen, aber auch sechs oder zehn – und dabei wäre es durchaus sinnvoll, die Athleten[3] nicht 2000 Meter, sondern eine Seemeile (ca. 1830 Meter) rudern zu lassen; es ist willkürlich, dass beim Skispringen die gesprungene Weite und die Haltung beim Sprung zählt (warum dies nicht auch beim Weit- oder Hochsprung?), beim Schach nicht der beste Zug, sondern der optimale Zug unter Zeitzwang wettkampfentscheidend ist (wenn man nichts Anderes vereinbart!), und es ist genauso willkürlich, dass derjenige beim Boxkampf gewinnt, der den anderen k.o. schlägt, da in Griechenland zur Zeit Homers galt: „Wurde ein Mann bei den Wettkämpfen getötet, so wurde der Tote zum Sieger gekrönt." (Elias 1975, 90).

---

[3] Soweit in den Ausführungen nicht ausdrücklich auf geschlechtsspezifische Unterschiede hingewiesen wird, steht der besseren Lesbarkeit halber die männliche Form sowohl für Frauen als auch Männer.

Faustball etwa, in Deutschland Ende des 19. Jahrhunderts als Vorläufer des heutigen Volleyballs entstanden, war ursprünglich dann am schönsten, wenn „der Ball ununterbrochen von der einen auf die andere Seite geschlagen wurde; überhaupt sollte sich jede Partei einer gewissen Ritterlichkeit befleißigen, d.h. der Gegenpartei solche Bälle geben, die sie sehr gut weiterschlagen konnte. Es galt als unfair, den Ball so zu schlagen, dass der Gegner ihn nicht erreichen konnte. Gültige Rückschläge wurden gezählt; wer zuerst 20 Punkte hatte, war Sieger. Neben spielerischem Können wird auch die spielerische Haltung bewertet, indem analog zur Wertung des Geräteturnens ein eigenes Bewertungssystem entwickelt wurde." (Bernett 1984, 143-154). Erst 1923 setzte sich die Vorteilswertung durch, d.h. die Zählung der Fehler des Gegners, womit letztendlich eine Umkehrung des ursprünglichen Spielgedankens erfolgte.[4]

Das Ergebnis eines sportlichen Wettkampfs ist also völlig „nutzlos" – es besitzt keinerlei Wert. Es hat überhaupt keine Bedeutung, ob jemand 100m in 11,0 Sekunden oder 9,1 Sekunden gelaufen, 8,80m oder 8,81m weit gesprungen oder in einem Fußballspiel ein Tor gefallen ist. Anders formuliert: Der Sport ist wertlos in seinen Ergebnissen und daher unproduktiv. Das Ziel ist nur darin wertvoll, dass man es (mehr oder weniger gut) und besser als andere erreicht. Sport verweist in seinem Ergebnis ausschließlich auf sich selbst zurück; der Wettkampf enthält nichts als den Wettkampf selbst. Die Frage ist nicht, ob es vernünftig ist, sich am Wettkampf zu beteiligen, sondern ob er „vernünftig" - im Rahmen seines Regelwerkes und seiner Organisation - ausgeübt wird.

Regeln des Sports legen das Ziel sportlichen Handelns fest, und ebenso, wann und in welcher Form ein Wettkampf durchgeführt und gewonnen bzw. verloren ist. Aber auch dies geschieht völlig willkürlich, da Regeln beliebig geändert werden können. Es ist also nicht möglich, eine Sportart dadurch zu kennzeichnen, dass festgelegt wird, welches Ziel die Sportler in einem Wett-

---

[4] In meiner (K.H.) Jugend, also in den 50er Jahren, gab es auf dem Sportplatz in dem Ort, in dem ich lebte, noch vier Faustballplätze, die regelmäßig genutzt wurden. Auf einigen spielte man nach den „alten", auf anderen „schon" nach den neuen Regeln. Bale (1993) hat unter dem Begriff „Containment" eine Entwicklung beschrieben, in der es zunehmend zu einer Trennung von Zuschauern und Spielern und der „Ordnung" unter den Zuschauern kommt. Dunning u.a. (1979) haben beschrieben, wie sich erst im Lauf der Entwicklung des Sports Regeln entwickelt haben, die einen chancengleichen Wettkampf ermöglichten.

kampf anstreben sollen – also etwa möglichst viele Bälle in den (unten offenen) Korb zu werfen oder den Golfball in das kleine Loch zu bugsieren. Vielmehr sind für eine Sportart auch jene Regeln konstitutiv, die festlegen, wie dieses Ziel (ausschließlich) erreicht werden darf; dass der Golfspieler seinen Ball nicht mit dem Fuß aus dem tiefen Gras stoßen, der Stürmer im Fußball den Ball nicht mit der Hand ins Tor werfen, der Segler das Vorsegel nicht etwas größer als erlaubt schneidern und der Rodler die Kufen nicht vorwärmen darf. Doch all das geschieht nur deshalb (meistens) nicht, weil es durch Regeln verboten ist, obwohl ein solches Verhalten durchaus sinnvoll sein könnte, um das Ziel bestmöglich zu erreichen. Die Regeln sind nicht rational erklärbar und ableitbar aus der Funktion, möglichst gut zum Ziel zu gelangen. Genau dies sind die Merkmale von Ritualen.[5]

Die Regeln des Sports sind beliebige Festlegungen dessen, was als knapp bewertet wird – Zeit, Geräte, Handlungstechniken, Bewegungen u.ä. Es gewinnt derjenige, der diese für knapp erklärten Mittel optimal nutzen kann. In unserem Alltagsverständnis ist eine Begründung, warum ein bestimmtes Verhalten für die Erreichung eines Ziels nicht gestattet ist, ausschließlich mit dem Hinweis darauf, dass es dagegen Regeln gibt, die dies verbieten (und dass man es im Prinzip zwar so, aber eigentlich auch völlig anders regeln könnte), zumindest ungewöhnlich.[6] Meist nämlich wollen wir den Sinn von Regeln durch ihre Effizienz und Funktionalität begründen, weil wir bemüht sind, den kürzesten bzw. effizientesten Weg zum Ziel zu finden.

Sport mag also dem Außenstehenden einigermaßen unvernünftig erscheinen. Wenn man sich aber auf dieses „Spiel" einlässt, wird ein Höchstmaß rationalen Verhaltens erforderlich, da die Akteure bestrebt sein müssen, in einem bestmöglichen, ökonomischen Einsatz der knappen Mittel, über die man verfügt, - seinen Körper und die erlaubten Geräte und in der optimalen Anwendung und Kombination der Regeln - die sportliche Aufgabe besser zu lösen als die Mitbewerber.

---

[5] So ist es auch möglich, Regeln beliebig zu verändern - wie etwa beim Fußball die Einführung des „passiven Abseits" oder die Regel, nach der es dem Torwart untersagt wurde, den Ball nach einem Rückpass eines Mitspielers in die Hände zu nehmen.

[6] Und wenn dies dennoch geschieht - etwa in der öffentlichen Verwaltung - verdammen wir dies als bürokratischen Stumpfsinn oder bezeichnen es als Ritual, das nicht zwangsläufig auf rationalem, überlegtem Handeln basiert.

Im Sport aber geht es um eine Rationalität, die weder nach dem Sinn der Ziele und Aufgaben noch nach der Funktionalität der Regeln fragt. Aber stimmt es wirklich? Hat Sport keinen Wert und ist (daher) völlig unproduktiv? Schließlich dient der Sport doch der Gesundheit und der sozialen Integration, fördert das Wohlbefinden und stellt ein wichtiges Instrument der Sozialisation dar; und im übrigen ist der Sport doch ein wichtiger Teil einer Unterhaltungsindustrie, in der viel Geld umgesetzt und verdient wird.

All dies mag richtig sein - gleichwohl für viele der genannten Funktionen noch überzeugende, empirisch abgesicherte Beweise fehlen. Dennoch bleibt die Aussage bestehen: Der Sport als eine „ritualistisch" geregelte Form des Umgangs mit dem Körper hat keinerlei Wert. Im Handlungsfeld „Sport" entwickeln sich Werte nicht aus dem Sport selber; vielmehr werden Urteile, Bewertungen bzw. subjektive Einschätzungen von Wirkungen oder Funktionen des Sports von Funktionsträgern (Funktionäre, Politiker, Manager etc.) vorgenommen, die mitunter keinen Sport treiben oder die Innenansicht des Sports wie auch von Sportorganisationen nicht oder nur unzureichend kennen (Heinemann 2001). Es gibt keinen „Wert" des Sports sondern nur – sekundäre bzw. „zufällige" und damit veränderbare Bewertungen von (tatsächlichen oder nur vermuteten) Wirkungen und Funktionen des Sports.

Aus diesem Grund kann es keinen abstrakten, interkulturell gültigen Wert des Sport geben; die zentrale Frage lautet vielmehr: „Wie bewerten - positiv oder negativ - verschiedene Personengruppen, Organisationen, Industrien des Sports, Politiker, politische Parteien, Umweltverbände, Kirchen, Gewerkschaften, Sportler selbst, Medien etc. Entwicklungen, Funktionen, Konsequenzen, Wirkungen, die mit den verschiedenen Formen des Sport und des Sporttreibens verbunden sind?" Und weiter: „Welchen Einfluss haben diese Organisationen, ihre Bewertung der Wirkungen des Sports zur Geltung zu bringen und durchzusetzen?" – Bewertungen, die von den jeweiligen wirtschaftlichen und politischen Interessen, vertretenden Ideologien und ethischen Grundwerten einzelner Gruppen und vom Machtpotential, das es ermöglicht, eigene Interessen und Werte gegenüber anderen durchzusetzen, abhängen.

So besteht wohl kein Zweifel, dass die Kirchen und Kinderschutzverbände den Hochleistungssport für Kinder anders bewerten als Sportverbände, dass Belastungen der Umwelt durch den Sport eine andere Bewertung durch Umweltschutzverbände erfahren als durch die Touristikindustrie, dass die für den sportlichen (und damit auch wirtschaftlichen) Erfolg eines Vereins Verantwortlichen (der Trainer, der technische Direktor) Sportverletzungen von Athleten anders beurteilen (und „kuriert" wissen möchten)[7] als Sportmedizinern.

So wäre es etwa reizvoll zu untersuchen, welcher Zusammenhang zwischen der Aussage, „Sport ist gesund" - die keineswegs eindeutig empirisch belegt ist - und den Interessen der Fitnessindustrie, der staatlichen Gesundheitspolitik und den Anliegen der Sportverbände, öffentliche Anerkennung für ihre Arbeit zu finden, besteht – und wie eifrig von allen „Beteiligten" gleichermaßen Erkenntnisse unterdrückt werden, die belegen, dass der Sport gar nicht so gesund ist, wie dies oft vermutet und propagiert wird.[8]

Zu welchen Problemen dies führen kann, zeigt folgendes Beispiel: Bis in die 80er Jahre galt die räumliche Ballung nationaler Migrantengruppen als Ghettobildung und Hemmschuh einer sozialen Integration;[9] eine Bewertung, die auch in der Forderung von Sportverbandsfunktionären nach Integration von Migranten in die bestehende Vereinslandschaft und eine Förderung durch Programmen der Bundesregierung zum Ausdruck kam und kommt.[10] Aber Erfahrungswerte zeigen, dass man sowohl den Wirkungen des Sports als auch der Wirksamkeit entsprechender Programme misstraut werden muss.[11] Insbesondere die Binnenintegrationsthese betont den positiven Effekt der Stärkung von fremdkulturellen Zusammenhängen innerhalb der aufnehmenden Gesellschaft;[12] fehlen Migranten Möglichkeiten der Interaktion mit Menschen aus dem gleichen oder einem vergleichbaren Kulturkreis, können sich keine Strukturen entwickeln, die zur Bildung und Stärkung von Solidarität und Gruppengefühl führen. Somit können sich auch Toleranz, Selbstbewusstsein und Vertrauen als zentrale Elemente „erfolgreicher" Sozialisation nur bedingt entwickeln und die Akkulturation in eine „neue" Gesellschaft erheblich behindern. Konkret stellt sich nun die Frage,

---

[7] vgl. dazu etwa die Untersuchungsergebnisse von Waddington (2000)

[8] vgl. etwa Cachay (1988), Dopson / Waddington (2003) und Heinemann (2004)

[9] vgl. Bröskamp / Alkemeyer (1994, 10)

[10] Eine solche Argumentation findet sich fundiert u.a. in der Assimilationstheorie von Gordon (1964) und Esser / Friedrichs (1990).

[11] Eine ausführliche Begründung dieser Skepsis findet sich bei Heinemann (2002).

[12] vgl. Elwert (1982, 718)

wie der Verbandsfunktionär den Antrag einer Gruppe kasachischer Boxsportler bewerten soll, die „unter sich" bleiben und einen eigenen Verein gründen wollen, obwohl ein etablierter Boxsportverein Interesse an der Aufnahme der Athleten bekundet hat? Nach welchen Referenzkriterien kann eine Entscheidung getroffen werden, die den Bedürfnissen der Sportler wie auch den Interessen der Wertegemeinschaft gerecht wird? An diesem Beispiel wird deutlich, dass der Wert des Sports keine Universalie ist, sondern ausschließlich auf den Interpretationen tatsächlicher und vermuteter Wirkungen durch Funktionsträger beruht.

2.2 Der Körper als Instrument

Das zweite, zentrale Merkmal des modernen Sports ist der eigentümliche, für moderne Gesellschaften typische Umgang mit dem eigenen Körper – die Domestizierung des Körpers durch das Bewusstsein.

Die Entstehung des Sports in modernen Gesellschaften ist das Resultat einer Evolution der Vorstellung vom Körper. Der Körper wird zu einem Instrument, über das unser Bewusstsein verfügen und gebieten kann, und für das daher auch unser Bewusstsein verantwortlich ist. „Nur der dem Geist gehorsame Körper kann als dessen Werk voll der individuellen Verantwortung zugerechnet werden und insofern sozial als Vollzugsorgan der Person behandelt und sanktioniert werden. Der historische Zusammenhang der Radikalisierung der begrifflichen Konzeption vom Körper als einem einheitlichen System, einer Maschine eben, und den in der früheren Neuzeit entstehenden Verfahren zur Steigerung der Niveaus der Überwachung und Kontrolle sind keineswegs als zufällig anzusehen." (Hahn 1987, 669). Erst unter diesem Körper-Bewusstseins-Verhältnis können die im Sport geforderte hohe Körperdisziplin, die instrumentelle Verfügung über den Körper und die Unterwerfung des Körpers unter den Willen des einzelnen zur immer neuen Leistungsüberbietung eingesetzt werden. Der Körper wird Objekt einer instrumentellen Rationalität, die zum Ziel hat, ihn (den Körper) auf eine optimale Leistung innerhalb genau vorgegebener Ziele vorzubereiten. Dieser Umgang mit dem Körper ist eine spezifische Form und ein typischer Ausdruck menschlicher Souveränität; der Körper wird dem Bewusstsein Untertan.

Der Körper kann in dem Maße „ökonomisch" interpretiert und genutzt werden, in dem eine Reduktion auf seinen Gebrauchswert erfolgt. Der Körper soll diszipliniert werden – und der Sport steht besonders deutlich für die Erwartung und die Aussicht, dass ein Sieg über die „sperrige" Natur des Körpers immer wieder möglich ist. Der Sport definiert - in seinen willkürlich gesetzten Zielen - eben jene Sollwerte, denen der Körper unterworfen werden muss, um das angestrebte Ziel zu erreichen. Die Differenzen, die der Sport zwischen Gewinnern und Verlierern definiert, sind Differenzen in den Fähigkeiten des einzelnen, diese Sollwerte gegenüber dem Körper durchzusetzen.

Dass wir nicht nur Körper sind, sondern auch einen Körper haben, ist eine anthropologische Konstante (Plessner 1970, 43). Dass dieses „Körper haben" zu seiner Instrumentalisierung und Reduktion auf den Gebrauchswert führt, ist eine historisch spezifische Form des Verhältnisses von Körper und Gesellschaft. Erst diese normative Konstruktion des Körpers wird zur Grundlage seiner Instrumentalisierung und u.a. gewinnorientierten Verwertung im Sport.

Wenn der Körper als Instrument und Ressource - gleichsam als technische Maschine und nur als diese - gesehen wird, kann und muss er vermessen und kalkuliert werden, um ermitteln und prognostizieren zu können, in welchen Bereichen eine Effizienzsteigerung möglich ist. Der Zustand des Körpers wird in technische Werte übersetzt (und darauf reduziert) - ähnlich wie das Leistungspotential einer Stereoanlage oder einer Dampfmaschine -, die optimiert werden können: Arterie/o-venöse Sauerstoffdifferenz, anaerobe und aerobe Kapazität, Laktatwerte vor und nach Training und Wettkampf, anthropometrischer Index, Sauerstoffverbrauch, Lungenvolumen, Gasaustausch, Herzleistung, Muskelkontraktion, Hormonproduktion usw.

3. Die kulturelle Prägung des Sports

3.1 Kulturelle Vielfalt

Unsere erste, zentrale Aussage lautete: Ziele und Regeln des Sports sind beliebig. Daraus folgt, dass Sport bzw. einzelne Sportarten beliebig gestaltet werden können. So entstehen immer neue Sportarten, weil regelmäßig neue Aufgaben erfunden und Regeln festgelegt werden, die bestimmen, wie man diese Aufgaben - mehr oder weniger schwer - erfüllen muss. Dies macht das rasche Entstehen immer neuer Sportarten möglich und verständlich. Letztlich ist dies nur eine Frage der Phantasie, des organisatorischen Einflusses und der Marktmacht derer, die solche Ideen haben und durchsetzen können; die Geschichte neuer Sportarten gibt dazu ausreichend Anschauungsmaterial.

Auch das, was sich gegenwärtig in bezug auf die Instrumentalisierung des Körpers vollzieht, ist keine „modernes" Phänomen, wobei allerdings jede Gesellschaft die Interpretation und Formung dieses „Rohmaterials" den kulturell anerkannten Werten und Normen, der eigenen (Körper-)Tradition und dem (nationalen) Charakter angepasst wurde. Dieser Tatbestand führt zu zwei zentralen Fragen, mit denen wir uns beschäftigen müssen: Welche Ziele und Regeln werden im Sport „gesetzt", d. h. wie wird der Sport ausgestaltet, und wer entscheidet darüber?

Will man die Entwicklung des Sports und der Sportkulturen in den verschiedenen europäischen Ländern angemessen beschreiben und erklären, muss man der Tatsache Rechnung tragen, dass sich der europäische Sport aus drei Quellen speist:

• Die erste Quelle ist der englische Sport. Er ist gekennzeichnet durch Leistungsvergleich im Wettkampf und durch das Streben nach Rekorden. In der sportlichen Auseinandersetzung treten in der Regel mindestens zwei Parteien treten gegeneinander an, die zu Beginn des Wettkampfes als gleich, am Ende infolge von Sieg oder Niederlage als ungleich definiert werden.

• Der zweite Ursprung des europäischen Sports liegt im „Turnen", das sich in Deutschland etwa zeitgleich und in bewusster Abgrenzung zum englischen Sport entwickelte. Turnen ist nicht - wie der englische Sport - durch die Idee des Leistungsvergleichs im Wettkampf charakterisiert. In ihrem Buch „Die deutsche Turnkunst", postulieren Jahn / Eisele 1816: „Im Turnen geht es um Gesundheit des Leibes, Bildung des Körpers, Abhärtung, Stärke und Geschick, Gegenwart des Geistes und Mut in Gefahren, zugleich aber und gleich wichtig, um intellektuelle und sittliche Bildung."[13] So wurde in dieser Bewegungskultur vorrangig der erzieherische Gedanke verankert, der dem „deutschen Wesen" am ehesten angemessen erschien.

• Die dritte Säule entstand in Schweden: die Gymnastik. Sie ist ansatzweise mit einem Maschinenmodell vergleichbar, da menschliche Bewegungen in Einzelkomponenten zerlegt und durch stereotype Wiederholung trainiert wurden, womit dieses Modell am ehesten dem Konzept des Körpers als Maschine entspricht.

---

[13] vgl. dazu Cachay (1988, 131)

Das deutsche Turnen ebenso wie die schwedische Gymnastik betonten die Aspekte Erziehung, Gleichheit, Gesundheit, Disziplin, Mäßigung, Gemeinschaftlichkeit und Solidarität; der englische Sport stand demgegenüber traditionell für Vergnügen, Genuss, Liebhaberei, Konkurrenz und Wettbewerb, aber auch für Leidenschaft und Individualismus (Jütting 2001) – zwei Modelle der Bewegungs- und Körperkulturen, die kaum unterschiedlicher sein konnten. Diese unterschiedlichen Konzepte - Erziehung versus Vergnügen - hatten und haben in allen europäischen Ländern ihre Anhänger und Befürworter, Gegner wie Förderer gefunden, sowohl innerhalb als auch zwischen sozialen Klassen.

Im Verlauf der Sportgeschichte haben Gesellschaften aus den oben genannten Quellen geschöpft und ihr je eigenes, nationales Bild des Sports geformt. So wie man aus gleichen chemischen Elementen ganz unterschiedliche Substanzen mischen kann, sind in der nationalen Anpassung dieser Quellen des Sports spezifische Sportkulturen entstanden.

Dennoch haben sich die unterschiedlichen Sportkulturen nicht ausschließlich aus sich selber heraus, gleichsam aus inneren Verursachungen entwickeln würden. Vielmehr entstehen Gesellschaftsbilder nicht aus der Entwicklung autonomer, separater Gebilde mit fest umrissenen (räumlichen und inhaltlichen) Gegebenheiten, sondern als Folge multikultureller Verflechtungen. Die „Gesellschaft" - und damit auch der Sport eines Landes - ist ein Element in einem umfangreicheren Beziehungs- und Kräftefeld, in dem die gesellschaftlichen Besonderheiten eines Landes als individuelle Ausprägungen inmitten großräumiger Formationen entstehen (Tenbruck 1992; Zündorf 1994). Einzelne Gesellschaften erhalten ihre individuellen Profile aus der Penetration von Innenlagen und Außenlagen. Anders formuliert: Die Kultur des Sports eines Landes ist stets das Ergebnis eines langen Kulturvergleichs und vielfältiger, wechselseitiger Penetration der Kulturen. So muss erfasst werden, wie sich der (nationale) Sport in dieser wechselseitigen Verschränkung entwickelt hat, in welchen Bereichen Übereinstimmungen über gesellschaftliche Grenzen hinweg zu identifizieren sind und in welcher Form sich eigenständige Sportkulturen aus der Innenlage einer Gesellschaft und der kulturspezifischen Filterung und Adaption dessen entwickelt, was „von außen" aufgenommen wurde. Die folgende Übersicht zeigt exemplarisch das (vorläufige) Ergebnis einer interkulturellen Penetration:[14]

- In Frankreich hat es Mitte des vorigen Jahrhunderts vor allem im Süden eine Sportbewegung gegeben, die auf der Grundlage der schwedischen Gymnastik den traditionellen Sport modernisieren wollte. Diese Gymnastik wurde später Ausgangspunkt der „sport for all" Bewegung in Frankreich. Nach dem verlorenen Krieg gegen Deutschland 1871 wurde dann das deutsche Turnen propagiert, weil man der Ansicht war, die Deutschen hätten den Krieg auch deshalb gewonnen, weil Turnen sie wehrtüchtiger gemacht hätte. Der englische Sport war stets als „anglophil" eher negativ stigmatisiert.[15]

- In Spanien hat es schon früh eine eigene „bodenständige" Bewegungskultur gegeben. Dabei ging es zum einen um die Pflege der Volkssportarten, zum andern um die Erschließung der Natur vor allem in Wandervereinen; auch spielten aristokratische Sportarten wie Fechten und Reiten eine bedeutsame Rolle. Veränderungen in den sportkulturellen Praxen stellten sich ein, als die ersten Fabrikanten - in erster Linie der Textilindustrie - aus Katalonien ihre Söhne zur Ausbildung nach England schickten, die dann den englischen Sport und die Idee des „demokratisch-ehrenamtlich" geführten Vereins nach Spanien brachten. Dieser „neue" Sport wurde als Form des „demonstrativen Konsums" einer neuen Bürgerschicht betrieben, die sich von der Volkskultur und der Aristokratie abheben und ein neues Standesbewusstsein demonstrieren wollte. Turnen und Gymnastik blieben in diesem Sportkonzept nahezu bedeutungslos.

- In Italien war die Entwicklung des Sports Teil politischer Auseinandersetzungen. Der englische Sport wurde von jenen gefördert, die die politische Einheit Italiens 1861 herbeigeführt hatten; der englische Sport entsprach - insbesondere in den Augen der liberalen Mittelschicht - dem angestrebten, parlamentarischen System Englands, mit dem man sich eine verbesserte Ausgangslage im Kampf um einen Ausbau des kolonialen Systems erhoffte. Zu dieser

---

[14] Es kann dies keine in allen Details stimmige Geschichte des Sports sein. Es geht lediglich darum, mittels ausgewählter Beispiele aufzuzeigen, in welcher Form und aus welchen Gründen sich Sportkulturen unterschiedlich entwickelten.

[15] Oder es folgte eine „kulturspezifische" Anpassung – wie etwa in Bordeaux, wo ein Marathon veranstaltet wird, bei dem die Läufer alle drei Kilometer ein Glas Wein des Landes trinken müssen.

Zeit favorisierte man in den bürgerlichen Schichten Sportarten wie Reiten, Tennis, und vor allem: Fußball. Die Aristokratie, die sich für einen nationalistischen, militaristischen und autoritären Staat einsetzte, erwies sich als Förderer des „preußischen Paradigmas" des Sports, das im wesentlichen durch das Turnen inspiriert wurde.

• In Deutschland stand zwar am Anfang das Turnen; für die weitere Entwicklung des Sports wurde allerdings zunehmend eine ganz neue und andere Form der Körperkultur bestimmend: der Sport englischer Prägung. Trotz aller Gegensätzlichkeiten zwischen Turnen und Sport kam es auf verschiedenen Ebenen zu einer Konvergenz und zu Formen der Kooperation und des geregelten Miteinander: Turnen wurde „versportlicht", indem es nun auch wettkampfmäßig ausgeübt wurde – wodurch auch das Turnen wieder verstärkten Zulauf bekam. Turnvereine öffneten sich gegenüber dem Sport, neue Abteilungen mit neuen Sportarten wurden eingerichtet, die häufig ihren Namen in „Turn- und Sportverein" änderten; ehemalige Turner gründeten Sportvereine, was dazu führte, dass nicht nur die Werte, Traditionen und Gepflogenheiten des deutschen Vereinslebens, sondern auch der „höhere" Sinn und Zweck der Leibesertüchtigung durch Turnen auf den Sport übertragen wurde.

Die kurzen historischen Skizzen zeigen: Sport ist kein universelles Phänomen. Verschiedene Länder haben im Laufe ihrer Geschichte unterschiedliche Sport- und Bewegungskulturen entwickelt, die zugleich Spiegelbild der Kultur, der Werte und ethischen Grundhaltungen des jeweiligen Landes sind – nicht autonom, sondern in ständigem Austausch untereinander, aber doch mit einem je eigenen Profil. Dieses individuelle Profil des Sports in verschiedenen Ländern ist heute noch in empirischen Untersuchungen nachweisbar. Und mehr noch: Wer über die Kultur des Sports bestimmt, entscheidet letztlich darüber, wer siegen kann.

Welche Konsequenzen ergeben sich nun aus diesen Befunden? Das folgende Beispiel illustriert die Erfolgchancen von Athleten der fünf Kontinente bei Olympischen Spielen als Folge unterschiedlich „gewachsener" Sport- und Bewegungskulturen:

Die fünf ineinander verschlungenen, allesamt gleichgroßen Olympischen Ringe wurden erstmals 1920 bei den Spielen in Antwerpen verwendet und sollten die Botschaft für ein egalitäres, partnerschaftliches Verhältnis der fünf Kontinente, die die Ringe auf dem Gebiet des Sports darstellen, vermitteln. Wie aber sieht dieses symbolische Versprechen in der Wirklichkeit aus? Die Ringe verändern ihr Aussehen radikal, wenn man sie entsprechend der Größe zeichnet, die dem Anteil der Medaillen entspricht, den die jeweiligen Sportler der Kontinente bei allen Sommer- und Winterspielen gewonnen haben. Aus dem harmonischen Ganzen der fünf Ringe wird so ein eigentümlich verzerrtes Gebilde: 67% der Medaillen gingen an Athleten aus Europa, 22% nach Amerika, 6% nach Asien, 2% nach Afrika und 3% nach Australien / Ozeanien. Die Dominanz Europas und Amerikas spiegelt sich auch in Zeitkohorten wider: Bei der Verteilung in Seoul (1988), Barcelona (1992) und Atlanta (1996) vereinigte Europa 58%, Amerika 20%, Afrika 3% und Australien / Ozeanien 5% der Medaillen auf sich (Jütting 2001).

Diese ungleiche Verteilung, die dem Prinzip eines gleichrangigen, partnerschaftlichen Verhältnisses der Nationen deutlich widerspricht, ist leicht erklärlich:

• Im Kontext Olympischer Spiele verbinden sich die nationalstaatlichen Körperpraxen in Europa. Das Innovative der Olympischen Spiele bestand in dem Umstand, dass sie aus den beiden Bewegungs- und Körperkonzepten - dem englischen Sport und dem kontinentaleuropäischen Turnen / der Gymnastik - eine Mischform konstruierten: Der Kerngedanke des englischen Sports mit dem Gedanken des Wettbewerbs und dem „Code" Sieg / Niederlage mit den erzieherischen Absichten, wie sie für die Turn-Gymnastikbewegung typisch war, wurden mit zeitgenössisch populären Ideen verbunden – Frieden, Völkerverständigung, Internationalität. Mit dieser Ideologie bedienten die Olympischen Spiele die kulturellen Muster beider Fraktionen - der gesellschaftlichen Mittel- und Oberklasse - in den europäischen Staaten (Jütting 2001).

• Die Ergebnisse geben Aufschluss darüber, wer letztlich den nötigen Einfluss hat, um über Regeln, Formen und Ausgestaltung des Sports zu entscheiden. Hinter dieser Verteilung der Erfolgschancen steht eine äußerst ungleiche Verteilung von Macht und Einfluss; auch hier zeigt sich die führende Rolle Europas. Betrachten wir den Machtindex, verteilt nach Kontinenten, so ergibt sich ein eindeutiges Bild: 61% Europa, 18% Amerika, 10% Asien, 8% Afrika, 3% Australien / Ozeanien.[16]

Symptomatisch hierfür ist die Tatsache, dass seit 1896, also seit Beginn der modernen Olympischen Bewegung, das Internationale Olympische Komitee (IOC) lediglich 7 Präsidenten hatte. Im gleichen Zeitraum kamen und gingen in den USA 19 Präsidenten und in Großbritannien 21 Prime Minister. Außerdem scheint es bezeichnend, dass bis auf Avery Brundage alle IOC-Präsidenten aus westeuropäischen Ländern kamen; viele von ihnen - einschließlich des vorletzten Präsidenten Juan Antonio Samaranch - trugen darüber hinaus Adelstitel. Diese Zahlen sind nicht nur eindrucksvolle Indikatoren der prägenden Dominanz europäischer Kulturmuster, die mit der Olympischen Idee verschmelzen sind und sich weiter fortpflanzen; vielmehr zeigt sich in diesen Zahlen eine Verbindung moderner und vormoderner sozialstruktureller Elemente im Olympismus, die dem damaligen Gesellschaftsverständnis der herrschenden sozialen Schichten entsprachen. So griff man bei der Besetzung von Positionen anstatt demokratischer Wahlen auf das vertraute, vormoderne Kooptationsprinzip zurück.

3.2 Die Zerstörung von Basiswerten des Sports

An folgendem Beispiel wollen wir deutlich machen, dass in der Entwicklung eines Sportmodells und seine Übertragung auf andere Kulturen zugleich der Kern dafür angelegt wird, Basiswerte des Sports zu zerstören.

Das Grundprinzip der Sportidee ist das Prinzip der Chancengleichheit. Zu Beginn des Wettkampfes sind alle Teilnehmer als gleich, am Ende werden sie als ungleich definiert entsprechend der Unterschiede, mit denen sie das durch die Regeln geforderte Ziel erreicht haben. Chancengleichheit ist die fundamentale Sportidee; sie fordert, dass ein Wettkampf unter gleichen Bedingungen von Individuen ausgeführt wird, die von Natur aus unterschiedlich sind; individuelle körperliche Unterschiede dürfen nicht künstlich ausgeglichen werden.

Die Regeln des Sports stellen gleiche Wettbewerbsbedingungen für alle Beteiligten her, sind also neutral gegenüber den jeweiligen Parteien. Diese Aussage

---

[16] Wir beziehen uns hier ebenfalls auf Befunde von Jütting (2001).

beinhaltet zweierlei: Die Grundidee des Sports soll es ermöglichen, mit Mitgliedern aus allen sozialen Schichten, ethnischen Gruppen, Altersklassen, des anderen Geschlechts, mit arm und reich unter den Regeln der Gleichheit in Wettbewerb zu treten, auch wenn die sozialen Beziehungen im Alltag den Bedingungen sozialer Ungleichheit unterworfen sind. Dass jemand die Bildungschancen, die unsere Gesellschaft formal bietet, nicht ausschöpfen kann, mag daran liegen, dass er aus unteren Sozialschichten stammt; dass jemand nur ein niedriges Einkommen erzielt, kann seinen Grund darin haben, dass er einer sozial diskriminierten ethnischen Gruppe angehört; dass in einer Bevölkerung nur geringe Konsummöglichkeiten bestehen kann Folge der Wirtschafts- und Gesellschaftsordnung oder der Ignoranz von Politikern sein. Soziale und politische Bedingungen können verhindern, dass - trotz formaler Gleichheit - der einzelne vorhandene Möglichkeiten, Fähigkeiten und Kenntnisse nicht voll entfalten kann, um zu erleben, was „tatsächlich" in ihm steckt.

Das Prinzip der Gleichheit (auf der Startlinie) soll es ermöglichen, soziale Unterschiede, die das Leben des einzelnen und seine Chancen bestimmen, im Sport (idealerweise) auszuschalten. Im Sport werden - so die Ideologie - jene „quasi experimentellen" Bedingungen geschaffen, unter denen der einzelne - unabhängig von der Vielfalt sozialer Unterschiede, die sein Leben formen - erleben und erfahren kann, was er „wirklich" ist.

Doch wie sieht die Wirklichkeit aus: Sport hat - so wurde begründet - nicht nur einen europäischen Ursprung, sondern vereint und repräsentiert Werte, die man als typische Werte der Mittelschicht europäischer Gesellschaften bezeichnen kann. In eben jener Mittelschicht bestehen spezifische kulturelle Muster und Wertorientierungen, die zugleich zu den dominanten und bestimmenden Wertmustern unserer Kultur gehören. Zu diesen Wertmustern zählen etwa die Bereitschaft und Fähigkeit, der Versuchung einer unmittelbaren Befriedigung von Bedürfnissen und Wünschen zu widerstehen und im Interesse einer langfristigen Zielsetzung zu unterdrücken, die Kontrolle von physischer Gewalt, Aggressionen und Emotionen, die Bereitschaft zu bewusstem Planen wie auch die Ethik der persönlichen Verantwortung, der Selbständigkeit und Eigeninitiative. Die Wertmuster der Mittelschicht heben gute persönliche Beziehungen mit möglichst vielen Menschen als positiv hervor und fördern zugleich eine unpersönliche Wettbewerbsorientierung, in der geistige, körperliche und soziale Fähigkeiten entfaltet werden können. Hierzu gehört nicht zuletzt die hohe Einschätzung der sichtbaren Leistung, die als Nachweis eigener Fähigkeiten und Bemühungen bewertet wird. Alle diese Werte werden bereits vor dem Beginn sportlicher Aktivitäten, insbesondere in der familiären Sozialisation, vermittelt und geprägt.

Anders (und bezogen auf unser Thema) formuliert ergibt sich daraus folgende Schlussfolgerung: Wer nicht aus dem europäischen Kulturkreis stammt, hat weniger Chancen, im europäisch geprägten Sport erfolgreich zu sein; es besteht lediglich eine „formale" Gleichheit auf der Startlinie, nicht aber auf dem Weg zum Ziel. Die „Gleichheit bis zur Ziellinie" (und darüber hinaus, was beispielsweise die Vermarktung angeht) hängt u.a. davon ab, ob die eigene Kultur jene Werte vermittelt, die im Sport zum Tragen kommen und die im Prozess der Sozialisation verinnerlicht werden. Die Ziellinie ist somit nicht adäquat, d.h. entsprechend der Werte einer Kultur definiert.

Welche Konsequenzen dies haben kann, wurde bereits bei der Darstellung der Erfolge bei Olympischen Spielen deutlich. Das folgende Beispiel belegt die Konsequenzen im täglichen Sportbetrieb.

In ihrer Untersuchung über unterschiedliche Verhaltensweisen bei den Navajo-Indianern und weißen Nordamerikanern konnte Allison (1982) folgendes zeigen: In der Kultur der Navajos ist Individualismus ebenso verpönt wie das individuelle Verfolgen eigener Interessen auf Kosten anderer und die Betonung individueller Leistungen. Navajos schätzen eher die Einbindung in ein Kollektiv und die harmonische Kooperation. In der Schule, in der sie zusammen mit Angloamerikanern auch im Sport unterrichtet wurden, gerieten sie in Konflikt mit der (dominanten) amerikanischen Kultur; vor allem mussten sie mit der Scham fertig werden, die sich bei ihnen entwickelte, als Fotos von einzelnen herausragenden Spielern öffentlich in der Schule ausgehängt wurden.

So greift der Ansatz zu kurz, den Sports lediglich durch die Nutzung von verbotenen, leistungssteigernden Mitteln und die ungleiche Verfügbarkeit von wissenschaftlich-technischen Erkenntnissen bedroht zu sehen;[17] bemerkenswer-

---

[17] Chancengleichheit ist das Grundprinzip des (englischen) Sports. Unterschiede in der körperlichen Leistungsfähigkeit dürfen, so die Maxime, nicht künstlich ausgeglichen werden; wird dieses Prinzip verletzt, wird der Sport sinnlos. Dass diese Idee lediglich die formale Gleichheit auf der Startlinie fordert, nicht die Gleichheit der Chancen, jeweils adäquate Ziellinien zu erreichen, wurde bereits begründet. Dass aber auch diese formale Gleichheit zunehmend verletzt wird, ist offenkundig. An dieser Stelle müsste das Thema „Doping" in die Diskussion

ter, aber oft vergessen wird die skizzierte Ungleichheit der Chancen, die Ziellinie zu erreichen.

3.3 Das technologisch verkürzte Verständnis des Körper
3.3.1 Der Körper als Kapital

Das zweite Charakteristikum des modernen Sports besteht in der technisch-wissenschaftlichen Konstruktion des Körpers. Dieser Sachverhalt soll im folgenden nicht allgemein ausgeleuchtet, sondern mit den Überlegungen zu den unterschiedlichen Konzepten und Kulturen des Sports, die in den vorangegangenen Abschnitten vorgetragen wurden, verbunden werden.

Die erste Interpretation verbindet sich mit der Idee des englischen Sports; hier wird der Körper des Sportlers als Kapital betrachtet, das es zu mehren gilt, indem die wichtigste Ressource, der Körper, produktiv und effizient funktionieren muss. Der Körper wird somit zum zentralen Risikofaktor in der Erfolgsstory des Sports – und so wird alles technisch Mögliche getan, um das Risiko eines „Ausfalls" zu minimieren oder zumindest zu verringern.

Mit der Entwicklung des modernen Sports erweitert sich das Wissens über den effizienten Umgang mit dem Körper radikal: Bewegungs- und Trainingslehre, die Theorien optimaler Bewegungsabläufe entwerfen und umsetzen, Sportmedizin, die die biologischen Voraussetzungen und Grenzen der Belastbarkeit und Machbarkeit ergründet, Sportpsychologie, die erreichen will, dass der Geist durchsetzt, wozu das Fleisch (noch) zu schwach ist, Organisationswissen, das

---

eingeführt werden. Da zu diesem Thema aber bereits viel Kluges geschrieben worden ist (u.a. von Bette / Schimank 1995), möchten wir auf ein anderes Problem aufmerksam machen: Sportliche Leistungen - vor allem im Hochleistungssport - sind in zunehmenden Umfang abhängig von der Verfügbarkeit neuester technologisch-wissenschaftlicher Erkenntnisse und Entwicklungen. In vielen Sportarten hängen oft die letzten Zehntel Sekunden, die letzten Zentimeter, die über Sieg und Niederlage entscheiden, von der Verfügbarkeit neuester (Sport-) Technologien ab. Auch hat sich ein wissenschaftlich-technologisches Geheimwissen entwickelt, das in vielen Fällen bewusst nicht öffentlich und jedermann zugänglich gemacht wird. Ist dies nicht eine Form des „technologischen Doping", da auch hier der Grundsatz durchbrochen wird, einen Wettkampf unter gleichen Bedingungen von Individuen, die von Natur aus unterschiedlich sind, auszurichten? Individuelle körperliche Unterschiede dürfen nicht künstlich ausgeglichen werden – aber genau das erfolgt durch Unterschiede in der Verfügbarkeit wissenschaftlich-technologischer Kenntnisse. So gerät der Sport zunehmend in Abhängigkeit von Wissenschaft und Ingenieurtechnik (Heinemann 2001).

ein Netz optimaler Talentsuche und -förderung anregt. Die im Sport sichtbare Undomestizierbarkeit des Körpers führt zu einer permanenten Perfektionierung des Wissens, insbesondere jener Inhalte, die eine effizientere Planung, Kontrolle und Steuerung versprechen. Technologische und wissenschaftliche Entwicklungen werden so zum Risikomanagement gegenüber dem Körper (Pronger 2002). Doping ist daher auch nur bedingt auf individuelles Versagen zurückzuführen; es ist eher die logische Folge eines technisch-wissenschaftlichen Körperbildes.

Damit soll ein weiterer Aspekt thematisiert werden, der in diesem Kontext von Bedeutung ist: Macht und Kontrolle über den Körper. Die extreme Instrumentalisierung des Körpers im Leistungssport führt zu Konflikten darüber, wer - Athleten, Trainer, Sportwissenschaftler in ihrer disziplinären Aufsplitterung, Mediziner, Funktionäre, Sponsoren - über diesen Körper verfügen und ihn zu Höchstleistungen bringen und (auch kommerziell) „nutzen" kann.[18]

Der Körper und seine Eigenschaften - Stärke, Ausdauer, Erscheinungsbild, Bewegungsformen etc. - bilden, neben den intellektuellen Fähigkeiten, die „materielle" Grundlage des Sports. So wird der Körper im Sport - in der Art seiner Präsentation, in der Bewertung körperlicher Stärke und Fitness, in der Verherrlichung spezifischer körperlicher Kompetenzen und ästhetischer Formen und Bewegungen, in der Erotisierung seiner Darstellungen - als soziales Gebilde reproduziert wird, genauer: über das Bild des Sports soziale Ordnungen, Macht und Einfluss in sozialen Beziehungen zum Ausdruck gebracht und somit sichtbar. Es bleiben zwei zentrale Fragestellungen zu beantworten: Wer oder was prägt dieses idealtypische Bild des Körpers, und wer übt Kontrolle über den Körper aus?

3.3.2 Körpertechnik und Menschenwürde

An dieser Stelle soll (und muss) ein Exkurs eingefügt werden, der die ethischen Grundlagen des Sports dokumentiert. So existiert unabhängig aller Unterschiede in ethnischen Positionen und gesellschaftlichen Wertorientierungen eine grundlegende ethische Regel des Sports – die Achtung von Menschrechten im Allgemeinen und die Wahrung der Menschwürde im Besonderen.

---

[18] Die Macht von Sportverbänden kommt beispielsweise bezüglich der Vermarktung von Athleten als Träger von Werbung zum Ausdruck.

Die Garantie der Würde des Menschen ist in allen Verfassungen westlicher Gesellschaften als fundamentale und absolute Norm ausgewiesen – unaufhebbar und unbeschränkbar. Während andere Grundrechte um staatlicher und individueller Interessen Willen modifiziert werden können und müssen, ist die Garantie der Menschenwürde allen relativierenden Beschränkungen entzogen – auch vom Staat selbst, der das Machtmonopol besitzt.

Zwar ist „Menschenwürde" ein unbestimmter, schwer zu fassender Rechtsbegriff, dennoch ist nahezu allgemein anerkannt, dass die Menschenwürde dann angetastet wird, wenn der Mensch ausschließlich zum Objekt, zum Mittel und Instrument gemacht und nicht mehr um seiner selbst Willen als Subjekt und Zweck respektiert wird, sondern äußeren Zwecken - der Gewinnmaximierung, dem sportlichen Prestige eines Vereins oder Landes - dient.

Die so verstandene Menschenwürde scheint gerade im Hochleistungssport - aber zunehmend auch in einzelnen Entwicklungen des Breitens- und Freizeitsports, wie in den letzten Abschnitten deutlich wurde - verletzt; beispielsweise, wenn der Körper als Ressource definiert und damit auf das wichtigste Kapital reduziert wird, das immer produktiver und effizienter funktionieren soll. Handlungsalternativen werden auf von außen vorgegebene Nützlichkeitserwägungen reduziert, und die tyrannische Aggressivität moderner Technik, die den Körper des Athleten zum Gegenstand hat, wird zum Mittel der Verbesserung und Steigerung des Kapitals.[19] Genau dies verstößt aber gegen die Würde des Menschen, denn der Körper erscheint essentiell mechanisch. Die Möglichkeiten der Selbstbestimmung - mit dem Körper nach „eigenem Ermessen" umzugehen, in entsprechende Entscheidungen um die eigenen Person mit einbezogen zu werden, seine psychische und physische Integrität zu wahren und uneingeschränkt selbstgewählte, soziale Beziehungen zu pflegen - werden beschränkt bzw. außer Kraft gesetzt; und es besteht keine Chance, diesem Prozess zu entrinnen (Kidd / Donelly 2000).[20]

---

[19] vgl. Friederici, M. R. / Horch, H.-D. / Schubert, M. (2002)

[20] In diesem Zusammenhang soll auf eine andere Form der Menschrechtsverletzungen aufmerksam gemacht werden, die im Handlungsfeld „Sport" oft in Vergessenheit gerät: Bälle aller Art, Sportschuhe, Sportkleidung etc. werden zum überwiegenden Teil in Ländern der Dritten Welt unter Bedingungen produziert, die in keiner Weise unseren (europäischen) Vorstellungen menschenwürdiger Arbeit entsprechen. Kinderarbeit, bei uns seit über 100 Jahren strikt verbo-

Andere Trainingswissenschaftler sprechen gar in einer Kurzformel vom „Makel der Subjektivität": Emotionen, Subjektivität und Individualität der Persönlichkeit, der Respekt vor dem Menschen als Subjekt - all das, was die Menschenwürde ausmacht und inhaltlich bestimmt - wird im technologischen Bewusstsein zum Störfaktor; ein Preis, der offensichtlich bezahlt werden muss, um die Grenzen menschlicher Leistungsfähigkeit im Sport weiter zu verschieben; für uns „Alltagsmenschen" oft unbegreiflich und eben dadurch faszinierend.

3.3.3 Der „glorifizierte Körper" als Identifikationsideal

Der zweite Aspekt eines wissenschaftlich-technischen Verständnisses vom menschlichen Körper ist eng mit der Ideologie des deutschen Turnens bzw. der schwedischen Gymnastik verbunden: Es geht dabei nicht um Wettbewerb, um Sieg und Niederlage, derentwillen dem Körper mittels wissenschaftlich-technischen Erkenntnissen Höchstleistungen abgerungen werden. Vielmehr geht es hierbei um die Verantwortung eines jeden einzelnen für Gesundheit, Fitness und einen wohlgeformten Körper, basierend auf Bilder und Normen, die von gesellschaftlichen Instanzen vorgegeben bzw. propagiert werden. So findet sich in der Sportlandschaft eine kaum noch übersehbare Vielfalt von Programmen, die auf die Formung des Körpers und Sicherung der Gesundheit abzielen und mitunter zu Prozeduren werden, die das Leben des einzelnen gestalten und bestimmen. Unter den Programmen finden sich Angebote zum Muskelaufbau, für eine attraktive Figur („jung, kräftig, wohlgeformt"), zur Steigerung von Ausdauer und Flexibilität, zur Verbesserung der Herzleistungen: Ausdauertraining, Fitnessübungen, Gesundheitsprogramme, Übungen für den Fettabbau an

---

ten, ist dort vor allem bei der Herstellung von Fuß- und Handbällen selbstverständlich. Wir (Europäer) kaufen diese Produkte, weil sie billiger sind; dies ist die ethische Blindheit des Marktes – und damit unsere eigene. Zwar bemühen sich Menschenrechtsschützer entschieden darum, dass die nationalen wie internationalen Fachverbände nur Bälle anschaffen, die nicht von Kindern produziert werden – bislang aber weitgehend ohne Erfolg. Es mutet da schon fast gespenstisch an, dass eine Organisation wie das IOC nicht in seinem „eigenen" Bereich entschieden gegen die Ausbeutung vor allem von Kindern (und Frauen) in unterentwickelten Ländern einschreitet. An diesem Beispiel wird auch deutlich, dass ethisches Handeln vergleichsweise teuer sein kann; zwar könnten die Produkte nach europäischen Arbeitsrechtsbestimmungen erstellt, allerdings aufgrund des hohen Produktpreises kaum (konkurrenzfähig) verkauft werden.

Bauch, Beinen, Po oder für einen „starken" Rücken, gegen Osteoporose, für psychisch-geistige Entspannung und schließlich Angebote, die all diese verschiedenen Wirkungen miteinander verbinden wollen. Diese Ausdifferenzierung der Angebote kann man als perfektionierte Idee des deutschen Turnens bzw. der schwedischen Gymnastik interpretieren: Der Körper wird zu einem biologischen, physikalischen Objekt, dessen Funktionen und Leistungsfähigkeit durch entsprechende Trainingsprogramme optimiert werden können.

Diese Interpretation dominiert sowohl die Fitnessindustrie und die staatliche Gesundheitspolitik als auch die sportwissenschaftlichen Diskurse - sofern sie sich nicht mit dem Leistungssport befassen -, was sich auch in Arbeiten zur Sportmedizin, Bewegungs- und Trainingslehre widerspiegelt, nach denen Trainer, Sportlehrer und Übungsleiter in Akademien, Universitäten und Verbänden ausgebildet werden. Eine praktische Umsetzung wissenschaftlicher Erkenntnisse findet sich auch in Trainings-Handbüchern, Fitness-Videos und Entspannungs-CDs, die in entsprechenden Zeitungen, Zeitschriften und Fernsehprogrammen Erwähnung finden. Insbesondere die Fitnessindustrie wirbt mit der Möglichkeit zu attraktiver Körperformung – tatkräftig unterstützt durch Darstellung der athletischen, festen, schlanken Körper erfolgreicher Sportler und Sportlerinnen in der Werbung, Modezeitschriften und anderen Hochglanzmagazinen.

So entsteht das Bild eines „gloriosen Körpers" – ein Identifikationsideal, dem es nachzueifern gilt.[21] Spiegelbildlich dazu entsteht ein negatives Image, das alternative Körperbilder ablehnt und somit die vorhandenen, körperlichen Unterschiede negiert; Entwicklungsmöglichkeiten, die das Leben und die individuellen Potentiale für jeden einzelnen und für verschiedene Kollektive - Frauen, Männer, Ethnien, Minderheiten - „bereithält", werden ausgeblendet, so dass ein eingegrenztes Bild dessen entsteht, was „natürlich" ist; zugleich wird übersehen, dass auch dieses Bild kulturell konstruiert und damit künstlich ist, und mitunter ausschließlich Wissen darüber angeboten wird, wie ein Körper idealerweise auszusehen hat.

---

[21] In Spanien hat man die Gefahr, die in der Glorifizierung eines Idealbildes liegen kann, erkannt: Die Körper weiblicher Models müssen mindest der Konfektionsgröße 38 entsprechen, da ansonsten der (empirisch nachweisbare) Vorbildcharakter von Models insbesondere weibliche Jugendliche zur Magersucht verleiten kann.

Dieses Körperkonzept wurde schließlich Bestanteil der staatlichen Gesundheitspolitik; von der Geburtenkontrolle über die Gesundheitsförderung bis zur Sorge um die Sterblichkeit wurde und wird der einzelne aufgefordert, seinen Lebensstil, seine Gewohnheiten und Werte dem angestrebten Idealtypus anzupassen – allesamt Aufforderungen, denen mit Werbekampagnen, Marketingmaßnahmen und der finanziellen Förderung von Fitness- und Gesundheitsangeboten Nachdruck verliehen wird.[22]

Elias beschreibt in seinen Arbeiten anschaulich die zentralen Signaturen gesellschaftlicher Entwicklungen.[23] Zu eben jenen zählt neben Nachahmungseffekten und der Übernahme von gesellschaftlichen Fremdzwängen in den eigenen Habitus auch die Veränderung von Tischsitten. Ausgehend von den Beschreibungen Erasmus´ von Rotterdam reflektiert Elias die Ursache des Wandels von Manieren und findet den Mechanismus der Affektkontrolle, der für eine Vielzahl von Veränderungen im Zuge gesellschaftlicher Prozesse verantwortlich zeichnet. So kann das Entwicklungsniveau einer Gesellschaft nicht zuletzt durch das Maß an Kontrolle von Gefühlen in unterschiedlichen Kontexten - weiter gefasst: des Körpers - bestimmt werden. Die Umfang der Affekt- bzw. Körperkontrolle kann allerdings, wie Elias beschreibt, eine Reihe negativer Effekte auslösen, so z.B. Stimmungsschwankungen, Kommunikationsdefizite, Zeitdruck und mangelnde Bedürfnisbefriedigung. Tauchen solche Phänomene verstärkt auf, kann dies, in Anlehnung an Freuds Terminologie, zu einer insgesamt negativen Lustbilanz führen. Bleibt diese Bilanz über einen längeren Zeitraum bestehen, drohen psychische wie auch physische Erkrankungen. Um diese zu vermeiden, sucht der Mensch nach Möglichkeiten und Formen, Spannungen abbauen und Triebe ausleben zu können. Der Sport - so eine These über seine Funktion in modernen Gesellschaften - böte ein nahezu ideales Betätigungsfeld, diese Spannungen zu kanalisieren – er sei ein „Weg der Entformalisierung und der Lockerung der Affektkontrolle." (Elias 1984 ; Elias / Dunning 1979, 142).

---

[22] In Deutschland etwa gab es beispielsweise die Kampagne „grünes Rezept", in dem eine Reihe von gesundheitsfördernden Verhaltensregeln empfohlen wurden, oder das Programm 130, mit dem ein Ausdauertraining angeraten wurde, bei dem der Puls bei 130 liegt.

[23] vgl. Elias (1939, 1984)

Aus unseren Überlegungen leitet sich allerdings eine andere Interpretation ab: Das Phänomen, das Pronger (im Sport) beobachtet und als „body fascism"[24] bezeichnet, stellt eine massive Veränderung in der Bedeutungszuweisung des Sports im Allgemeinen und im Bewusstsein der Sporttreibenden im Besonderen dar. So kann man zunehmend beobachten, dass nicht die Charakteristika und Regeln des Sports den Menschen die Möglichkeit eröffnen, Grenzen kennen zu lernen, sondern Motive wie auch Ziele - der gesunde, kräftige, athletische, wohlgeformte, gloriose Körper - durch sich aus kulturellen Standards speisen, die in Medien und Werbung, aber auch in der Musik, dem Fernsehen und dem Kino erzeugt werden und zur Entstehung und Verfestigung stereotyper Körperbilder beitragen.

Zu den Identifikationsidealen, die als Vorbild über Generationsgrenzen hinweg gelten, zählt u.a. das Model; ein Typus, dessen Phänomenologie „vom Scheitel bis zur Sohle" definiert ist: Sitz der Haare, Form der Augen, Höhe der Wangenknochen, Fülle der Lippen, Brustumfang, Form des Po und der Beine. Eine neue Erkenntnis? Sicher nicht; nur die Rigidität, die geringe Toleranz zur Akzeptanz „alternativer" Körperbilder ist neu. So ließe sich formulieren, dass nach Weber die soziale Wirklichkeit nicht mehr aus Mischtypen besteht, die Charakteristika unterschiedlicher Idealtypen vereint, sondern aus Körperbildern, die im Rahmen kultureller Standards als idealtypisch propagiert werden. Nicht der Sport, sondern die Mechanismen des kulturellen Diskurses (in dem der Sport lediglich ein Element ist) bestimmt insbesondere im Hinblick auf die Physiognomie zunehmend die Standards, was letztlich auch die Funktion des Sports verändert: weg von einem Selbstzweck hin zu einem Katalysator – wie im Übrigen auch der Gebrauch technologischer Artefakte zur Zielerreichung. Nicht der Sport an sich und die mit dem Sporttreiben traditionell verbundenen Zielvorstellungen wie Spaß in der Gemeinschaft, Gesundheitsvorsorge, soziale Kontakte pflegen oder eigenen Grenzen austesten motivieren den Menschen, der nach dem beschriebenen Idealzustand strebt, sondern der Wunsch, eben jenem propagierten Menschenbild näherzukommen oder ihm gar zu entsprechen.

---

[24] vgl. Pronger (2002)

Der zweite Effekt dieser Entwicklung bezieht sich nicht auf die „äußerliche", sondern die mentale Verfassung, die die Verinnerlichung entsprechender Körperbilder nach sich ziehen kann: die fehlende Möglichkeit, Spannungen abzubauen. Bestand bislang die Option, Aggressionen als Folge zunehmender Affektkontrolle im bzw. über den Sport auszuleben (Katharsis-Effekt), ist diese Alternative im Zuge der Zentrierung sportlicher Aktivitäten auf die „neue" Zielerreichung, - der gloriose Körper -, nun beschränkt. Mehr noch: Der Blick in den Spiegel oder der Schritt auf die Waage kann - sollte sich dabei eine Diskrepanz zwischen erhofften und tatsächlichem Körperbild ergeben - zum Aufbau zusätzlicher Spannungen und Aggressionen führen, die in Enttäuschung bis hin zur Depression zum Ausdruck kommen können. Sportliche Aktivität würde dann ein weiteres Instrument der Affektkontrolle darstellen.

Bereits 1974 hat Douglas darauf hingewiesen, dass der Verkehr zwischen den Menschen in modernen Gesellschaften zunehmend ein Verkehr zwischen „körperlosen Geistern" geworden ist (Douglas 1974, 110). Sie bringt damit zum Ausdruck, dass für soziale Interaktion, für Erfolg, sozialen Rang, für das Funktionieren sozialer Systeme körperliche Eigenschaften und das Erscheinungsbild in modernen Gesellschaften wenig zählen, und dass Emotionen wie Trauer, Wut, Freude, Lachen und Weinen zunehmend einer expressiven Körperkontrolle unterworfen werden, wie wir es auch bei Elias finden. Douglas konnte, als sie dies schrieb, noch nicht wissen, wie sich diese Tendenz in der Informationsgesellschaft weiter zuspitzen würde. Der Mensch, der in seiner Evolution darauf angelegt wurde, die Welt mit seinen fünf Sinnen gleichermaßen zu entdecken, wird in seiner Wahrnehmung nun zunehmend auf einen Sinn reduziert – der Wahrnehmung dessen, was auf dem Bildschirm des Computers an Schrift und Bild erscheint.

Aber nicht nur die Reduktion von Wahrnehmung, sondern auch die der Verlust des Körpers als „Ereignis" gehört in dieses Bild der „Entkörperlichung": In früheren Gesellschaften waren körperliche Vorgänge - Geburt, Wachstum, Reife und Älterwerden, Krankheit, Siechtum und Sterben - stets mit Ereignissen verbunden, die a) den Körper als Objekt betrafen und b) in denen körperliche Vorgängen einen sozialen Ausdruck fanden, da diese Ereignisse nicht nur andere Individuen, sondern auch die soziale Ordnung berührten; dementsprechend mussten Ereignisse interpretiert, gedeutet und in das soziale Leben eingebunden werden. So hatte der Körper als Vermittler von Symbolen eine wichtige Bedeutung, die von „Spezialisten" gelesen und gedeutet werden mussten (Augé, 2004, 67).

In modernen Gesellschaften werden Geburten zunehmend unkomplizierter, das Älterwerden mit allen auch chirurgischen und anderen technischen Mitteln herausgezögert oder verborgen, und auch Initiationsriten finden sich nur noch rudimentär; Krankheiten werden (mehr oder weniger) erfolgreich bekämpft, das Sterben immer weiter in die Zukunft verlagert und schließlich der Körper zum „Ersatzteillager" degradiert. Er, der Körper, wird vom sozialen Ereignis zum betreuten Objekt, und alle medizinischen und technologischen Mittel dienen dazu, den ereignisreichen Körper verschwinden zu lassen – oder zumindest das, was mit dem Körper geschieht, möglicht umfassend zu kontrollieren.[25]

Auf dieser „körperverdünnten" Bühne - oft nur auf dem Bildschirm zu sehen - erscheint nun das Identifikationsideal des gloriosen Körpers. Es fehlt empirisches Material, um zu verifizieren, ob der gloriose Körper die beschriebene Entkörperlichung kompensieren kann; aber auch ohne empirische Fundierung scheint diese Gleichung nicht aufzugehen – weil a) die eigene Realität (meist unerreichbar) weit von diesem Ideal entfernt liegt, b) es kaum jemanden gelingen wird, das Ideal des gloriosen Körpers des Hochleistungskörpers etwa für sich zu verwirklichen, c) der gloriose Körper z.B. des Hochleistungssportlers, scheinbar unvorstellbare Leistungen erbringt, das Produkt von Medizin und Technik ist, und d) der gloriose Körper nicht technisch manipuliert wird, um besser respektive länger zu (über)leben, sondern um seinen Kapitalwert zu erhöhen.

So wird die Hoffnung, dass die Schwere und Widerspenstigkeit des Körpers überwunden werden könnten, zu einer totalen Illusion. Der gloriose Körper kann nicht die Ängste nehmen, die wir mit unserem Körper verbinden. So gesehen wird der Leistungssport zum großen Illusionstheater, das die körperverdünnte Bühne nicht zu füllen vermag.

---

[25] Aus diesem Grund bricht in der Regel „Panikstimmung" aus, wenn Infektionskrankheiten (AIDS, Rinderwahn, Hühnergrippe oder SARS) ausbrechen der Körper „außer Kontrolle" zu geraten droht.

3.3.4 Neue Formen des Rassismus

Es wird, so wurde begründet, in einer normierten Form konstruiert, was der Körper ist oder sein sollte. Aus diesem Konzept hat sich eine systematische Methode entwickelt, den Körper in einer bestimmten Form zu produzieren und darzustellen. Diese Konstruktion wird, wie beschrieben, derart „mächtig", dass man sich kaum mehr vorzustellen vermag, wie alternative Körperbilder aussehen könnten. Die Dominanz des Idealbildes einer vorrangig westlichen Mittelschichtenkultur scheint keine Alternativen zuzulassen. Latente Potentiale und schlummernde Möglichkeiten in dem, was Körper ist oder auch sein kann, werden ausgeklammert. So wird es zu einer Verpflichtung eines jeden einzelnen, alles zu tun, um seine körperliche Fitness und Gesundheit zu erhalten. Oder anders formuliert: Wer nicht alles Mögliche unternimmt, um die Leistungsfähigkeit seines Körpers zu erhalten bzw. zu verbessern - wer ein anderes Bild von seinem Körper besitzt - gerät in Gefahr, diskriminiert zu werden.

So werden in zahlreichen Medien wie auch populärwissenschaftlichen Arbeiten mit einem wohlgeformten, gloriosen Körper positive Charaktereigenschaften verbunden; in einem weniger dem Ideal entsprechenden Körper negative Persönlichkeitsmerkmale diagnostiziert (Eckert, 2003). Definiert man Rassismus als das in Relation setzen von körperlichen (biologische, genetische o.ä.) Merkmalen und (positiv bzw. negativ bewerteten) charakterlichen Eigenschaften wie Intelligenz, Verhaltensmustern oder Identitätskonstruktionen, so muss die beschriebene, idealtypische Auslegung von Körperbildern und Körperformen als eine neue Ausprägung eines rigiden Rassismus interpretiert werden.

Sicherlich darf nicht übersehen werden, dass im Sport in den letzten Jahren Gegenbewegungen entstanden sind, denen ein anderes, ganzheitliches Körperbild zugrunde liegt. Häufig beziehen sich diese Körperkonstruktionen auf fernöstliche Bewegungskulturen. Dennoch scheint diese „Erweiterung" des Bewegungsangebotes und der damit verbundenen Körperbilder die Dominanz des „westlichen" Idealtypus und die daraus folgende Bedeutungszuschreibung nicht zu verändern.

4. Schlussbetrachtung

Es war u.a. das Anliegen unserer Überlegungen, auf die Vielfalt der Sportkulturen aufmerksam zu machen, und für die Konsequenzen, die sich daraus ergeben, zu sensibilisieren.

Der Sport in den verschiedenen Ländern ist - wie wir begründet haben - im europäischen Kulturraum immer auch das Ergebnis von Vergleichen und wechselseitiger Penetration. Wenn man nun einen Vergleich der verschiedenen Sportkulturen durchführt, kann das Ergebnis nicht überraschen, denn: Wenn der Gegenstand des vergleichend angelegten, wissenschaftlichen Forschens immer schon das Ergebnis von Vergleichen ist, müssen sich zwangsläufig Unterschiede ebenso wie Gemeinsamkeiten ermitteln lassen. Inwieweit man Gemeinsamkeiten oder Differenzen in einem solchen interkulturellen Vergleich ausmachen kann, ist zunächst nur eine Frage des Abstraktionsniveaus. So wie ein Auto allgemein als ein Fahrzeug mit vier Rädern, Motor, Sitzgelegenheiten etc. beschrieben werden kann (aber sich Unterschiede zwischen den verschiedenen Marken leicht ermitteln lassen, wenn man die Details des Designs und der technischen Ausstattung in den Blick nimmt), wird man auch im Falle einer interkulturell vergleichenden Sportforschung Unterschiede feststellen können, je tiefer man in die Besonderheiten einer Kultur eindringt. Die Frage ist also weniger, ob es solche Gemeinsamkeiten gibt oder nicht - eine Frage, die sich nach unseren Vorüberlegungen letztlich erübrigt -, sondern mit welchem Ziel interkulturelle Vergleiche durchgeführt werden. Hier sind wissenschaftliche und praktisch-politische Ziele zu unterscheiden. Für beides sollen nun abschließend Beispiele gegeben werden.

Aus wissenschaftlicher Sicht kann es interessant sein, etwas über die Resistenz von Kulturen gegenüber Erscheinungsformen und Folgen der Globalisierung zu erfahren und u. U. sogar Auskunft darüber erhalten, warum möglicherweise gerade wegen eines massiven Globalisierungsdrucks gegenläufige Tendenzen der demonstrativen Betonung und Wiederbelebung lokaler und regionaler Kulturbesonderheiten zu beobachten sind. Ebenso kann es wichtig sein zu analysieren, in welcher Form Prozesse der Adaptation von Elementen anderer Kulturen und der Einpassung in die eigenen Kultur unter den spezifischen Gegebenheiten der Tradition und Geschichte und den Besonderheiten der integrierenden Gesellschaft erfolgen, und in welchen Formen eine reflexive Aneignung und Verarbeitung von „Fremdangeboten" und „Zumutungen" erfolgt. Schließlich ergibt sich daraus die grundsätzliche Frage, wie wir aufgedeckte Gemeinsamkeiten bzw. Unterschiede letztlich erklären können, inwieweit die Eigendynamik einer Gesellschaft und in welchem Umfang wechselseitige Penetration als Erklärungsmuster herangezogen werden müssen.

Vermutlich sind die praktisch-politischen Erträge solcher Vergleiche mindestens ebenso bedeutsam. Auch dies sei an einem Beispiel erläutert: Die europäische Politik greift massiv in die Gestaltung des Sports der Länder ein: Arbeitsmarktregeln, Wettbewerbsbestimmungen, Sicherheitsvorschriften für Sportgeräte und Sportstätten, Umweltschutzmaßnahmen etc. werden „für alle" gleichermaßen verbindlich, da die EU-Kommission eine Harmonisierung des nationalen Rechts anstrebt. Allerdings erfolgt diese Harmonisierung oft genug vom „grünen Tisch" aus, d. h. ohne die nationalen, kulturellen und politischen Unterschiede zur Genüge zu Bedenken.[26] Damit stellt sich die Frage, in welchem Umfang die einzelnen Länder und Regionen ihre eigenständige Kultur und Tradition des Sports zukünftig aufrechterhalten können. Diese Frage ist deshalb so wichtig, weil die Kultur und Tradition eines Landes Teil der individuellen Identität, des Zugehörigkeitsgefühls und der sozialen Integration ist. Sport kann dabei eine wichtige Funktion übernehmen. Sofern Sport einen Beitrag dazu leisten kann und soll, die desintegrierenden Folgen der europäischen Integration zu mildem, kann er dies nur leisten, wenn auf die kulturelle Vielfalt seiner Erscheinungsformen und Bedeutungsgehalte Rücksicht genommen wird. Für „angemessene" politische Entscheidungen müssen allerdings die kulturellen, regionalen und gesellschaftsspezifischen Besonderheiten und Problemlagen des Sports nicht nur bekannt, sondern auch die Kompatibilität mit „globalisierten" Neuerungen gesichert sein.

Zwar bleibt der Sport auch mit dieser Interpretation „sinnlos"; aber gerade in der Offenheit in den Zielen, Regel, seiner Organisation, seiner Philosophie und der Vielfalt der Bedeutungszuweisungen erwächst aus seinen Wirkungen ein bedeutsamer Wert.

---

[26] So spricht man etwa in der Sportverwaltung in Brüssel von einem „europäischen Modell" des Sports, das sich von jenen anderer Kontinente - etwa in der besonderen Bedeutung der Dominanz der Vereine und des hierarchisch-pyramidenförmigen Aufbau des Wettkampfsystems - deutlich unterscheidet. Dies mag „auf hohem Abstraktionsniveau" zwar stimmen; in der Realität bedeutet es aber den bürokratischen Abbau einer kulturellen Vielfalt.

Literatur

Allison, P. (1984): Event History Analysis: Regression for Longitudinal Event Data. Thousand Oaks, CA: Sage Publications, Inc.

Augé, M. (2004): Por qué vivimos – Por una anttropología de los fines Barcelona (67)

Bale, J. (1993): Sport, Space and the City. London / New York

Bernett, H (1977): Zum Problem der Fremdbestimmung und Instrumentalisierung des Sports. In: Sportwissenschaft 7

Bette, K.-H. / Schimank, U. (1995): Doping im Hochleistungssport: Anpassung durch Abweichung. Frankfurt a. M.

Bröskamp, B. / Alkemeyer, T. (1994): Fremdheit und Rassismus im Sport. Berlin

Cachay, K. (1988): Sport und Gesellschaft - Zur Ausdifferenzierung einer Funktion und ihrer Folgen. Schorndorf

Chalip, L. H. / Johnson, A. / Stachura, L. (ed.) (1996): National sports policies - An international Handbook.Westport

de Knoop, P. / Engström, L.M. / Skirstad, B. / Weiss, M. (ed.) (1996.): Worldwide trends in youth sport. Champaign, IL.

Dopson, S. / Waddington, I. (2003): Sport and Welfare in Britain. In: Heinemann (ed.) Sport and welfare policies – Six European Case Studies. Schorndorf

Douglas, M. (1974): Ritual, Tabu und Körpersymbolik – Sozialanthropologische Studien in Industriegesellschaft und Stammeskultur. Frankfurt a. M.

Dunning, E. / Sheard, K. (1979): Barbarians, Gentlemen, Players: A Sociological Study of the Development of Rugby Football, London / Oxford

Eckert, M: (2003): TAO. Ort (Falken Verlag)

Elias, N. (1975): Die Genese des Sports als soziologisches Problem. In: Hammerich, K. / Heinemann, K. (Hg.): Texte zur Soziologie des Sports. Schorndorf

Elias, N. (1978): Über den Prozeß der Zivilisation. Soziogenetische und psychogenetische Untersuchungen. Frankfurt a. M. (Band 1: Wandlungen des Verhaltens in den weltlichen Oberschichten des Abendlandes. Band 2: Wandlungen der Gesellschaft. Entwurf zu einer Theorie der Zivilisation)

Elwert, G. (1982): Probleme der Ausländerintegration. Gesellschaftliche Integration durch Binnenintegration? In: KZfSS 34 (4)

Esser, H. / Friedrichs, J. (Hg.) (1990): Generation und Identität: theoretische und empirische Beiträge zur Migrationssoziologie. Opladen

Friederici, M. / Horch, H.-D. / Schubert, M. (Hg.) (2002): Sport, Wirtschaft und Gesellschaft. Schondorf

Gordon, M. (1964): Assimilation in American Life. New York

Guttmann, A. (1978): From ritual to record. The nature of modern sport New York

Hahn, A. (1987): Kann der Körper ehrlich sein? In: Gumbrecht, H. / Pfieffer, K. L. (Hg.): Materialität der Kommunikation. Frankfurt

Heinemann, K. / Schubert, M. (Hg.) (2001): Sport und Gesellschaften Schorndorf

Heinemann, K. (ed.) (1999): Sport clubs in various European countries. Schorndorf

Heinemann, K. (2001): Die Technologisierung des Sports – eine sozio-ökonomische Analyse. Schorndorf

Heinemann, K. (2001): Los valores del deporte – Una perspectiva sociológica. In: Apunts – Educación Fisica y Deporte 64 (2)

Heinemann, K. (2002): Deporte para inmigrants – Instrumenteo de integración? In: Apunts – Schwerpunktheft „Deporte e inmigración" (2).

Heinemann (ed.) (2003): Sport and welfare policies – Six European Case Studies. Schorndorf

Heinemann, K. (2004): Deporte, salud y desenrollo humano. In: Monteagudo, J. M. / Puig, N. (eds.) Ocio y deporte – Un análisis multidisciplinary. Bilbao

Jütting, D. (2001): Olympischer Sport und kulturelle Hegemonie – Zur globalen Expansion eines europäischen Kulturmusters. In: Digel, H. (Hg.): Spitzensport – Chancen und Probleme. Schorndorf

Kidd, B. / Donelly, P. (2000): Human rights in sports. In: International Review for the Sociology of Sport. 35/2

Lehnertz, K. (1991): Techniktraining In: Rieder, H. / Lehnertz, K. (Hg.): Bewegungslernen und Techniktraining. Schorndorf.

Lüschen, G. / Rütten, A. (Hg.) (1996): Sportpolitik - sozialwissenschaftliche Analysen. Stuttgart.

Maguire, J. (2004): Globalisation and the making of modern sport. In: Sport-wissenschaft Jg. 34/1

Plessner, H. (1970): Philosophische Anthropologie. Lachen und Weinen. Das Lächeln. Anthropologie der Sinne. Frankfurt a. M.

Pronger, B. (2002): Body Fascism – Salvation in the Technology of Physical Fitness. Toronto

Renson, R. (1998): The reinvention of traditional games and sport. In: doll-Teppert, G. / Scoretz, D. (eds.). Ancient Traditions and Current Trends in Physical Activity and Sport. Berlin

Tenbruck, F. H. (1992): Was war der Kulturvergleich, bevor es den Kulturvergleich gab? In: Matthes, J. (Hg.): Zwischen den Kulturen - Soziale Welt, Sonderheft 8.

van Bottenburg M .(2001): Global Games Chicago.

Waddington (2000): Sport, Health and Drugs; A Critical Sociological Perspective. London / New York

Zündorf, L. (1994):Weltwirtschaftliche Vergesellschaftung - Perspektiven einer globalen Wirtschaftssoziologie. In: Lange, E. (Hrsg.): Die Wirtschaft im Wandel - Soziologische Perspektiven. Berlin.

Markus R. Friederici / Klaus Heinemann

Schöne, neue Computerwelt

Über die emotionalen Folgen der Computernutzung in Sportvereinen

1. Problemlage

Die drei Stichworte im Titel dieses Beitrags verweisen auf das Problem, dem wir uns zuwenden möchten ebenso wie auf das Programm, mit dem wir dieses Problem behandeln wollen: Über die Strukturbesonderheiten freiwilliger Vereinigungen, zu denen auch Sportvereine zählen, sind wir bereits durch eine Vielzahl von Untersuchungen informiert; die Konsequenzen der Computernutzung bzw. der digitalen Datenverarbeitung sind schon vielfältig und auch kontrovers in der Literatur erörtert worden; zur Soziologie der Emotionen - auch bezogen auf Emotionen in Organisationen - wurde gerade in den letzten Jahren viel gearbeitet und veröffentlicht. Zu diesen Themen wollen wir also nichts Neues hinzufügen. Wir wollen demgegenüber versuchen, eine Verbindung zwischen diesen drei Sachverhalten herzustellen, genauer: zu zeigen, welche Wirkungen die Einführung von Computertechnologien bzw. von Techniken digitaler Informationsverarbeitung auf die verschiedenen, in Sportvereinen typischerweise anzutreffenden Emotionen auslösen können, und wie solche möglichen Veränderungen in den emotionellen Lagen wiederum auf Arbeits- und Funktionsweise und auf das Netz sozialer Beziehungen in Sportvereinen zurückwirken.[27]

Diese drei Sachverhalte - Sportvereine, Computertechnik, Emotionen - sind also die Bausteine, die wir miteinander verknüpfen wollen, um neue Erkenntnisse darüber zu gewinnen, wie sich emotionelle Lagen in Sportvereinen mit der Nutzung dieser Informationstechnologie möglicherweise verändert haben und weiter verändern. Wir erhoffen uns aus dieser Verbindung also neue Erkenntnis-

---

[27] Zwar gibt es eine Reihe von Untersuchungen über die Folgen der Computernutzung in anderen Organisationstypen – hier stellt sich allerdings die Frage, inwieweit Befunde, die in Wirtschaftsunternehmen Gültigkeit besitzen, aufgrund der unterschiedlichen Strukturbesonderheiten im Vergleich zu Non-Profit-Organisationen im allgemeinen und Sportvereinen im besonderen übertragbar sind.

se sowohl für eine Soziologie freiwilliger Vereinigungen, für die Techniksoziologie als auch für eine Soziologie der Emotionen.

Zunächst allerdings sind einige einschränkende Anmerkungen erforderlich:

1.   Wir werden kurz diese drei Bausteine vorstellen. Allerdings geht es dabei nicht um eine umfassende und vollständige Darstellung des gegenwärtigen Forschungsstandes. Vielmehr werden wir uns auf jene Sachverhalte beschränken, die uns für unsere Problemstellung besonders nützlich zu sein scheinen.

2.   Mit dieser Problemstellung betreten wir weitgehend Neuland. Zwar gibt es sichere Erkenntnisse über Konsequenzen der Computernutzung in Organisationen; diese aber berücksichtigen nicht die Besonderheiten freiwilliger Vereinigungen, und darüber hinaus blenden sie Emotionen oft aus. Insofern besitzen unserer Überlegungen über weite Strecken hypothetischen Charakter, der nur durch einige empirische Befunde abgemildert werden kann.[28]

3.   Aus empirischen Untersuchungen wissen wir (vgl. HEINEMANN 1999; HEINEMANN / PUIG 2001), dass Sportvereine von Land zu Land unterschiedliche Gestaltungsformen - bezogen auf ihre Funktionen, die Bedeutung ehrenamtlicher Mitarbeit, die Art der Einbindung der Mitglieder, die Teilnahme am demokratischen Prozedere, die jeweilige Organisationskultur, also in bezug auf Faktoren, die für unser Thema folgenreich seien können - besitzen,[29] so wie sich bekanntlich in jedem Land unterschiedliche Emotionen entwickeln, die wiederum verschieden bewertet und über die in je unterschiedlicher Form kommuniziert wird.[30] Solche länderspezifischen und kulturellen Brechungen können in

---

[28] In einigen Veröffentlichungen wird auf Veränderungen in den emotionalen Beziehungen zwischen Akteuren aufgrund einer (zunehmenden) digitalen Kommunikation hingewiesen (CHARWAT 1994; SADEK 1998; BÜHL 2000, 2001). So liegt also die Vermutung nahe, dass sich solche Einflüsse auch in Sportvereinen ermitteln lassen, allerdings modifiziert durch die Strukturbesonderheiten dieses Organisationstyps.

[29] Bei einer vergleichenden Untersuchung zur Situation der Sportvereine in Deutschland und Spanien zeigte sich z.B., dass in spanischen Vereinen ein Solidaritätsgefühl weniger ausgeprägt zu finden ist als in deutschen Vereinen, der Dienstleistungscharakter dort also vorherrscht (vgl. HEINEMANN, PUIG et. al. 1997).

[30] In der deutschen Sprache existieren ca. 350 Begriffe, um Gefühle auszudrücken, die englische Sprache kommt auf ca. 250 Begriffe, die spanische auf ca. 450, die chinesische auf ca. 650 – auch dies ein guter Indikator kultureller Prägung der Gefühle, denn fraglich ist, ob wir Gefühle entwickeln können, für die wir keine Begriffe haben.

diesem Beitrag nicht berücksichtigt werden. Daher beziehen sich unsere Ausführungen auf die Gegebenheiten in Deutschland, auch deshalb, weil wir so auf verschiedene, auch eigene empirische Untersuchungen zu den einzelnen Bausteinen und auf vielfältige persönliche Erfahrungen zurückgreifen können, die uns für die ja nur hypothetischen Aussagen über die Konsequenzen der Computernutzung auf verschiedene Emotionen unerlässlich erscheinen.

4. Selbst wenn an verschiedenen Stellen unserer Überlegungen der Eindruck entstehen sollte, wir würden (kultur-)kritisch zu den Folgen der Computernutzung eingestellt sein, so täuscht ein solches Bild. Es geht uns nicht um Bewertungen im Sinne von gut oder schlecht, um Vergleiche von Vorteilen und Nachteilen — zumal es sich dabei um Entwicklungen handelt, die ohnehin nicht zu kontrollieren und noch weniger zu ändern sind. Vielmehr wollen wir auf nicht-intendierte Effekte unvorhersehbarer und daher auch in ihren Konsequenzen nicht diskutierter Entwicklungen in der digitalen Informationsverarbeitung aufmerksam machen.

2. Bausteine

2.1 Erster Baustein: Freiwillige Vereinigungen

Als typische Charakteristika freiwilliger Vereinigungen werden meist genannt, dass es sich

a. um Non-Profit-Organisationen handelt und somit eventuell erzielte Gewinne nur für die Verwirklichung der Zwecke des Vereins verwendet werden dürfen;[31] dies bedeutet aber auch, dass

b. die Ziele der Organisation zugleich Motive der Mitgliedschaft und der Mitarbeit werden, dass sie

c. eine demokratische Entscheidungsstruktur besitzen müssen und dass

d. ihre wichtigste Ressource die Freiwilligenarbeit in der Regel durch die Mitglieder selbst ist.

Aus diesen Merkmalen leiten sich die für unser Thema bedeutsamen Besonderheiten freiwilliger Vereinigungen ab: Sie stellen eine eigentümliche Mischung

---

[31] Aus diesem Grund wäre für diesen Organisationstypus eher die Bezeichnung „Not-for-Profit"-Organisation angemessen, da durchaus Gewinne erwirtschaft werden (können).

von Strukturelementen einer formalen Organisation (wie etwa staatliche Verwaltungen oder industrielle Großbetriebe) und einer soziale Gruppe dar.

• Sportvereine verfolgen zwar das Ziel, ihren Mitgliedern Sporttreiben zu ermöglichen; die Beziehungen in Vereinen sind aber nicht eindeutig funktional spezifisch. Verhalten in einem Verein wird vielmehr in wesentlich geringerem Ausmaß als in kommerziellen Betrieben und in den öffentlichen Verwaltungen durch festgelegte, bewusst auf das Ziel ausgerichtete und rational geplante Regeln gesteuert. Die Zusammenarbeit im Verein ist zwar auf ein Ziel ausgerichtet, trägt aber zugleich deutlich expressive Züge. Je stärker die Übereinstimmung mit den Zielen, den Werten und der Tradition des Vereins, je angenehmer die Atmosphäre bei der Vereinsarbeit, desto größer ist die Motivation der ehrenamtlichen Mitarbeiter und die Bereitschaft für eine informelle Abstimmung der Handlungen – und desto weniger braucht explizit geregelt zu werden. Regelungen ergeben sich erst aus dem offenen Zusammenspiel der Beteiligten; es stabilisieren sich die Bilder, die sich die Akteure von sich und anderen machen, ebenso wie die Handlungen, die sich bewährt haben.

• Im Rahmen der soziologischen Vereinsforschung ist man auf der Grundlage dieser Strukturbesonderheiten schon früh der Frage nachgegangen, ob der Sportverein eher den Dienstleistungsorganisationen oder den Solidargemeinschaften zuzuordnen sei.[32] Eben jene Diskussion bringt bereits zum Ausdruck, dass Sportvereine aufgrund ihrer Strukturbesonderheiten nur schwerlich einem Organisationstypus zuzuordnen sind. Sportvereine sind gekennzeichnet durch ein ausgeprägtes Gefühl subjektiver Zusammengehörigkeit ihrer Mitglieder, die füreinander einstehen, ihren Einsatz nicht rational nach Kosten und Nutzen bzw. nach Anreiz und Beitrag kalkulieren und prüfen, ob sich ein Einsatz zumindest langfristig auch auszahlt. Entscheiden und Handeln der Akteure wird hier durch persönliches Vertrauen und Konsens gesteuert.

• Zwar bilden sie auch soziale Strukturen aus, die aber nicht den Grad der Formalisierung erreichen, der für formale Organisationen typisch ist. Da ein Verein in der Regel weniger arbeitsteilig organisiert sein kann als z.B. ein Wirtschaftsunternehmen, besteht nur ein relativ geringer Koordinationsbedarf.

---

[32] HEINEMANN (1998, 85ff.)

- Es bestehen zwar formal einige Autoritätsstrukturen, aber Einfluss und Durchsetzungsvermögen bleiben weiterhin von Persönlichkeit und Überzeugungskraft der Amtsinhaber abhängig.[33]
- Sanktionen haben meist nur informellen Charakter – etwa in Form eines Tadels, der Ironisierung, des Scherzes, durch demonstratives Schweigen, abrupten Themenwechsel oder Unaufmerksamkeit. Je diffuser dabei die Beziehungen, desto mehr zielen die Sanktionen gleichsam moralisierend auf die gesamte Person.

Man kann es auch so formulieren: Sportvereine sind im Gegensatz zu anderen Organisationstypen „Gesinnungsgemeinschaften" (HEINEMANN 1998, 90),[34] in denen Mitglieder das gemeinsame Interesse an Bewegung wie auch Kommunikation und Geselligkeit verbindet und in denen Mitgliedschaft, Zusammenarbeit und Aufgabenerfüllung wesentlich durch die Art der „face-to-face"-Beziehungen zwischen den Mitgliedern und den darin eingebundenen Emotionen geprägt werden. Der Sportverein ist eben nicht nur ein soziales Gebilde, also ein institutionell abgegrenzter Ort einer sozialen Ordnung, sondern auch ein Ort der Vergemeinschaftung, in dem sich Menschen zusammenfinden, die nicht nur gemeinsame Interessen verfolgen, sondern Gefühle der Zusammengehörigkeit und Solidarität entwickeln, und der Verein somit (auch) als ein organisatorisch abgegrenztes, gruppenbezogenes Bündnis beschrieben werden kann (HEINEMANN 2004).[35]

---

[33] Die Vermengung der z.T. widersprüchlichen Besonderheiten von sozialen Gruppen und formalen Organisationen kann in verschiedenen Vereinstypen zwar unterschiedlich ausfallen. Vereine können sich eher den Eigenheiten sozialer Gruppen oder den Besonderheiten formaler Organisationen nähern. Inwieweit das eine oder das andere der Fall ist, hängt u.a. von der Größe des Vereins, seinem Alter, der Zahl der angebotenen Sportarten, aber auch von den Interessen der Mitglieder ab. Aber 1. ist zu bedenken, dass in Deutschland ca. 35% der Vereine weniger als 100 Mitglieder (und viele davon unter 50 Mitglieder) haben und schon diese Größe die Wahrscheinlichkeit erhöht, dass sich gruppenähnliche Gegebenheiten entwickeln, und 2. dass sich auch größere Vereine meist in viele Abteilungen, Untergruppierungen etc. aufgliedern, in denen diese gruppenspezifischen Merkmale ebenso entstehen können (HEINEMANN / SCHUBERT 1994).

[34] So zeigen u.a. Ergebnisse zum emotionellen Klima in Sportvereinen (HEINEMANN / SCHUBERT 1994), dass die überwiegende Mehrzahl der Befragten „ihren" Verein nach wie vor als Solidargemeinschaft interpretiert.

[35] Dies drückt sich bereits in dem deutschen Begriff „Verein" aus, der sich aus Vereinigung,

2.2. Zweiter Baustein: Computernutzung

Mittlerweile existiert eine Vielzahl wissenschaftlicher Publikationen, die die wirtschaftlichen, politischen, kulturellen und gesellschaftlichen Verwendungen und Wirkungen des Computers behandeln (RAMMERT 1990; BÜHL 1999; CASTELLS 2001, 2004). Wenn man aus diesen Arbeiten die für unser Thema relevanten Besonderheiten der Computernutzung herausdestilliert, erhält man ein Bild, das die Wirkungen digitaler Informationsverarbeitung in Sportvereinen offenkundig macht und daher im folgenden etwas ausführlicher dargestellt werden soll:

a. Veränderungen im Wissen und Denken. Das Internet erzeugt eine undiskutierte Intensivierung und Erweiterung des Wissens. Aber diese Erweiterung ist nicht nur quantitativer Natur: Beachtenswert ist vielmehr die Technizität dieses Wissens, d.h. eines Wissens, das in erster Linie für seine effiziente Nutzung angelegt ist. Es wird nicht mehr so wichtig zu wissen, wie die Dinge funktionieren, sondern wie man damit angemessen umgeht. Daher liegt der Sinn der Computernutzung oft in einer Vereinfachung, der Standardisierung, der Differenzierung, der Beschleunigung und Verbesserung von Arbeitsroutinen bzw. der Zeit- und Kostenreduzierung.[36]

Arbeitsteilung, seit je her eine Möglichkeit der Steigerung der Effizienz, wird durch die Computertechnologie nicht aufgehoben, sondern eher noch verstärkt. Es erfolgt eine zunehmende Segmentierung in immer neue Spezialisten, weil diese Technologien funktionsoffen und daher für immer neue Anwendungen erschließbar sind. Aber diese Arbeitsteilung erfolgt nicht mehr nach festen Mustern mit einiger Konstanz; vielmehr handelt es sich nunmehr um eine spontane Arbeitsteilung, die in enger Beziehung zu den technologischen Veränderungen und den Mutationen der Nutzungsmöglichkeiten steht.[37]

---

also Gemeinschaft (community), ableitet. Er ist in eine andere Sprache nur schwer zu übersetzen, ohne dass diese oft diffusen, emotionsgeladenen Konnotationen verloren gingen.

[36] Das Merkwürdige dabei ist, dass dem Nutzer diese Technik nicht fremder wird, obwohl ihm die Funktionsweise zunehmend fremd ist; die Akzeptanz einer Technik, die man nicht durchschaut, aber auf deren Funktionsfähigkeit man uneingeschränkt vertrauen muss, sinkt nicht, sondern nimmt eher zu. Es steigt die Akzeptanz der Technik, je weniger sie verstanden wird.

[37] MINTZBERG (1979) hat dies sehr schön in der Charakteristik des Organisationstyps der „adhocracy" gezeigt.

b. Computernutzung und Entkörperlichung: Der Mensch ist in seiner Evolution darauf angelegt, die Welt mit allen seinen fünf Sinnen gleichermaßen wahrzunehmen, diese in Interaktionen einzubringen und damit und darüber zu kommunizieren. Und weil dies so ist, sind diese Sinne - besonders deutlich sichtbar beim Blick- und Körperkontakt - in vielfältiger Form sozialen und kulturellen Regelungen unterworfen, beispielsweise als Instrumente der Kommunikation, als kulturelle Symbole, als Gegenstand gesellschaftlicher Kontrolle, in der Typik individuellen Verhaltens - und zwar sowohl einzeln als auch in der Kombination - etwa von Körperkontakt und Blick. Man mache sich nur deutlich, was alles mit einem Blick, mit unterschiedlichen Formen des Lächelns und mit verschiedenen Formen des Körperkontakts ausgedrückt und vermittelt werden kann – und welche Leistung darin besteht, Emotionen, die uns ja immer nur in unserem Inneren bewegen, nach außen angemessen codiert zu vermitteln, und welche Leistung für den anderen wieder erbracht werden muss, diesen Emotionscode angemessen zu lesen. Man muss z.B. unterscheiden lernen, ob ein Lächeln „künstlich" oder „echt", ob es sich nur um ein (vielleicht ironisches) Grinsen oder ein (vielleicht aufmunterndes) Anlächeln, ein (vielleicht beschämendes) Auslachen oder (vielleicht aufreizendes) Anlachen handelt – und wir alle wissen, welche Folgen und Probleme eine falsche Dekodierung und Deutung eines solchen Gesichtsausdrucks mit sich bringen kann. So wird einem bewusst, wie hilflos es erscheinen muss, wenn die Vielfalt solcher Formen des Emotionsausdrucks über das Internet vermittelt werden soll,[38] oder wenn Stimmungen mit Geräuschsimulierungen[39] und Aktionswörtern[40] eine schriftliche Aussage relativieren, karikieren, verstärken oder abschwächen (vgl. DÖRING 1999, 45). Es bleiben Bilder ohne Körper.

Nur über unsere Sinne können wir die Welt verstehen. Zwar können wir unsere Sinne mit Mikroskopen, Stereoskopen, Robotern oder auch Hörgeräten

---

[38] Dass der Körper in der „face-to-face"-Kommunikation unabhängig von Gestik und Mimik von Bedeutung ist, zeigt sich durch den Umstand, dass es Menschen in der Regel weniger schwer fällt, im Internet zu lügen (indem sie beispielsweise ihre Person nicht ganz wahrheitsgetreu beschreiben) als in einer „face-to-face"-Situation.

[39] „grumpf", „hust", etc.

[40] „lach", „würg", „staun", etc.

verstärken. Doch immer gilt: was jenseits unserer Sinne liegt, bleibt uns verborgen. Unsere Sinne definieren die Grenzen unseres Bewusstseins.

Im Computer nun werden Wahrnehmung und Kommunikation auf höchstens zwei Sinneswahrnehmungen reduziert – der Wahrnehmung dessen, was auf dem Bildschirm des Computers an Schrift und Bild erscheint. Aber dies ist nicht einfach eine Reduktion unserer sinnlichen Wahrnehmung. Wir verbinden (in der deutschen Sprache) die Begriffe „sinnlos", „von Sinnen sein" u.ä. mit einem zweideutigen Inhalt. Zum einen als Verlust der Wahrnehmung durch unsere Sinne; zugleich aber die Überlagerung und Ordnung dieser Wahrnehmung mit einem „Sinn", also zum einen mit Bewertungen als „sinnvolle" oder „sinnlose" Ordnungen, also mit „angemessenen" Interpretationen, zum anderen aber auch mit Emotionen.[41] In diesem Dreiecksverhältnis Information – Interpretation – Emotion erfolgt nicht nur eine Selektion der sinnlichen Wahrnehmung der Realität, sondern auch ihre Konstruktion etwa in „bedeutsam – nicht-bedeutsam", „wichtig – unwichtig", „oben – unten", „dazugehören – nicht dazugehören", „hässlich – schön", „erlaubt – unerlaubt" etc. Unsere Sinne ergeben nicht einfach durch auffallende oder unterschwellige Handlungen einen Sinn, sie gliedern vielmehr die Realität in Einzelteile; wertegeleitete Interpretationen und Emotionen machen daraus ein sinnvolles Muster. Die Sinne liefern dem Gehirn bruchstückhafte Informationen, die dort wie kleine Teile eines Puzzles zu einem Gesamtbild der Wirklichkeit zusammengesetzt werden.[42] Aber mit dem Primat der digitalen Information werden in diesem Sinn Kognitionen „sinnlos", genauer: ein fließendes, diversifiziertes, instabiles und interpretationsoffenes Bild der Wirklichkeit. Die digitale Informationsverarbeitung unterliegt dem Primat des Kognitiven.[43]

---

[41] Zumindest macht uns HELLER (1981) darauf aufmerksam, dass Kognitionen nie von Emotionen zu trennen sind.

[42] So können Menschen, die in frühester Kindheit ihr Augenlicht verloren haben, denen aber durch medizinische Fortschritte im Erwachsenenalter das Augenlicht wiedergegeben werden konnte, dennoch nicht „sehen", weil das Gehirn nicht rechtzeitig gelernt hat, den optischen Signalen einen Sinn zu geben.

[43] In welchem Umfang dies geschieht zeigt, wie emotionslos äußerst gewaltverherrlichende Computerspiele aufgenommen und gespielt werden – die Realität bleibt eben digital. Sie vermitteln weder die Emotionen noch den Sinn, der sich uns in vergleichbaren Szenen aufdrängen würde, sähen wir vergleichbares in der Wirklichkeit.

Welche Konsequenzen sich daraus ergeben, wird deutlich, wenn wir uns vergegenwärtigen, welche Bedeutung es hat, wenn wir von „face-to-face"-Beziehung sprechen: Sie teilen die gleichen Koordinaten des Raums und der Zeit. Die Interaktion der Computernutzer erfolgt demgegenüber in unterschiedlichen, nicht von beiden geteilten Räumen; sie ist in vielen Fällen asynchron, so dass eine physische und gleichzeitige Anwesenheit der Teilnehmer nicht erforderlich ist. Der andere ist nicht hier, sondern irgendwo. Anstelle des Bewusstseins und des Gefühls der „face-to-face"-Interaktion tritt der abstrakte Vorteil einer multipersonalen, aber ausschließlich auf das Kognitive begrenzten Interaktion.

2.3 Dritter Baustein: Emotionen

Die Kennzeichnung der Besonderheiten freiwilliger Vereinigungen, also auch von Sportvereinen, macht deutlich, dass die Alltagswirklichkeit in einem Sportverein ohne Emotionen nur schwer vorstellbar ist. So sind Gefühle der Zusammengehörigkeit und Zugehörigkeit, der Freundschaft und Feindschaft, der Sympathie und Antipathie, der Identifikation mit dem Verein und die Bindung an eine Mannschaft oder Athleten, Gefühle des gegenseitigen Vertrauens, aber auch des Misstrauens und der Missgunst selbstverständlich. Hinzu kommen die Freude und die Erfüllung, aber auch der Ärger in der ehrenamtlichen Mitarbeit ebenso wie Gefühle wie Solidarität oder ausgebeutet werden, der Ärger in zu langen Vorstandssitzungen und die scheinbar „dümmlichen" Argumente des anderen, die Enttäuschung nach einer Niederlage bei einer Abstimmung und der Frust nach langem Intrigenspiel – neuerdings als Mobbing beschrieben.

Wir wollen damit nicht behaupten, dass ähnliche Gefühle nicht auch in anderen Organisationstypen auszumachen sind. Allerdings meinen wir, dass solche Gefühle eine für das Erreichen der Ziele eines Sportvereins zentrale Bedeutung besitzen, da sie sich aus konstitutiven Merkmalen freiwilliger Vereinigungen ableiten und keine vernachlässigbaren Begleiterscheinungen darstellen. Deshalb besitzen auch Emotionsarbeit und Emotionsmanagement[44] in Vereinen eine

---

[44] Unter Emotionsmanagement soll die Anwendung jener Strategien verstanden werden, mit denen Daseinsbereiche – hier also der Sport und seine Organisationen – positive Emotionen sichern und das Auftreten bzw. Wirksamwerden negativer Emotionen vermeiden können. Emotionsarbeit bezeichnet jene Anstrengungen und Techniken, mit denen der einzelne mit seinen eigenen Emotionen „angemessen" umgeht, um so die „positiven" zumindest nach außen

besondere Bedeutung – allerdings nicht in der Form, wie sie etwa von HOCH-SCHILD (1979, 1983) als erzwungene kommerzialisierte Emotionsarbeit mit den von ihr identifizierten Folgen der Entfremdung u.ä. beschrieben wurde. Gemeint sind vielmehr die vielen Formen informeller Emotionsarbeit zwischen Vereinsmitgliedern etc.: Für den anderen da sein, zuhören, Mut zusprechen, trösten, mitfühlen, Anteil nehmen etc. können dafür Beispiele sein. Oft fällt es Menschen schwer, über ihre Emotionen zu sprechen; nicht zuletzt, weil Menschen in westeuropäischen Ländern, stärker noch in asiatischen, im Verlauf ihrer kulturellen Sozialisation gelernt haben, Emotionen zu kontrollieren – also Emotionsarbeit zu leisten. So kann es durchaus sein, dass Trainer wie Sportler kein Interesse daran haben, ihre Emotionen öffentlich zur Schau zu stellen[45], so dass der beobachtete Emotionsausdruck nicht die tatsächlichen Gefühle widerspiegelt.

Dies schließt nicht aus, dass auch in Vereinen jene Mechanismen des Emotionsmanagements wirksam werden, auf die HOCHSCHILD aufmerksam machte, wie Selektion etwa bei der Auswahl neuer Mitglieder eines Vereins, aber auch für einen Vorstand, für die Mitarbeit in einer Kommission auch eine Rolle, inwieweit diese Mitglieder auch emotionell integriert werden können, ob, wie es umgangssprachlich heißt, die „Chemie stimmt". In vielen Vereinen müssen Mitglieder eines Vereins für ein neues Mitglied „bürgen". Dies ist wohl auch ein Grund dafür, dass viele Vereine empirisch nachgewiesen eher in sich homogene, geschlossene Gesellschaften sind, man lieber „unter sich" bleiben möchte, eben weil man sich dann auch emotional „besser" versteht. So verlassen sich viele Vereine auch darauf, dass sie Mitglieder vor allem durch Mund-zu-Mund-

---

zu zeigen, unangemessene zu unterdrücken und jene zu entwickeln, die zum Ziel haben, die Emotionen anderer im eigenen Interesse zu beeinflussen.

[45] Schließlich kann gezeigte Enttäuschung des Trainers für den Sportler im Kampf um einen Ball zusätzlich motivierend wirken, oder eine euphorische Unterstützung des Trainers an einer schwierigen Steigung bei der Tour de France dazu führen, dass der Radfahrer im Zuge dieser gezeigten Emotion letzte Kraftreserven mobilisieren kann, um sich einen entscheidenden Vorsprung zu erarbeiten. Möglichkeiten und Grenzen einer Kodierung sind u.a. wiederum gebunden an den Wortschatz, den eine Sprache zur Verfügung stellt. So müssen wir unsere sich ständig verändernde, unterschiedlich stabile, situationsabhängige innere Gefühlslage in das starre Korsett jener Begrifflichkeiten zwängen, das eine Sprache zum Ausdruck von Gefühlen gerade zur Verfügung stellt. Emotionsexpressionen sind weiter abhängig von Sprachfähigkeit, Körperbeherrschung, Situationswahrnehmung etc. des einzelnen.

Werbung gewinnen, um so die innere Homogenität zu sichern (vgl. HEINEMANN / SCHUBERT 1994).

Allerdings ist es schwierig, Emotionen soziologisch zu erforschen, weil es so viele gibt, für alle Emotionen gleichermaßen geltende Aussagen aber nur schwer zu gewinnen sind. So ist fast unmöglich, die Vielzahl unserer Emotionen systematisch zu ordnen, die Aufzählung möglicher Emotionen in Vereinen macht dies bereits deutlich.[46] Dennoch soll eine solche Klassifikation vorgeschlagen werden, die die Kontextbedingungen, unter denen Emotionen im Sport respektive Sportvereinen entstehen und in denen sie wirksam werden, zugrunde legt.[47]

• Aktivitätsbezogene Emotionen. Unter aktivitätsbezogenen Emotionen werden jene Gefühle verstanden, die im Handlungsvollzug selbst entstehen. Fühlen und Handeln laufen Hand in Hand. Viele Emotionen entstehen im Handeln; sie werden als Teil seiner Ausführung erlebt. Freude und Enttäuschung, Erfolgserlebnis und Versagen, Erfülltsein und Glücksgefühle, Stolz und Niedergeschlagenheit, „Mitgliedergefühle", „Sportgefühle" und „Zuschaueremotionen"[48] können als Beispiele dienen. Dies sind Gefühle, die das Handeln - sei es im Sport, sei es in einer ehrenamtlichen Tätigkeit - nicht als Komplementär eines kognitiven Urteils über das Handlungsgeschehen, sondern als Erleben unerlässlich das Handeln begleiten.

• Bindungsemotionen beschreiben Emotionen der Zugehörigkeit, der Einbindung und der Identifikation. So sind emotionelle Bindungen an den eigenen Verein ein markantes Beispiel für Organisationsbindungen. Begriffe wie Vereinstreue, Loyalität, Identifikation, Solidarität u.ä. spiegeln solche emotionellen Bindungen wider; aber auch emotionelle Bindungen an Sportgeräte und Sport-Räume sind Beispiele für solche Bindungsgefühle. So können sich auch die

---

[46] Wie viel (oft vergebliche) Mühe für eine Klassifikation verwendet wurde, zeigt etwa VESTER (1991) in einer zusammenfassenden Darstellung vieler Versuche, Emotionen zu definieren und zu typisieren. Vgl. dazu auch die differenzierte und theoretisch fundierte Ordnung von HELLER (1981).

[47] vgl. dazu HEINEMANN (2001)

[48] vgl. Friederici (1998)

geographische Lage eines Sportvereins, seine räumlichen Gegebenheiten, die architektonischen Besonderheiten oder auch das Image (beispielsweise technisch auf dem neuesten Stand zu sein) auf die Entstehung und Intensität von Bindungsemotionen auswirken.[49]

• Emotionen in sozialen Beziehungen. Viele Emotionen sind in den in Vereinen typischen Beziehungen und Interaktionen eingelagert. Freundschaft und Feindschaft, Neid und Missgunst, Enttäuschung und Verärgerung über andere sind Emotionen, die sich in den Beziehungen zwischen den Mitgliedern einer Mannschaft und zu Gegnern, in Beziehungen zu Trainern, zwischen Vereinsmitgliedern etc. entwickeln. Besondere Formen emotionsbehafteter Beziehungen stellen weiter jene zwischen den Geschlechtern (RASTETTER 1994) bzw. zwischen verschiedenen Ethnien[50] dar. Eine Sonderform dieser Beziehungsemotionen sind die emotionellen Beziehungen in Gruppen: Als Cliquen, Freundeskreise, Mitglieder von Kommissionen, in Form eines Vorstandes oder als Mannschaft. Das „Wir-Gefühl" - oft Definitionsmerkmal von sozialen Gruppen - ist nur ein Beispiel dafür, dass Gruppen eine gemeinsame affektive Grundstimmung entwickeln; Team- bzw. Korpsgeist, Gemeinschaftsgesinnung, gegenseitiges

---

[49] Bale (1993; 1989) macht uns darauf aufmerksam, dass Mitglieder von Vereinen solche Bindungsemotionen auch an Sportstätten (in der sie viele Erfolge errungen und viele Niederlagen hinnehmen mussten), an „ihr" Clubhaus, (das aus eigener Kraft gebaut wurde und Kristallisationspunkt des Vereinslebens ist), an das räumliche Umfeld der Sportanlage (in dem man zu Hause ist und das Stütze der eigenen Identitätskonstruktion sein kann) entwickeln können. Die emotionelle Bindung an einen Verein ist oft zugleich eine positive emotionelle Bindung an das Stadion oder das Vereinshaus. Es ist spiegelbildlich verknüpft mit negativen Gefühlslagen an Sportstätten bei Auswärtsspielen, also eine „Raumzuwendung" auf der einen Seite, eine „Raum-Phobie" auf der anderen. Die Fans fühlen sich in ihrem Heimatstadion mit ihrer Mannschaft „zu Hause", mit ihm können sie sich identifizieren, dort können sie sich wohl und sicher fühlen. Das „eigene" Stadion erzeugt Gefühle der Sicherheit, der Zugehörigkeit und des Wohlempfindens, das Stadion des Gegners hingegen vermittelt Gefühle der Fremdheit, der Beklommenheit und der Ausgrenzung.

[50] Die Probleme der Deutung von Emotionen werden insbesondere von kulturkreisspezifischen Besonderheiten und ethnozentristischen Bewertungsmustern „überlagert". Sind beispielsweise Tränen ein Zeichen für Trauer oder Freude? Je nach Volk, Stamm oder Kultur kann der Indikator „Tränendrüsenabsonderung" höchst unterschiedliche Emotionen als Ursache haben, die von Wissenschaftlern aus einer ethnozentristischen Perspektive analysiert werden. FREUD (1972, 1978) und VESTER (1991) fokussieren in ihren Arbeiten u.a. den Einfluss kulturspezifischer Verhaltensstandards auf emotionale Befindlichkeiten, die wiederum in Abhängigkeit zu kulturbedingten Normen das Handeln beeinflussen oder unterdrückt bzw. verdrängt werden.

Verstehen, innerer Zusammenhalt sind weitere Beispiele. Diese Gruppen entwickeln eine gemeinsame affektive Befindlichkeit, durch die eine konsistente Selektion und Interpretation dessen erreicht wird, was für die Mitglieder der Gruppe als bedeutsam gilt.

• Emotionelles Klima in Vereinen. Auch Organisationen haben Gefühle (ALBROW 1992, 313), d.h. Emotionen entwickeln sich nicht nur im Inneren einer Person; vielmehr sind sie auch Eigenschaften von Organisationen und damit zugleich ein zentraler Aspekt ihrer Leistung. Vereine besitzen ein emotionelles Klima bzw. ein „emotionelles Image". Dafür spricht die Alltagserfahrung – so, wenn gesagt wird, dass es in jenem Verein kalt und unpersönlich zuginge, dass in diesem Solidarität und Zusammengehörigkeitsgefühle dominant seien, dass Misstrauen und Angst oder auch Aufbruchsstimmung und Optimismus vorherrschten etc.

Auch in Sportvereinen muss es vorrangig darum gehen, Ziele bestmöglich zu erreichen. Aufgrund der Strukturbesonderheiten dieses Organisationstyps können wir davon ausgehen, dass Emotionen in besonderem Umfang dazu beitragen können, dass Sportorganisationen ihre Aufgaben besser erfüllen und somit ihre Ziele besser erreichen. Ebenso können Emotionen helfen, dass Mitglieder ihre Interessen und Wünsche leichter durchsetzen können. Dies sind zwei unterschiedliche (Funktions-)Klassen von Emotionen. Die Kennzeichnung als „instrumentelle Emotionen" ist hier angemessen. Welche Emotionen jeweils positiv, welche negativ in diesem doppelten Sinn sind, ist nur im Einzelfall und anhand empirischer Untersuchungen zu entscheiden. Wie auch immer: Diese herausragende funktionale Bedeutung von Emotionen in Vereinen muss man im Auge behalten, wenn man fragt, welche weitergehenden Konsequenzen mit einer Computernutzung verbunden sein können, wenn diese sich dämpfend auf diese verschiedenen (instrumentellen) Emotionen auswirken – was bereits nach den Überlegungen zu der durch die digitale Informationsverarbeitung bewirkten Entkörperlichung durchaus wahrscheinlich ist.

Nach der Vorstellung der drei Bausteine lässt sich nunmehr unsere Fragestellung weiter präzisieren, nämlich: Welche Auswirkungen haben die vorgestellten verschiedenen, typischen Eigenheiten der Computernutzung bzw. der digitalen Informationsverarbeitung auf diese unterschiedlichen Emotionen, und zwar in den durch ihre Strukturbesonderheiten gekennzeichneten Sportvereinen. In welchem Umfang solche Veränderungen eintreten, hängt sicherlich in erster Linie von Art und Intensität der Nutzung dieser Technologien ab. Darüber soll also zunächst gesprochen werden.

3. Computernutzung in Sportvereinen

Der Computer ist mittlerweile ein unverzichtbarer Bestandteil bei der Erledigung einer Vielzahl von Aufgaben, die in Sportvereinen anfallen. Offenkundig wird dies nach Außen durch den Internetauftritt eines Vereins auf einer eigenen Webseite, auf der sich der Verein mit seiner Geschichte, seinen Angeboten und Programmen, den Sportstätten und der regionalen Lage, den Anfahrtswegen und Besonderheiten, dem Vorstand etc. vorstellt. Weiter erfolgt über entsprechende Programme die digitale Erfassung der Mitglieder und die Verwaltung der Mitgliederdaten, das Abbuchen der Mitgliederbeiträge, finanzielle Transaktionen, die gesamte Finanzverwaltung, das Erstellen von Budgets, Abrechnungen, das Vorbereiten von Sitzungen, das Verteilen von Tagesordnungen und Protokollen, Bestandserhebungen, das Abfassen von Handzettel, Plakaten, die Verschickung der Vereinsnachrichten, aber auch die Vorbereitung und Durchführung von Wettkämpfen, die Koordination des Personaleinsatzes und seine Kontrolle, das Führen der Listen erbrachter sportlicher Leistungen und Rekorde. Über das Internet können Mitgliedern solche und viele andere Informationen schnell zur Verfügung gestellt werden. Wichtiger vielleicht noch, dass nun Aufgaben erfüllt und Leistungen erbracht werden können, die früher kaum möglich waren – wofür der Internetauftritt, der ständig aktualisiert und erweitert werden kann, nur ein Beispiel ist.

So liegen die Vorteile der Nutzung insbesondere in der Einsparung von „Zeit" und „Geld". Die Kosten, die die Implementierung von Computertechnologien verursacht, amortisieren sich in der Regel schnell, wenn man bedenkt, wie viel Kosten, - Porto, Info-Material, Telefongebühren etc. -, eingespart werden können. Beim Faktor „Zeit" verhält es sich ähnlich: Zwar bedarf es zunächst eines erhöhten Zeitaufwands, um die in dem Geräte verfügbaren Programme nutzen zu können; steht dieses Wissen allerdings zur Verfügung, trägt die Nutzung des Computers maßgeblich zur Einsparung von Zeit, - elektronische Post, Bearbeitung von Texten und Tabellen, Informationsbeschaffung etc. -, bei. Die Bedeutung des Computers in der Verwaltung von Sportvereinen ist mittlerweile derart hoch, dass ohne ihn viele Arbeiten kaum noch zu erfüllen wären. Eine Auswertung von Interviews mit Sportfunktionären ergab, dass eine Vielzahl von Sportvereinen ohne den Computer mittlerweile nicht mehr überlebensfähig ist – die Konkurrenz mit privaten Sportanbietern wie auch anderen Freizeitangeboten zwingen Sportvereine, so der Tenor der Befragten, zu drastischen Einsparungen, neuen Angeboten und neuen Formen des Marketings, die ohne die Möglichkeiten, die sich aus der Nutzung des Computers ergeben, nicht realisierbar seien (FRIEDERICI 2006). Die Sportvereine bzw. ihre Funktionsträger haben damit Pfade beschritten, die sie kaum wieder verlassen können. So hat die Entscheidung, den Computer in die Arbeitsvorgänge von Sportvereinen zu integrieren, Beharrungskräfte erzeugt, die ein Fortschreiten auf einem einmal eingeschlagenen Pfad begünstigen und grundlegende Kurskorrekturen erschweren. Der Computer hat aufgrund seiner Vielzahl (transparenter) positiver Effekte, insbesondere im Bereich der Einsparung von Ressourcen, eben jene Beharrungskräfte zur Folge, die nicht nur einen eingeschlagenen Kurs begünstigen, sondern eine Kurskorrektur bei einer Reihe von Handlungsabläufen nahezu unmöglich machen.

4. Emotionen in der Computernutzung

Bei der Analyse des Zusammenhangs von Computernutzung und Emotionen können zwei Perspektiven unterschieden werden: Zum einen Emotionen, die sich auf das technische Gerät, - den Computer mit seinen Potentialen -, seinen (programmierten) Leistungen und vor allem auch seine vielfältigen Fehlfunktionen beziehen. So kann beispielsweise die Technik nerven, weil sie nicht wie gewünscht funktioniert (begleitet von einer repetitiven Arbeit, die das Gerät bzw. die Programme „vorschreiben") oder Freude verursachen, wenn man ihm endlich die versprochenen Leistungen „abgerungen" hat.[51] Zum anderen geht es um Emotionen, die sich aus der Nutzung von Computern etwa zur Beschleunigung, Standardisierung und Erweiterung von Arbeitsaufgaben im Netz sozialer

---

[51] So wissen wir aus Technikuntersuchungen, dass die Beziehung zur Technik keineswegs nur nüchtern und sachlich ist und allein auf der kühlen Abwägung von Nutzen, Funktion und Kosten basiert. Sie ist vielmehr mit emotionellen Bindungen und Abhängigkeiten verwoben. In die Sache wird das vielfältige Erleben - Erfolge und Misserfolge, Leistungen und Anstrengungen - projiziert und zu einer emotionalen Sachbindung komprimiert (HEINEMANN 2001).

Beziehungen ergeben. Nur mit dieser zweiten Form des Zusammenhangs von Computernutzung und Emotionen wollen wir uns im Folgenden beschäftigen.

4.1 Emotionen als Folge des Übergangs

Aus empirischen Untersuchungen wissen wir, dass in vielen Vereinen Mitglieder des Vorstands oft die Pensionsgrenze erreicht oder überschritten haben.[52] Da es sich bei der digitalen Informationsverarbeitung um eine vergleichsweise junge Technologie handelt, sind viele von ihnen nicht mit dieser Technik aufgewachsen, sie haben daher nicht notwendigerweise jene Kenntnisse, die erforderlich sind, um die Potentiale eines Computers angemessen abschätzen und den Computer sachgerecht bedienen zu können. Vorhandene Erfahrungs- und Wissenslücken können daher dazu beitragen, dass ein Gefühl der Unzufriedenheit und Resignation entsteht. Neue Computerprogramme, die der Steigerung der Effizienz dienen, können aufgrund ihrer Anforderungen zudem Versagungsängste hervorrufen, die mitunter zu einem Rückfall in alte, aber gewohnte Handlungsmuster führen können.[53] Auch können durch die Umstellung von einer traditionellen auf die digitale Verwaltung Überforderungssituationen entstehen, da beispielsweise zur Ermittlung der Mitgliederstrukturen zunächst alle relevanten Daten in ein entsprechendes Programm eingegeben werden müssen, was zunächst einen hohen Zeitaufwand erfordert – Zeit, die für andere Tätigkeiten nicht zur Verfügung steht. Zudem kann auch die Interaktion mit dem Computer vielfältige Emotionen hervorrufen. Dem positiven Gefühl, eine wichtige Information an alle relevanten Personen zeitgleich übermittelt zu haben, steht das negative Gefühl gegenüber, das entsteht, wenn das Computerprogramm bei einer der angemailten Adressen eine Fehlermeldung anzeigt oder den Vorgang (ohne

---

[52] Siehe hierzu die umfangreichen repräsentativen Untersuchungen von Heinemann / Schubert (1994) und Emrich / Pitsch / Papathanassiou (2001).

[53] Ich (M.R.F.) erinnere mich an ein Interview mit dem Geschäftsführer eines Turn- und Sportbundes, der trotz neu installiertem Bildbearbeitungsprogramm und entsprechender Einweisung nach einigen Misserfolgen Bilder und Karikaturen, mit denen Ankündigungen und Handzettel versehen wurden, wieder mit der Schere ausschnitt, sie auf das Original klebte und dann fotokopierte. Die Bedienung des Kopierers bezüglich der Farbintensität, Größe und Format der Vorlage sei zwar ähnlich kompliziert wie die des Computers, berichtete der Geschäftsführer, nur reiche es ihm, sich einmal mit diesem ganzen technischen Kram beschäftigt zu haben.

ersichtlichen Grund) abbricht.[54] Auch können im Zuge der virtuellen Kommunikation positive Effekte für emotionale Beziehungen entstehen. Da im Verlauf der Sozialisation angeeignete Handlungsmuster im Umgang mit dem Computer auch in organisationalen Kontexten umgesetzt werden, können sich Computerexperten einen Status erarbeiten, der sie in den Augen der anderen Organisationsmitglieder für unverzichtbar macht und somit positive Gefühle erzeugt – beispielsweise etwas Besonderes zu sein und gebraucht zu werden.

4.2 Veränderungen in der Wissensstruktur

a. Erweiterung und Objektivierung des Wissens. Die Nutzung des Computers bewirkt eine enorme Erweiterung des Wissens und seine sofortige Verfügbarkeit – etwa über die Mitgliederstruktur (Alter, Geschlecht, Wohnort, Sportaktivitäten, sportliche Leistungen, Nutzungsintensität der Angebote) oder Entwicklungen im Zeitablauf; darüber hinaus kann man viele für die Vereinsarbeit wichtige Informationen nun schnell über das Internet beschaffen, was früher nur mit großer Mühe, oft aber überhaupt nicht möglich war.

So wird z.B. der Computer zum Speicher der Geschichte und gegenwärtigen Situation des Vereins. Das individuelle, aber mit Erlebnissen und Emotionen durchmengte Erinnern („weißt Du noch, damals...“; „ich denke oft an...“; „das werde ich niemals vergessen...“, „ich kann kaum glauben, das wir das geschafft haben...“, „war das wirklich so?...“) wird abgelöst durch die Speicherung von sachlichen, aber zugleich von Emotionen und Erinnerungen gesäuberten Informationen.

Wir wollen die Wirkungen, die sich daraus ergeben können, an zwei Beispielen illustrieren: Im ersten Beispiel geht es um Veränderungen in der emotionellen Befindlichkeit, die - empirisch nachgewiesen[55] - die Darstellung des Vereins auf einer Web-Seite im Internet bewirken kann. Die Vorstellungen, die das einzelne Mitglied von seinem Verein besitzt, entstehen aus dem Puzzle

---

[54] So bedeutet z.B. die Umstellung auf eine digitale Datenbank für den Mitarbeiter, seinen über Jahre hinweg gepflegten Zettelkasten mit den handschriftlichen Ergänzungen zu entsorgen. Die emotionale Bindung an eben jenen Zettelkasten kann derart stark entwickelt sein, dass trotz aller Einsicht in die Notwendigkeit einer Umstellung negative Emotionen entstehen können.

[55] vgl. die Arbeiten zur Organisationskultur bei HEINEMANN / SCHUBERT (1994) und HEINEMANN (2004)

vielfältiger, durch die fünf Sinne[56] erfasster Erlebnisse und Erfahrungen, aus Erinnerungen und Erzählungen, die durch Interpretationen und (Bindungs- und Beziehungs-)Emotionen zu einem Bild „meines" Vereins zusammengefügt werden. Dieses Bild vom Verein entsteht aus erzählten und erlebten Geschichten – über die „founding fathers", die Bewältigung kritischer Situationen und Konflikte, die Art, wie man kommuniziert und Entscheidungen trifft, die Sprachstile, die sich eingeschliffen haben, die Beziehungsnetze, die Erfolge und Misserfolge „unserer" Mannschaft bzw. der eigenen einschließlich der vielfältigen Bindungen an die Sportstätten etc. Dies alles bleibt subjektiv und individuell verschieden – es gibt nicht „den" Verein, sondern nur diese verschiedenen Bilder, die sich möglicherweise in gemeinsamen Erfahrungen, Gesprächen und immer wieder ergänzenden Erzählungen verfestigen und angleichen.

Die Darstellung des Vereins auf der Webseite objektiviert nun dieses subjektive Bild und säubert es zugleich von individuellen Interpretationen, emotionellen Bewertungen, persönlichen Erlebnissen und Erfahrungen. Sie ist aber nur noch eine - und zwar äußerst selektive, dafür aber wohl „werbewirksame" - verdichtete, eben digitale Information. Bindungs- und Beziehungsemotionen werden zurückgedrängt; sie haben in diesem objektivierten Bild keinen Platz mehr. Es vergrößert sich die Distanz zwischen dem Subjet und dem (digitalisierten) Objekt „Sportverein".

Das zweite Beispiel bezieht sich auf die besondere Bedeutung des lockeren Beisammenseins und der zweckfreien Kommunikation von Gruppen als besondere Form der Geselligkeit – oft als Vereinsmeierei deklassiert, die aber für die Beziehungsemotionen und die Emotionen in Gruppen von besonderer Bedeutung sind. Dabei ist das Typische dieser Geselligkeit, dass sie auf die jeweiligen Personen bezogen ist und von der Gleichberechtigung der Partner ausgeht. Es wird in diesem Sinn von einer „Demokratie der Geselligkeit" gesprochen (RICHTER 1985). Sporterlebnisse - auch weit in der Vergangenheit liegende - und viele andere Ereignisse in einem Verein werden in all ihren Höhen und Tiefen noch

---

[56] Wir sagen bewusst „fünf" Sinne, denn zu dieser Wahrnehmung und Wirklichkeitskonstruktion gehören etwa auch der Schweißgeruch, der „Mief" in den Turnhallen, die Erinnerung an Wetterlagen, Regen, niedrigen Temperaturen, an vielfältige Formen der Körperreaktion und des Körperkontakts, der Schmerzen und auch der Lust.

einmal verbal in Erinnerung gerufen, rekonstruiert und präsent gemacht. Man bringt sich in Grenzen als Person ein, berichtet über Freuden, Stolz, Unsicherheiten, Ängste und Enttäuschungen. Man versetzt sich in die Rollen anderer - etwa des Vereinsvorsitzenden, des Trainers, des (sportlichen) Gegners - und „weiß", was man alles besser machen würde. Man spricht über das, was nicht unbedingt offiziell und öffentlich werden darf. Damit erhält eine solche Subkultur wiederum eine für sie spezifische emotionelle Lage: Man „entblößt" sich und muss zugleich darauf vertrauen können, dass das, was man einbringt, vertraulich bleibt.[57]

Zu fragen ist also, welche Einflüsse die digitale Informationsverarbeitung auf den Sportverein als Ort gemeinschaftlicher Gefühle ausübt, also inwieweit sich das emotionale Klima infolge der Versachlichung der Kommunikation verändert. Sicherlich darf man diese Effekte nicht überbewerten, denn die beschriebenen Formen der Geselligkeit bleiben trotz aller Technisierung zumindest als Potential erhalten. Aber dennoch vollziehen sich, - oft nur am Rande -, Veränderungen, auf die man achten sollte: Nehmen wir nochmals das Beispiel des Internetauftritts des Vereins: Er ist ja nicht nur Information, sondern erlaubt - Mitgliedern wie Nicht-Mitgliedern - eine Interaktion mit dem Verein: Mitglieder können sich zu Wettkämpfen anmelden, Wettkampfergebnisse abfragen und sich über Beschlüsse und aktuelle Entwicklungen informieren; Nicht-Mitglieder können sich sogar über das Internet als Mitglied eintragen lassen. Interaktion erfolgt „entkörperlicht" und wird damit zugleich eine interpretations- und emotionsentlastete Vermittlung von Informationen.

Angesichts der im ersten Baustein erläuterten hohen Bedeutung von „face-to-face"-Beziehungen und den darin eingelagerten Emotionen in Sportvereinen muss eine solche nur an zwei Beispielen illustrierte Entkörperlichung der Kommunikation bedeutsame Veränderungen sowohl in der Funktionsweise des Vereins als auch in den emotionellen Befindlichkeiten der Mitglieder auslösen.

---

[57] Dabei geschieht es oft, dass die in früheren, jugendlichen Jahren selbstverständlich erbrachten Leistungen durch immer wieder neues Erzählen und phantasievolles Ergänzen allmählich zu solchen Großtaten heranwachsen, dass man sie sinnvollerweise nur noch unter Seinesgleichen erzählt, um sich nicht dem Verdacht des Größenwahns auszusetzen. Der Blick in den vom Computer objektiv gespeicherten Sachstand kann dabei so manche Illusion zerstören.

b. Erhöhung der Effizienz: Es wurde erläutert, dass Computernutzung a. zu einer Erhöhung der Effizienz führen soll und damit b. neue Formen der Arbeitteilung erzwingt. In der Analyse dieser Effekte werden entweder die strukturellen Grenzen der Computernutzung in freiwilligen Vereinigungen oder aber ihre Folgeprobleme sichtbar.

Aus der oben erläuterten Vermengung zweier unterschiedlicher, letztlich unverträglicher Strukturprinzipien entwickeln sich eine Vielzahl von Dilemmata: Arbeitsteilung und Formalisierung etwa dürfen nicht zu weit getrieben werden, da sonst die Aufgaben, die erfüllt werden müssen, ihre motivierende Kraft verlieren. Arbeitsteilung kann also nicht nur unter dem Gesichtspunkt von Effizienz und Funktionalität, sondern muss auch unter dem Aspekt der emotionellen Einbindung gesehen werden. So ist in Vereinen die Arbeitsteilung meist kleiner, als es unter Effizienzgesichtspunkten sinnvoll wäre. Sitzungen dürfen nicht nur unter Effizienzgesichtspunkten gestaltet werden, sondern sie dienen auch der sozialen Integration und Kommunikation – diese Tätigkeiten sind also an aktivitätsbezogene Emotionen und Bindungsgefühle gebunden. Ähnliche Überlegungen gelten in bezug auf eine Formalisierung der Aufgabenerstellung. Formalisierung grenzt den Entscheidungs- und Handlungsspielraum des einzelnen ein und kann somit demotivierend wirken. Es entsteht ein Problem, das als Zeitparadoxie bezeichnet werden kann: Auf der einen Seite kann durch organisatorische Regelungen oder durch individuelle Festlegungen, aber auch durch Delegation an bezahlte Mitarbeiter, durch Einsatz technischer Hilfsmittel, durch Arbeitsteilung und durch eine klare Aufgabenumschreibung der Arbeitseinsatz der ehrenamtlichen Mitarbeiter zeitlich begrenzt und effizient gestaltet werden. Aber mit der Verringerung des zeitlichen Aufwandes verringern sich zugleich die Einbindung in die Gruppe und die Möglichkeiten der Selbstentfaltung, die wesentlich zur Freiwilligenarbeit motivieren. Daraus ergibt sich ein Organisationsdilemma: Zwar kann durch die oben genannten Aspekte der Arbeitseinsatz der freiwilligen Mitarbeiter zeitlich begrenzt und die Anforderungen gesenkt werden; damit verringert sich allerdings zugleich die Einbindung in die Gruppe und ihre Sozialisationskraft, was wiederum die Handlungs- und Interpretationsspielräume der Mitarbeiter einschränkt (HORCH, 1987).

Zugleich ist zu bedenken: Eine besondere Form der aktivitätsbezogenen Gefühle sind „Arbeitsgefühle", die wir insbesondere in der Tätigkeit von ehrenamtlichen Mitarbeitern identifizieren können. Freude und Enttäuschung, Erfolgserlebnis und Versagen, Erfülltsein und Glücksgefühle, Stolz und Niedergeschlagenheit sind dafür typisch. Dies sind Gefühle, die die ehrenamtliche Arbeit begleiten – nicht als Komplementär eines kognitiven Urteils über die Arbeit, sondern als unerlässliches Erleben in der Arbeit. Da nicht nur die Mitgliedschaft, sondern auch die ehrenamtliche Mitarbeit freiwillig ist, stellen diese Arbeitsgefühle sicherlich eine wichtige Motivation dar, solche Aufgaben zu übernehmen, die man daher nicht leichtfertig zerstören sollte.

Wenn nun aber mit wachsender funktionaler Arbeitsteilung und Standardisierung die motivierende Kraft der Aufgabe sinkt, da der Einzelne nur noch einen immer kleineren Aufgabenausschnitt aus dem Gesamtwerk zu erfüllen hat und eine sinnhafte Beziehung zum Ganzen immer mehr verloren geht, können wir die Wirkungen der digitalen Informationsverarbeitung auf die aktivitätsbezogenen Emotionen abschätzen, denn: genau diese Vergrößerung funktionaler Arbeitsteilung, der Formalisierung und Standardisierung erfolgt durch die verschiedenen Formen der Computernutzung, denn darin liegt ihre Hauptfunktion. Sie ist, wie wir erläutert haben, auf spezifische, neue Formen der Arbeitsteilung, der Standardisierung, der Beschleunigung der Arbeitsprozesse und auf Entlastung angelegt. Zu fragen ist also, inwieweit dadurch gerade die für ehrenamtliche Mitarbeiter so wichtigen aktivitätsbezogenen Emotionen beeinflusst werden – u.U. positiv, da die digitale Informationsverarbeitung von wenig motivierender Routinearbeit entlastet, man systematischere Informationen über den Verein erhält, die für die eigene Arbeit nützlich sind, aber auch negativ, weil individuelle Gestaltungsfreiheit, Handlungs- und Interpretationsspielräume eingeschränkt und Möglichkeiten der Selbstentfaltung beschnitten werden.

c. Neue Arbeitsteilung und Spezialisierung: Es wurde erläutert, dass Zusammenarbeit und Aufgabenerfüllung im wesentlichen personenbestimmt sind, Führung auf persönlicher Ausstrahlung und Autorität basiert und die Kontrolle in erster Linie über persönliche Beziehungen erfolgt. Diese Form der „zufälligen" Entwicklung von Standards und Arbeitsroutinen verbietet sich mit der Verwendung des Computers. Sie macht neue Kompetenzen erforderlich und schafft somit einen neuen Typus des Spezialisten und neue Formen der Arbeitsteilung; einer Arbeitsteilung, die spontan und veränderlich ist – je nach der Geschwindigkeit technologischer Veränderungen und den Erweiterungen der Nutungsmöglichkeiten, etwa aufgrund neuer Programme. Dies kann vielfältige Konsequenzen haben, von denen zwei zu erörtern sein werden:

1. Wie bereits angedeutet, wird es oft nicht der Vorstandsvorsitzende oder ein Mitglied des Vorstandes sein, der diese neue Technologie beherrscht, sondern ein anderes Mitglied des Vereins, der - etwa aus seiner beruflichen Erfahrung - mit dieser Technologie vertraut ist. Denkbar ist aber auch, dass externe Berater herangezogen werden, was insbesondere bei der Gestaltung eines attraktiven Internetauftritts oft unerlässlich ist. Die Verschiebung von Kompetenz muss zu einer Verschiebung von Ansehen (Status) und Einfluss (Macht) führen. Vermutlich ist diese Veränderung für die emotionale Situation in einem Verein nicht folgenlos, zumindest, wenn man den Thesen von KEMPER (1978) folgt, der verschiedene Emotionen in Organisationen daraus ableitet, inwieweit Status und Macht in einer Organisation als angemessen oder unangemessen beurteilt werden.[58] So verschieben sich im Verlauf einer Interaktion unterschiedliche Status- und Macht-Dimensionen, was, je nach individueller Bewertung, als der Situation angemessen oder unangemessen wahrgenommen, interpretiert und mit entsprechenden Emotionen belegt wird. Um es mit einem Beispiel zu illustrieren: Während einer Besprechung mit seinem Trainer wird ein Sportler für etwas gelobt, für das nicht er, sondern ein Computerprogramm verantwortlich ist. Der Sportler „erzielt" durch die Belobigung des Trainers einen Statusgewinn, der jedoch von ihm, dem Athleten, als unangemessen empfunden wird. Der Sportler ist verlegen. Wäre der Sportler selbst für den Statusgewinn verantwortlich (beispielsweise aufgrund einer vorangegangenen Lüge), wäre er vielleicht nicht nur verlegen, sondern würde womöglich auch Scham empfinden. So kann mit Hilfe einer Interaktionsanalyse, die auf den Dimensionen Status und Macht aufbaut, eine Vielzahl unterschiedlicher Emotionen klassifiziert werden.

2. Die auf den Computer bezogene Technologisierung der Vereinsarbeit kann einen Prozess beschleunigen, der als Professionalisierung bzw. als die Substitution von ehrenamtlicher Mitarbeit durch hauptamtliche Mitarbeiter beschrieben wird. Die Beschäftigung hauptamtlicher Mitarbeiter kann die Entscheidungsstruktur

---

[58] Kempers „Social Interactional Theory of Emotions" fokussiert insbesondere die Interaktionen, die im wesentlichen durch zwei Variablen geprägt werden: Macht und Status. Macht bedeutet in diesem Kontext, ähnlich wie wir es auch bei Weber (1956) finden, die Chance eines Akteurs, seinen Willen auch gegen den Widerstand anderer Akteure durchzusetzen; ein Akteur, der Macht ausübt, bestimmt, delegiert, erzwingt und nötigt. Status hingegen ist bereits erarbeitet und wird in der Regel von Wertschätzung, Anerkennung und Respekt begleitet.

innerhalb eines Vereins verändern. Ehrenamtliche sind bestrebt, ihren Einfluss innerhalb der Organisation zu erhalten; dazu dienen ihnen u.a. die gegebenen Entscheidungsbefugnisse, die Möglichkeiten der Formalisierung und Kontrolle der Pflichten und Arbeitsweisen der Hauptamtlichen und die Bündelung der Entscheidungen auf den ehrenamtlichen Vorstand. Wichtig ist dabei im Einzelfall, welches Vertrauen und welche Erwartungen Ehrenamtliche und Hauptamtliche einander entgegenbringen (LINCOLN / ZEITZ 1980). Auch dies kann mit vergleichbaren Veränderungen in den Arbeits- und Bindungsemotionen verbunden sein, die wir oben, im Anschluss an KEMPER, vermuteten.

d. Verbreiterung des Wissenszugangs: Wissen - so heißt es bereits bei MAX WEBER (1956) - ist Macht. Insofern sind die Kontrollen über den Zugang zu verschiedenen Formen des Wissens und der Umfang des jeweils verfügbaren Wissens ein wichtiges Instrument der Machtausübung und der Beeinflussung der Entscheidungen etwa bei demokratischen Abstimmungen. Dabei spielt, wie bereits verdeutlicht, die informelle Abstimmung und damit auch die informelle Verteilung des Wissens eine wichtige Rolle. Diese Form des kontrollierten Wissenszugangs und einer darauf basierenden informellen Abstimmung kann durch zwei Sachverhalte erschwert werden: Zum einen dadurch, dass (zumindest im Prinzip[59]) durch den Computer eine Verbreiterung der Wissensbasis erfolgt, zum anderen dadurch, dass sich über den Computer nunmehr unterschiedliche Gruppierungen in einem Verein in ihren Positionen und Verhaltensformen (etwa bei Abstimmungen) schnell und verlässlich koordinieren können. Dies kann zu einer Versachlichung der Diskussion und Entscheidungen beitragen, wenn nicht die Entscheidungsträger die Möglichkeit und Absicht haben, wiederum nur selektiv Informationen bereitzustellen; schließlich kann die Verwendung des Computers demokratische Prinzipien insofern beeinflussen, als dass der Besitz und die damit verbundene Möglichkeit des Austausches von Informationen einen selektiven Charakter hat: so gibt es diejenigen, die Informationen über den Computer austauschen können, und andere, die von diesem Austausch ausgeschlossenen sind. Es bilden sich somit zwei Gruppen von Akteuren, wobei sich die eine von der anderen durch ein Informationsdefizit unterscheidet. Dieses

---

[59] Sofern alle gespeicherten Informationen allen Mitgliedern zugänglich gemacht werden.

Stigma führt dazu, dass bei Entscheidungen der ohnehin vorhandene Faktor der begrenzten Rationalität (aufgrund fehlender Einsicht und Wissen um Tatbestände) durch die Computernutzung verstärkt wird – zumindest bei der Gruppe, die von der virtuellen Kommunikation ausgeschlossen ist. Die emotionalen Folgen für die Gruppe sind aufgrund fehlender empirischer Grundlage spekulativ; dennoch ist anzunehmen, dass ein Informationsgefälle dazu führt, Entscheidungen respektive das Stimmverhalten von anderen Akteuren nicht nachvollziehen zu können – was wiederum zu negativen Emotionen führen kann, die zwar nicht das demokratische Prinzip der Entscheidungsfindung, wohl aber das emotionale Klima in der Gruppe, das „Wir-Gefühl", die von allen getragene affektive Grundstimmung, den Korpsgeist, die Gemeinschaftsgesinnung, das gegenseitige Verstehen oder den inneren Zusammenhalt nachhaltig beeinflussen kann.

4.3 Entkörperlichung

a. „Bilder ohne Körper": Wir möchten auch dieses Kapitel mit einem Fallbeispiel einleiten, in dem der Begriff „Entkörperlichung" wörtlich genommen wird: Früher, in vielen Fällen bis in den Anfang der achtziger Jahre hinein und oft sogar darüber hinaus, wurden die Mitgliederbeiträge vom Kassenwart meist monatlich persönlich eingesammelt – oft auch dadurch, dass er von Haus zu Haus ging und den entsprechenden Beitrag anmahnte. Die Mitgliedschaft ebenso wie der Verein wurden durch diese Person „verkörpert", und dabei konnte man, wenn das Geld knapp war, einen Aufschub erbitten – schließlich kannte man sich. Die Kündigung der Mitgliedschaft erfolgte gegenüber dem Kassenwart dadurch, dass man nicht mehr zahlen wollte (oder konnte). Später aber wurden die Beiträge vom Konto des Mitglieds (bzw. im Fall von Kindern, dem der Eltern) abgebucht. So wurden Verein und Mitgliedschaft nicht mehr durch eine Person „verkörpert", sondern auf einen Abbuchungsvorgang reduziert. Durch den Computer erfasste, fehlende Zahlungen wurden automatisch schriftlich angemahnt (bis hin zu einem formellen Mahnverfahren). Man musste nun die Mitgliedschaft, wenn man dies wollte, durch schriftliche Erklärung mit Einhaltung der in der Satzung vorgesehen Frist gegenüber dem Verein kündigen. Die Zahl der passiven Mitglieder stieg daher stark an. HEINEMANN / HORCH (1991) konnten darüber hinaus zeigen, dass bereits diese so scheinbar unbedeutende Änderung deutliche Konsequenzen für die Bindung der Mitglieder an den Verein zur Folge hatte – es war dies ein kleiner, aber wichtiger Schritt zu einer Dienstleistungsorientierung.

b. Entpersonalisierung der Erwartungen: Positionen in einem Verein sind wenig differenziert und ihre Aufgaben und Verpflichtungen kaum standardisiert. Anstelle der Standardisierung und Spezialisierung tritt in relativ hohem Ausmaß eine Personalisierung der Verhaltenserwartung. Da ein Verein in der Regel weniger arbeitsteilig organisiert sein kann als z.B. ein Betrieb, besteht nur ein relativ geringer Koordinationsbedarf. Dort, wo Koordination nötig ist, kann sie nicht durch Weisung oder Planung erfolgen, da in Vereinen wenig Neigung besteht, Befehlen zu folgen, und auch jenes Maß an Formalisierung fehlt, das Planung und Programmierung erfordern. So treffen wir eher Selbstbestimmung in informellen Zusammenkünften, im Rahmen allgemeiner Treffen oder speziell gebildeter Komitees, und wir finden als typische Koordinationsform eine Führung, die auf persönlicher Ausstrahlung und Überzeugungskraft Einzelner basiert.

Wenn sich aber in Vereinen Mitgliedschaft, Zusammenarbeit, Koordination, Führung und die Entwicklung von Strukturmustern wesentlich durch die Eigenheiten der dort agierenden Personen und durch informelle „face-to-face"-Beziehungen entwickeln, dann muss die im Wesen der digitalen Informationsverarbeitung liegende Dominanz des Kognitiven und jede Form der Entkörperlichung diese Charakteristik von Vereinen und damit auch seine emotionellen Gegebenheiten verändern: Bindungsemotionen werden abgebaut bzw. können sich nicht mehr in gleichem Umfang entwickeln, Beziehungsemotionen werden versachlicht, das emotionelle Klima in einer Organisation wird durch Dienstleistungsorientierungen überlagert.

c. Verlust der Vertrauensbasis: Schließlich sei auf die besondere Bedeutung von Vertrauen im Kontext des Sports und seiner Organisation verwiesen. Vertrauen hat gerade in Sportvereinen eine zentrale Funktion. Wenn man anderen vertraut, kann man sich darauf verlassen, dass man durch Trittbrettfahrer nicht einseitig ausgebeutet wird und dass Regeln und Vereinbarungen eingehalten bzw. die Beziehung nicht einseitig ausgenutzt werden. Nur auf der Basis von Vertrauen sind kollektives Handeln und die Produktion von Club-Gütern möglich. Vertrauen in Vereinen ist daher anders konstituiert als in vielen anderen sozialen Zusammenhängen (vgl. KRAMER / BREWER / HANNA 1996, 358). Wenn Vertrauen zwischen Mitgliedern in Vereinen bzw. zwischen Mitgliedern einer Mannschaft entsteht, bedeutet dies, dass (1.) Sportler / Mitglieder als kooperativer und vertrauenswürdiger eingeschätzt werden als Nicht-Mitglieder, dass man (2.) eher unterstellt, dass sie sich entsprechend der Normen, Werte und Regeln verhalten, und dass (3.) damit die Befürchtung, ausgebeutet zu werden, als geringer eingeschätzt wird. Dadurch entsteht ein eher „entpersonalisiertes Vertrauen"; ein Vertrauen, das nicht mehr allein auf der Einschätzung einer Person basiert, sondern auf einer sozialen Klassifikation in einem Kollektiv – also z.B. der Mitgliedschaft in einem Verein.

Nun ist Vertrauen nicht notwendigerweise ein Gefühl. Aber (1.) wissen wir aus empirischen Untersuchungen, dass Vertrauen auch emotional begründet sein kann, insbesondere wenn es aus einer Identifikation mit der Sache, den Personen und der Organisation erwächst, und (2.) ist Vertrauen wiederum in dreifacher Form mit Emotionen verbunden: So entwickelt man Gefühle, wenn man anderen Vertrauen entgegenbringt; dass andere einem vertrauen, nimmt man meist ebenfalls nicht gefühllos hin, und außerdem lässt es niemanden emotionell unberührt, wenn Vertrauen gebrochen oder missbraucht wird. Vertrauen ist also sowohl mit aktivitätsbezogenen als auch mit Emotionen in Beziehungen verbunden.

Vertrauen entsteht, wenn der Einzelne, - eingebunden in soziale Beziehungen bzw. eine Gruppe -, die Erfahrungen seiner Berechtigung und seines Nutzens gemacht hat, oder wenn es durch Beziehungen begründet wird - auch solchen, die außerhalb des Sports entstehen. So hängt Vertrauen u. a. ab von der Größe des Personenkreises, der miteinander Sport treibt, der Kontakthäufigkeit, dem Umfang der Beziehungen, - also inwieweit der andere zugleich Freund, Berufskollege oder Vereinsmitglied ist -, welche emotionalen Bindungen zwischen den Parteien bestehen und wie groß die Beobachtbarkeit des Verhaltens bzw. seiner Verletzung ist.

Wenn nun aber durch die digitale Informationsverarbeitung diese Kontakthäufigkeit und die emotionellen Bindungen zwischen den Personen verringert werden - wie wir dies mit vielen Beispielen belegt haben - stellt sich die Frage, wie sich dann noch ein solches „entpersonalisiertes" Vertrauen entwickeln kann – und dass so in den Vereinen Schwachstellen entstehen können, wissen wir aus vielen Berichten über Doping, Korruption, Missmanagement, Intrigenspiele, Betrug u.ä., die dort nicht selten feststellbar sind. Das Vertrauen muss sich in ein Vertrauen in die Angemessenheit und Funktionsfähigkeit der eingesetzten Technik und der in der Organisation implementierten Kontrollmechanismen verlagern.

4.4. Eine Fallstudie: Die veränderte Rolle des Trainers

Abschließend wollen wir unsere Überlegungen an einem konkreten Fall illustrieren, und zwar an den Veränderungen, die der Trainer - jene Person also, die aufgrund ihres fachlichen Wissens, Könnens und ihrer Erfahrung für die Vervollkommnung sportlicher Leistungsfähigkeit der ihm anvertrauten Athleten, für ihre Vorbereitung auf Wettkämpfe und die Betreuung und Beratung während des Wettkampfes verantwortlich ist - im Zuge der Verwendung neuerer computergesteuerter Aufnahme-, Mess- und Informationsverarbeitungstechnologien erfährt.

Der Trainer sieht sich völlig eindeutigen Erwartungen (sowohl seines Vereins, des Publikums, in der Regel auch des Sportlers) in bezug auf das Ergebnis seiner Arbeit gegenüber: Seine primäre Aufgabe ist es, die Leistungsfähigkeit der von ihm betreuten Sportler bzw. Mannschaft zu optimieren und damit den Sieg im sportlichen Wettbewerb zu sichern. Erfolge - objektiv messbar und für jedermann sichtbar und damit offenkundig -, aber vor allem Misserfolge werden eindeutig der Kompetenz bzw. der Inkompetenz des Trainers zugeschrieben (EDWARDS 1973, 133f., COAKLEY 1978, 216f.). Zugleich aber entstehen meist zwischen Trainer und Sportler vielfältige Emotionen, - der Freundschaft, der Sympathie, nicht selten aber auch der Ablehnung und des Hasses -, die dem Trainer bei seinen Entscheidungen nicht gleichgültig sein können. Zugleich werden - und dies ist damit kein „zufälliges" Phänomen emotioneller Bindungen zwischen Personen, sondern strukturell bedingt - normative Orientierungen vorausgesetzt, die sich etwa aus Ethos und Legitimation des Sports, aus gesellschaftlichen Grundwerten, aber auch aus Erwartungen anderer Bezugsgruppen - etwa Eltern, Schule, Freunde der Sportler - ergeben. Von ihm wird ebenso erwartet, dass er Verantwortung für die Folgen seiner Trainingsmethoden für die Entwicklung der ihm anvertrauten Sportler und des Sports übernimmt; eine Verantwortung, die in Konkurrenz zu seiner „eigentlichen" Trainingsaufgaben stehen kann.

Doch inwieweit kann der Trainer diesen vielschichtigen Aufgaben noch gerecht werden angesichts einer Entwicklung, die in folgendem Fall beschrieben wird: Ski-Slalom-Sportler fahren im Sommer mit ihrem Trainer in die Anden (dort ist dann bekanntlich Winter), um sich auf die nächste (nördliche) Wintersaison vorbereiten zu können. Mit speziellen Kameras werden von einem dafür geschulten Spezialisten die Bewegungsabläufe während einer Abfahrt eines Rennfahrers aufgenommen, diese werden über das Internet in ein weit entfernt liegendes Sportzentrum übertragen, die dort, wiederum von geschulten Spezia-listen mit den entsprechenden Programmen, analysiert werden. So werden Feh-ler in kleinsten - mit dem bloßen Auge oft nicht sichtbaren und erst recht nicht deutbaren - Details im Bewegungsablauf (etwa Armhaltung, Drehbewegung) festgestellt und Korrekturvorschläge wiederum über das Internet an die Trainer / Sportler übermittelt. Diese Vorschläge werden verwirklicht, der korrigierte Bewegungsablauf aufgenommen, erneut übermittelt und auf seine Wirkung hin analysiert – solange, bis eine nach dem Computerprogramm errechnete „Ideal-bewegung" erreicht ist.

Hier sieht man an einem konkreten Fall, was oben allgemein über die Wir-kungen der Computernutzung erläutert wurde: Es entsteht, entsprechend des Fortschritts der Aufnahme- und Analysetechnologie wie auch der Weiterent-wicklung der Programme und ihrer angemessenen Nutzung, eine neue Form der Arbeitsteilung mit „neuen" Spezialisten; der Trainer ebenso wie der Sportler wissen nicht mehr, wie das alles funktioniert, da sie die Details der Programme und der ihnen zugrundeliegenden z.B. biomechanischen Theorien kaum kennen; sie können nur noch darauf vertrauen, dass die übermittelten Informationen optimal im Sinne der Leistungsverbesserung wirksam sind. Der Personenbezug der Informationen entfällt, die Informationen sind ausschließlich kognitiv; wo früher Zeitgleichheit und Gegenwärtigkeit wichtig waren, steht jetzt Ungleich-zeitigkeit und Nicht-Präsenz relevanter Personen. Es kommt zu einer Aufsplitte-rung von Kompetenzen und einer Verlagerung von Entscheidungsbefugnissen des Trainers an Computerprogramme bzw. diejenigen, die über das Experten-wissen verfügen, das erforderlich ist, um diese Programme bedienen zu können, was wiederum zu einer Verschiebung von Hierarchien führen kann. So wird zum einen die Kompetenz des Trainers (technisch) erweitert, da er nun zu jedem Zeitpunkt (in Zusammenarbeit mit dem Sportler) entscheiden kann, was an Trainingsempfehlungen in welcher Form umzusetzen ist, zum anderen die Ab-hängigkeit zu Dritten vergrößert, da für einen effizienten Einsatz des Computers zahlreiche Technikexperten (Programmierer, Medienspezialisten, Datenanalyti-ker) ihr Wissen und ihr Können einbringen müssen.

So ist zu vermuten, dass diese Form der Techniknutzung 1. nicht den Be-dürfnissen sowohl des Trainers als auch des Sportlers nach sozialer Interaktion gerecht wird, 2. Abhängigkeiten erzeugt (da Zwang zur Wissensakquisition und

-bearbeitung besteht, um konkurrenzfähig zu sein respektive zu bleiben) und 3. Erwartungen weckt (Leistungsoptimierung, kalkulierbarer Erfolg).

Alle drei Tatbestände können negative Emotionen nach sich ziehen: Die Verringerung von „face-to-face"-Beziehungen geht mit einer partiellen Entkörperlichung der sozialen Beziehung zwischen Trainer und Sportler einher, da in einer digitalen Informationsverarbeitung Emotionen nur begrenzt übermittelt werden können. Die Abhängigkeit vom Computer ergibt sich daraus, dass ohne die Übermittlung von mitunter komplexen Informationen eine Leistungsverbesserung kaum möglich erscheint, und eben jene (spürbare) Zwangsläufigkeit der Nutzung sowohl die eigene, emotionale Befindlichkeit (man denke an das Gefühl, das eintritt, wenn der Computer für längere Zeit ausfällt oder das Internet nicht angesteuert werden kann) als auch die emotionale Beziehung zwischen denjenigen, die von Informationen abhängig sind, beeinflusst. So gibt zwar ein Computerprogramm präzise Änderungsvorschläge etwa im Bewegungsablauf vor; die Informationen, die beispielsweise zur Erläuterung der fachbezogenen Inhalte oder aber auch zu alltäglichen Ereignissen wie beispielsweise veränderten Trainingsbedingungen oder Einschätzung potentieller Gegner übermittelt werden, können ohne Mimik, Gestik oder auch Betonungen fehlinterpretiert werden und somit nicht-intendierte Emotionen auslösen. Insbesondere in Texten verwendete Stilmittel wie der Litotes oder auch Sarkasmus können zusätzlich Missverständnisse verursachen. Zu Fehlinterpretationen im Rahmen einer textbasierten Kommunikation kann es auch kommen, wenn ein „Sender" Emotionen kodiert, die der „Empfänger" aufgrund einer beschränkten Sensorik nicht wahrnehmen oder dekodieren kann. Ursache daraus resultierender, virtueller Übermittlungsfehler (und damit verbundener Folgehandlungen) können neben fehlenden oder andersartigen Erfahrungen auch kulturell-sozialisatorische Unterschiede oder fehlende intellektuelle Verarbeitungs- und Interpretationsfähigkeiten sein. Der virtuellen Kommunikation fehlt zudem ein zentrales Element: Die Belohnung, verbunden mit einem Schulterklopfen, das Anfeuern, das dem Athleten deutlich werden lässt, dass der Trainer ihn unterstützt, das Augenzwinkern oder eine Mimik, die hilft, eine emotionale Spannung, - Enttäuschung, Frustration, Wut -, aufzulösen.

Was bedeutet dies für den Trainer und für die Beziehungen zwischen Trainer und Athleten? Typisch für den Trainer ist in der Regel die Erfolgsunsicherheit seiner Trainingsmethoden, für die er mit allen (auch unsicheren) Konsequenzen einstehen muss. Diese Unsicherheit muss nun zumindest partiell verlagert werden in ein Vertrauen in die Wirksamkeit der Computerempfehlungen. Wie auch immer die Arbeitsteilung sich verändern mag: Dem Trainer bleibt die Verantwortung für den Erfolg bzw. Misserfolg – und die Frage ist hier wie stets in vergleichbaren Situationen, wenn Entscheidungskompetenz und Verantwortungsbereich nicht mehr in einer Hand liegen. Auch ist zu fragen, was geschieht, wenn zwischen Trainer und Athlet eine informationsverarbeitende und -vermittelnde, quasi objektive, aber eben nur kognitiv ausgerichtete und nichtpräsente Instanz tritt. Aus verschiedenen Untersuchungen wissen wir, wie Trainer in der für sie typischen Situation reagieren.[60] Fraglich ist, wie sich diese Reaktionen unter dem Eindruck einer digitalen Informationsverarbeitung verändern werden. Zu vermuten wäre u.U., dass sich die Tätigkeit stärker auf das ausrichtet, was oben als Emotionsarbeit beschrieben wurde, um damit Defizite auszugleichen, die die auf das Kognitive beschränkte Informationsverarbeitung notgedrungen erzeugt.

5. Schlussbemerkung

Mit den in diesem Beitrag angesprochenen Problemen erschließt sich ein weites Feld interessanter und wichtiger Forschungen, die vor allem über die nicht intendierten Wirkungen der Techniknutzung auf die emotionellen Befindlichkeiten, also auf Sachverhalte, die zumindest in der sozialwissenschaftlichen (Sport-)Forschung deutlich vernachlässigt sind, Auskunft geben können. Ein Weiteres kommt hinzu: Wenn in der Tat die Computernutzung bzw. die digitale Informationsverarbeitung jene in diesem Beitrag angesprochenen Wirkungen auf verschiedene Emotionen besitzt, und wenn von Emotionen nicht zu trennende „face-to-face"-Beziehungen für die Einbindung der Mitglieder, für Funktions- und Arbeitsweise in Vereinen konstitutiv sind, dann ist weiter zu fragen, wie dann Strukturen stabilisiert, Autorität begründet, Arbeitsteilung organisiert, Formalisierung und Kontrolle möglich, Sanktionen vollzogen werden etc., wenn die dabei fast unverzichtbar mitwirkenden Emotionen, wie dies im ersten Baustein deutlich gemacht wurde, zurückgedrängt werden.

---

[60] vgl. etwa Edwards (1973, 172); Bette (1984); Hendry (1974, 528); Ogilvie / Tutko (1970); Cachay / Gahai (1989); Patsantáras (1994)

Wir haben gleich zu Beginn bekannt, dass wir uns mit unseren Überlegungen auf dünnem Eis bewegen, das nur durch einige wenige empirische Befunde, durch Übertragung von Ergebnissen aus vergleichbaren Forschungen und durch vielfältige eigene Anschauungen und Erfahrungen etwas einbruchsicherer gemacht werden konnte. Zwar wären also empirische Forschungen zu diesen Fragen wünschenswert, aber wohl nur mit großen Schwierigkeiten zu realisieren, denn: 1. ist der hier beschriebene Prozess der Einführung der Computertechnologien in Sportvereinen schon sehr weit vorangeschritten und die damit bewirkten, oft nur geringen Veränderungen lassen sich nur sehr schwer retrospektiv erfassen; 2. überlagern sich solche Effekte mit anderen Einflüssen, die ebenfalls zu Veränderungen etwa in der Vereinskultur führen, und solche Effekte lassen sich nur schwer voneinander isolieren; 3. sind die durch die Computernutzung bewirkten Einflüsse auf verschiedene Emotionen oft das Ergebnis vieler kleiner Veränderungen in den verschiedenen Aufgabenfeldern des Vereins aufgrund des Einsatzes der digitalen Informationstechnologie, die erst in der Summe wirken, so dass sie dem Einzelnen kaum bewusst werden, zumal da es sich immer um einen längerfristigen, schleichenden Prozess handelt, in dem man leicht die Erinnerung daran verliert, dass es früher anders war, und schließlich darf man 4. nicht völlig übersehen, dass man - vor allem in der „Männerkultur Verein" - nicht allzu oft und gern über Emotionen reflektiert und noch weniger darüber spricht.

Vielleicht sind dies auch die Gründe, warum diese hier behandelten Themen bislang (noch?) nicht systematischer erforscht wurden.

Literatur

ALBROW, M. (1992): Sine ira et studio – or do organizations have feelings? In: Organization Studies 13, 313-329.

BALE, J. (1989): Sports geography. New York: E. and F.N. Spon.

BALE, J. (1993): Sport, space and the city. London: Routledge.

BETTE, K.-H. (1984): Die Trainerrolle im Hochleistungssport. System- und rollentheoretische Überlegungen zur Sozialfigur des Trainers. Sankt Augustin.

BÜHL, A. (1999): Cyberpunk: Dystopien am Ende des Millenniums Reihe: Studien zur Science Fiction, Band 3. Münster: LIT-Verlag.

BÜHL, A. (2000): Die virtuelle Gesellschaft des 21. Jahrhunderts. Sozialer Wandel im digitalen Zeitalter. Opladen: Westdeutscher-Verlag.

BÜHL, A. (2001): Computerstile. Vom individuellen Umgang mit dem PC im Alltag. Opladen: Westdeutscher-Verlag.

CACHAY, K. / DAHAI, E. (1989): Brauchen Trainer Pädagogik? In: Leistungssport 19/5.

CASTELLS, M. (2004): Das Informationszeitalter (3 Bände). Band 1: Der Aufstieg der Netzwerkgesellschaft. Leverkusen: Leske und Budrich.

CHARWAT, H. J. (1994): Lexikon der Mensch-Maschine-Kommunikation. München, Wien: Oldenbourg.

COAKLEY, J. J. (1978): Sport in society, issues and controversies. St. Louis: Mosby.

DÖRING, N. (1999): Sozialpsychologie des Internet. Die Bedeutung des Internet für Kommunikationsprozesse, Identitäten, soziale Beziehungen und Gruppen. Göttingen: Hogrefe.

EDWARDS, H. (1973): Sociology of sport. Homewood / Illinois.

EMRICH / PITSCH / PAPATHANASSIOU (2001): Die Sportvereine. Ein Versuch auf empirischer Grundlage. Schriftenreihe des Bundesinstituts für Sportwissenschaft, Band 106. Schorndorf: Hofmann.

FREUD, S. (1972): Jenseits des Lustprinzips. Massenpsychologie und Ich-Analyse: das Ich und das Es. Gesammelte Werke, Band 13 (7. Auflage). Frankfurt a.M.: Fischer Taschenbuch Verlag.

FREUD, S. (1978): Das Ich und das Es und andere metapsychologische Schriften. Frankfurt a.M.: Fischer Taschenbuch Verlag.

FRIEDERICI, M. R. (2006): Virtuelle Emotionen? Über die Folgen der Computernutzung in NPOs (unv. Manuskript).

FRIEDERICI, M. R. (1998): Sportbegeisterung und Zuschauergewalt. LIT-Verlag, Hamburg.

HEINEMANN, K. / HORCH, H.-D. (1991): Elemente einer Finanzsoziologie freiwilliger Vereinigungen. Stuttgart: Verlag Siebek-Mohr.

HEINEMANN, K. / SCHUBERT, M. (1994): Der Sportverein – Ergebnisse einer repräsentativen Untersuchung. Schorndorf: Hofmann-Verlag.

HEINEMANN, K. (1998): Einführung in die Soziologie des Sports. Schorndorf: Hofmann-Verlag.

HEINEMANN, K. (ed.) (1999): Sport Clubs in Various European Countries. Schorndorf/Stuttgart: Hofmann-Verlag / Schattauer.

HEINEMANN, K. (2001): Die Technologisierung des Sports – eine sozioökonomische Analyse. Schorndorf: Hofmann-Verlag.

HEINEMANN, K. / PUIG, N. (2001): Sportvereine in Deutschland und Spanien. In: HEINEMANN K. / SCHUBERT, M. (Hrsg.): Sport und Gesellschaften. Schorndorf: Hofmann-Verlag.

HEINEMANN, K. (2004): Sportorganisationen – verstehen und gestalten. Schorndorf: Hofmann-Verlag.

HELLER, A. (1981): Theorie der Gefühle. Hamburg: VSA.

HENDRY, L. B. (1972): The coaching stereotype. In: WHITING, H. T. A. (Ed.): Readings in Sport Psychology. London: Kempton.

HERMAN, L. B. / TULIPANA, P. F. (1985): Board-staff relations and perceived effectiveness in non-profit-organisations. In: Journal of Voluntary Action Research 14.

HOCHSCHILD, A. R. (1979): Emotion Work, Feeling Rules, and Social Structure. In: American Journal of Sociology 85, 551-575.

HOCHSCHILD, A. R. (1983): The managed heart: commercialization of human feeling, Berkeley: University of California Press.

HORCH, H. D. (1987): Personalwirtschaftliche Aspekte ehrenamtlicher Mitarbeit. In: HEINEMANN, K. (ed.) Betriebswirtschaftliche Grundlagen des Sportvereins. Schorndorf: Hofmann-Verlag.

KEMPER, T. D. (1978): A social interaction theory of emotions. New York: Wiley.

KRAMER, R. M. / BREWER M. B. /. HANNA, B. A.: (1996): Collective Trust and Collective Action: The Decision to Trust as a Social Decision. In: KRAMER, R. M. / TYLER T.R. (Ed.): Trust in organizations. Frontiers of theory and research. London, Thousand Oaks, CA: Sage, 357-389.

LINCOLN, J. R. / ZEITZ, G. (1980): Organisational properties from aggregate data. In: American Journal of Sociology 45.

LUHMANN, N. (1972): Funktionen und Folgen formaler Organisation. Berlin: Duncker & Humblot.

MINTZBERG, H. (1979): The structuring of organizations. Englewood Cliffs, N.J.: Prentice Hall.

OGILVIE, B. C. / TUTKO, T. A. (1970): Self perceptions as compared with measured personality of selected male physical educators. In: KENYON, G. S. (Ed.): Contemporary Psychology of Sport. Chicago: The Athletic Institute, 73-78.

PATSANTÁRAS, N. (1994): Der Trainer als Sportberuf – Entwicklung und Ausdifferenzierung einer Profession mit einem Rückblick auf das altgriechische olympische Ideal. Schorndorf: Hofmann-Verlag.

RAMMERT, W. (Hrsg.) (1990): Computerwelten – Alltagswelten. Wie verändert der Computer die soziale Wirklichkeit. Opladen: Westdeutscher Verlag.

RASTETTER, D. (1994): Sexualität und Herrschaft in Organisationen. Eine geschlechtervergleichende Analyse. Opladen: Westdeutscher Verlag.

RICHTER, R. (1985): Soziokulturelle Dimensionen freiwilliger Vereinigungen. USA, Bundesrepublik Deutschland und Österreich im soziologischen Vergleich. München: Minerva.

SADEK M. D., DE MORI, R. (1998): Dialogue systems. In: R. DE MORI (Ed.): Spoken Dialogues with Computers. London: Academic Press, 523-561.

VESTER, H.-G. (1991): Emotion, Gesellschaft und Kultur: Grundzüge einer soziologischen Theorie der Emotionen. Opladen: Westdeutscher Verlag.

WEBER M. (1956): Wirtschaft und Gesellschaft, Tübingen.